スイミング・サイエンス
swimming science
水泳を科学する

河出書房新社

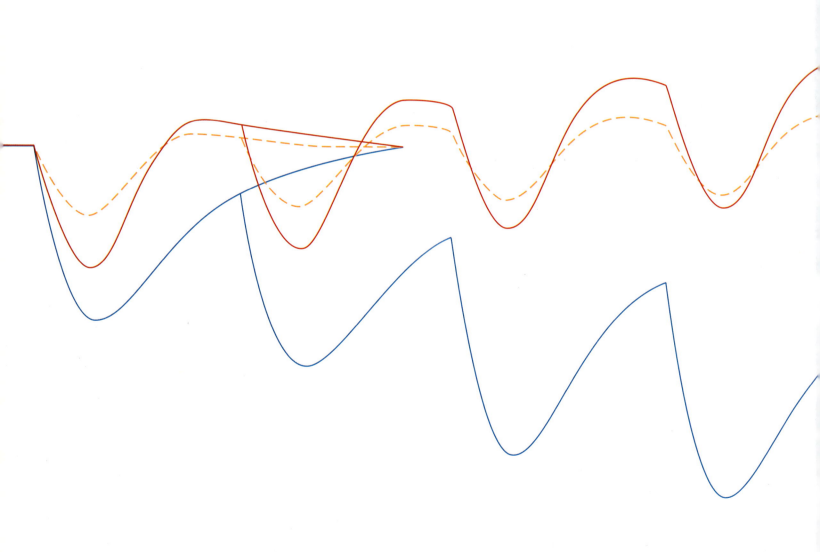

スイミング・サイエンス
swimming science

水泳を科学する

G・ジョン・マレン［編］ 黒輪篤嗣［訳］
G. JOHN MULLEN

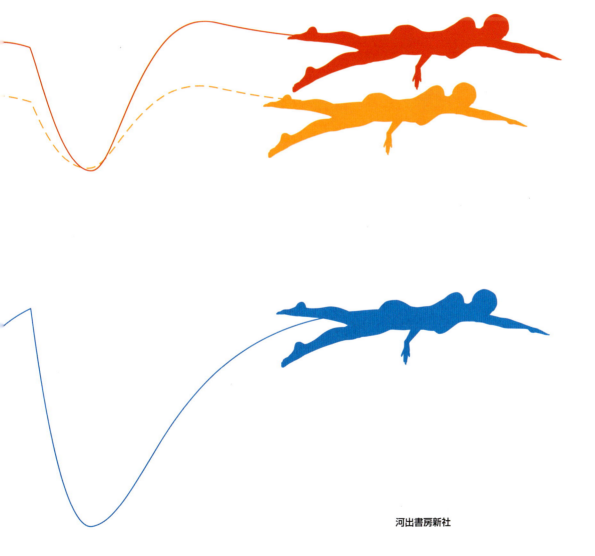

河出書房新社

Creative Director Michael Whitehead
Editorial Director Tom Kitch
Art Director James Lawrence
Commissioning Editor Jacqui Sayers
Senior Project Editor Caroline Earle
Design JC Lanaway
Illustrators Nick Rowland and Rob Brandt
Copy Editor Gina Walker

本書をお読みくださるかたへ
本書で提供されている情報は、医師の助言の代わりになるものではありません。治療を必要とされるかたは、医療機関で診療を受けて下さい。

Cover image Getty images/simonk

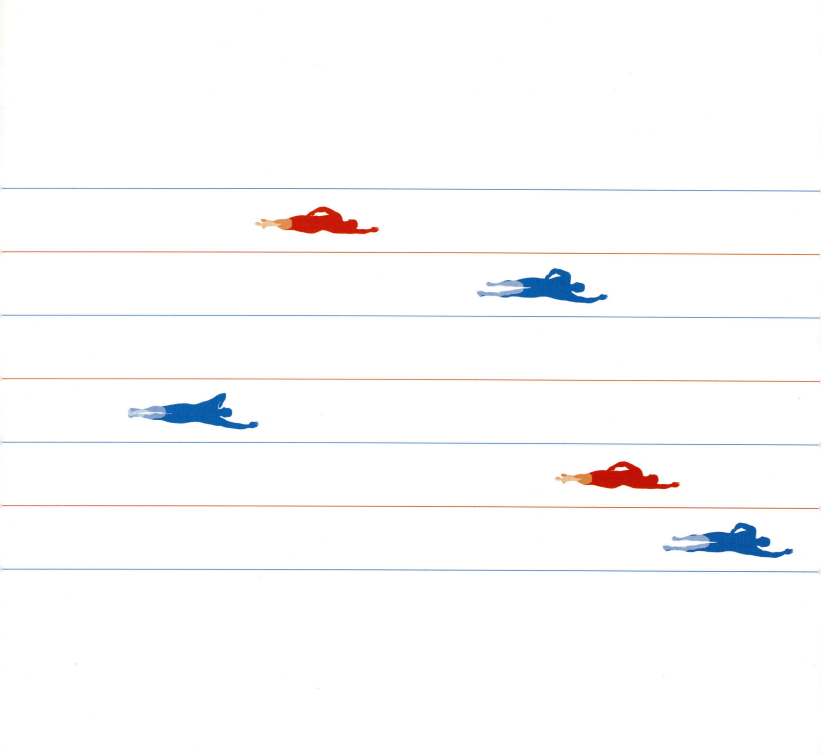

目次

はじめに　　8

第1章 流体力学　　13
チアゴ・M・バルボサ

第2章 技術　　41
ロッド・ハヴリラク

第3章 プールでのトレーニング　　69
ロッド・ハヴリラク

第4章 陸上でのトレーニング　　97
アラン・フィリップス

第5章 栄養　　125
ケヴィン・イワサ＝マッジ

第6章 けがの予防とリハビリ　　153
G・ジョン・マレン

原注　　180
用語解説　　185
執筆者について　　189
索引　　190
謝辞　　192

はじめに

　水泳はあらゆる世代の人に楽しまれているスポーツだ。子どもたちは安全のために泳ぎを習うことを通じて、初めて水泳に触れることが多い。たいていはばしゃばしゃと水遊びをすることから始まって、やがて水中でくるくると回って遊ぶようになり、水に浮く感覚や水中特有の体の動きのおもしろさを知る。考えてみれば、泳ぐことぐらい人間にとって不自然な行為はなく、泳ぐためには一から体の動かし方を教わらなくてはいけない。

　ほかのあらゆるスポーツと違って、空気より密度の高い環境で速さを競わなくてはならないのが水泳だ。水の密度の高さゆえ、あらゆる体の動きを正確にコントロールすることが求められる。少しでも間違った動きをして、抵抗を増やせば、たちまち大きくスピードを落としてしまう。だから、上手に泳ぐためにも、水泳をより楽しむためにも、水泳の科学をしっかり理解しておくことが大切になる。

　1896年のオリンピックで競技種目に選ばれて以来、競泳の泳法やフォーム、水着、設備は大きく変化してきた。当初、競泳は海や川で行われていた。プールが使われるようになったのは、1908年からだ。男子選手は1940年代まで全身を覆う水着を着ていた。そのころは生地の性質のせいで、水着によって生じる抵抗もとても大きかった。レーンが初めてロープで仕切られたのは1924年、スタート台が導入されたのは1936年だ。ゴーグルの着用は1976年まで認められていなかった。

　本書『スイミング・サイエンス』の執筆者は、水泳の物理学や心理学、技術、戦術に関する世界の第一人者たちだ。さらに本書には、水泳研究の最高権威で、草分けでもあるカウンシルマン博士をはじめ、水泳のあらゆる側面を研究している研究者たちの重要な発見の数々も紹介されている。それらの中には19世紀の発見もあれば、今年の発見もある。水泳には驚くほどほどさまざまな側面があり、本書で取り上げられている科学のテーマは多岐にわたる。史上最強のスイマーといわれるマイケル・フェルプスも、選手としての成長の段階に応じて、科学のいろいろな分野の知見を取り入れることで、自分の泳ぎを驚異的なレベルにまで引き上げてきた。技術の高さや、練習に真剣に取り組む姿勢や、練習の土台は米国メリーランド州ボルチモアでのジュニア選手時代を通じて培われたものだ。フェ

▶最新の水泳の科学の成果を取り入れることで、マイケル・フェルプスはオリンピック史上最も輝かしい成績を収めた。

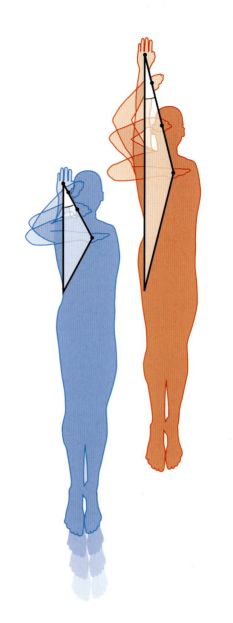

ルプスは徹底的に体作りを行う――そのおかげで比較的けがに見舞われることが少なかった――とともに、メンタルの強化にも力を入れている。複数の金メダルを獲得しなくてはならないという想像を絶する重圧に耐えて、ミロラド・チャビッチとの歴史に残る名勝負を演じたのは、メンタルトレーニングの賜物だ。

　本書では章ごとに異なる科学の分野を取り上げて、水泳を深く理解するために必要な基礎知識を提供している。すべての人に当てはまる共通の解決策はない。したがって本書の執筆者たちは、万能の方法とか、ドリルの一覧とかを示すのではなく、スイマー自身にそれぞれにいちばん合った解決策を見いだしてもらえるよう、科学的な事実にもとづいた取り組み方を紹介している。第1章「流体力学」では、泳ぐ時に水と体がどう作用し合っているかを解説する。水中でのストリームライン姿勢の保ち方や、トルクやパワーを生み出す関節の動かし方を知ることが水泳には欠かせない。第2章「技術」では、生体力学的に効率のよい泳ぎ方を掘り下げる。水泳はほかのスポーツに比べ、技術の優劣によって差がつきやすい。ところがほとんどの人が最も改善を必要としているのが、この技術の部分でもある。なお紙幅の制約があり、キックや、平泳ぎのタイミング、クロールとバタフライのリカバリー、背泳ぎのフィニッシュ、リレーの飛び込み、ターンなど、いくつかの技術については省かざるをえなかった。第3章「プールでのトレ

ーニング」では、水泳時の生理学的な機能に着目し、どういうトレーニングが効果的かを考える。現代の競泳選手には強靭な肉体も求められる。そこで第4章「陸上でのトレーニング」では、プール外でのトレーニングによって体力や筋力を強化するうえで知っておきたい科学を紹介する。第5章「栄養」では、水泳で最高のパフォーマンスを発揮するためには、どんな栄養をどの程度摂取すればいいかを検討する。負荷の大きい運動をすれば、けがをしやすくなる。そこで第6章「けがの予防とリハビリ」では、各部位の損傷を避ける、または最小限に抑えるための最善の方法を探る。また、どの章にも、水泳の科学が特別な用具――数値流体力学や運動学、筋電図計測で使われている用具など――によってどう変わったかを詳しく見るコーナーも設けている。さらに「現場の科学」と題したページでは、科学的な知識がトップ選手たちにどういう直接的な恩恵をもたらしているかを、迫力満点の写真とともに紹介する。

　関心のあるページを拾い読みしてもいいし、最初から最後まで通読して、概要をつかんでもいい。本書を読めば、水泳にどんな科学的な事実が秘められているかがわかるだろう。

◀▼**絵入りでわかりやすく**　本書では流体力学の基礎から生体力学や最新のテクノロジーまで、長年にわたって積み重ねられてきた水泳の科学の成果が紹介されている。

　水泳のパフォーマンスには流体力学が深く関わっている。本章では、水がスイマーの体とどのように作用し合っているかを、科学的に解き明かす。体の周りにはどのような水の流れができるか、泳ぐ時に生じるさまざまな力はどのようにエネルギーの消費に影響しているか、ひいては泳ぎ方の効率にどう影響しているかを掘り下げる。水泳の選手、コーチ、研究者は日夜、どうすればそれらの側面を改善できるか、知恵を絞っている。泳ぎ方の効率を高めてタイムをよくするため、最新の装置を使って、選手の泳ぎが分析されている。それらの分析の対象は泳ぎのフォームや水着はもちろん、泳いでいる時の指の位置などという細かいことにまで及ぶ。

第1章

流体力学

チアゴ・M・バルボサ

自由体図とは何か？

泳ぐ時には体にどんな力がかかるの？

　水泳の流体力学を深く理解するには、おもにどんな力が泳ぐ人間の体に加わり、それらの力が互いにどう作用し合っているかを知る必要がある。泳ぐ速さと加速度は根本的には推進力と、抗力と、慣性パラメータの3つで決まる。前方向への動きをもたらす力が推進力であり、泳ぐ方向と逆に向かって働く力が抗力である。慣性パラメータは人間の体の形（身体測定で測られる特徴）に応じて生じる。

　推進力は、推進抗力と揚力とジェット渦（p28-29）を足し合わせた力であり、定常流と不定常流という水流のパターン（p16-17）の影響を受ける。抗力は、抵抗や抵抗力ともいい、3要素――摩擦抵抗、圧力抵抗、造波抵抗――からなる。慣性パラメータには、泳ぐ人間の体重と水の付加質量が関係する。

　これらの外的な力をもとに、水泳のストローク（水を掻く動作）をモデル化すれば、ストロークサイクル（p32-33）内のおおまかな加速度－時間曲線と速度－時間曲線を描ける。人間が泳ぐ時の速度は一定ではない。いい換えるなら、つねに同じ動きをしているわけではない。1回のストロークサイクルの中で、プラスとマイナスの両方の加速度が生じている。そこでどういう時間曲線が描かれるかは、泳ぐ人の水の掻きかたで決まるが、ふつう、推進力が抗力を上回れば、プラスの加速度が生じる。例えば、腕を後ろへ掻いている時がそうだ。逆に、推進力が抗力より小さい時――例えば、腕を伸ばしきった時――には、マイナスの加速度が生じる。したがって、速く泳ぐためには、抗力を一定に保ったまま推進力を増すか、推進力を一定に保ったまま抗力を減らすか、あるいは、推進力を増すと同時に、抗力を減らすという3通りの方法がある。

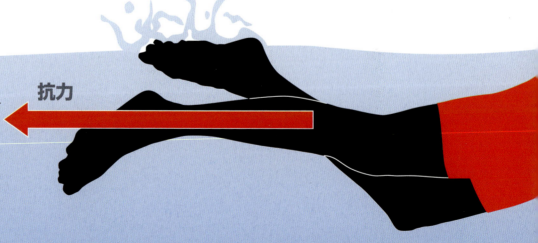

▶自由体図　この自由体図には、人が泳ぐ時、体にどんな力が加わるかが示されている。矢印の長さはその力の強さを表す。ここでは前へ向かう推進力と後ろに向かう抗力が等しくなっているので、加速する力は実質的には生じていない。上向きの力は、体の浮力と、泳ぎの動作によって生じる揚力からなる。この力もやはりここでは、反対方向に働く下向きの力、つまり泳ぐ人の体重と同等になっている。

力と慣性

推進力

F thrust

推進力（前向きに働く力）は、泳ぐ時に生じるいくつかの力の総和からなり、水流が定常流か不定常流かに影響される。推進力の成分になる力には、推進抗力（後ろに向かって手で水を掻くことで生じる）、揚力（手でオールのような動作をすることで生じる）、ジェット渦効果などがある。推進力は手や腕からも脚や足からも生まれる。推進力の最大の源は手足の表面だが、研究データによると、前腕、二の腕、すね、腿も、ストロークサイクルのどこかの局面では推進力を生み出しているようだ[1,2]。

抗力

F drag

抗力（後ろ向きに働く力）は、泳ぐ人と水の分子がぶつかることで生じる。サポートスタッフ（スポーツアナリスト）、コーチ、選手本人が最も神経を遣うもののひとつが、この抗力だ。抗力はおもに3つの要素――摩擦抵抗（粘性抵抗とも呼ばれる）、圧力抵抗（形状抵抗とも呼ばれる）、造波抵抗――に分けられる。水泳界では、抗力の役割を理解し、その影響を最小限に抑えるための努力が何十年にもわたって営々と続けられてきた。そういう努力の中で、泳法が改良され、新しいデザインの用具（水着、帽子、ゴーグル）が誕生し、幅や深さの違うプールが建設された。

慣性パラメータ

水泳におけるおもな慣性パラメータは、泳ぐ人の質量（体重）と水の付加質量の2つからなる。体の慣性質量は、速度変化――つまり加速度――に対する抵抗の度合いで計測できる。加速度と質量は、ニュートンの運動の第二法則、力 $F = $ 質量 $m \times$ 加速度 a に示されているとおり、反比例の関係にある。したがって、泳ぐ人の体重 m が重いほど、同じ力学的な力 F から生み出される加速度 a は小さくなる。力学的な力 F は推進力と抗力の和で、泳ぐ人の慣性質量は体重と水の付加質量の和でそれぞれ求められる。人の体が水中を動く時には、事実上必ず、周りの水を引きずっている。この引きずられる水の量が付加質量であり、その量は女性で体重の約24％、男性で体重の約27％に及ぶ[3]。これにニュートンの運動の第二法則をあてはめると、力 $F = $（質量 $m +$ 付加質量 m）$\times a$ という式ができる。泳ぐ人の体重が重いほど、引きずられる水の質量は増え、ひいては加速度は抑えられる。

水の流れはスイマーの前進にどう影響するのか？

体の周りにはどんな水の流れができるの？

　水はあらゆる流体と同じく、力を加えられると、流れたり、変形したりする物質だ。推進力（p28-29）や抗力（p18-19）など、泳ぐ人の体にかかる力は、水が体の周りをどう流れるかの影響を受ける。水などの流体の状態は、流体の一連の特性で決まる。それらの特性の中で最も重要なのは、密度（単位体積あたりの質量）と粘性（流れに逆らう抵抗）だ。

　水の流れには定常流と非定常流がある。定常流とは、流れの速さと、体のどこかの一点にかかる圧力が時間とともに変化しない流れであり、非定常流とは、逆にそれらの特性が時間とともに変化する流れだ。どちらの流れも、推進力を生み出すうえで決定的な役割を果たしている[1]。

　スイマーの手足が一定か、ほぼ一定の速さで動かされ、進行方向にも大きな変化がなければ、流体の特性は時間とともに変化せず、流体は定常状態になる。そのような状態では、速度と方向が一定に保たれた推進抗力と揚力という2つの推進力の成分が、手足によって生み出される（p28-29）。

　いっぽうスイマーの手足の動きが急に速くなったり、方向が変わったりすると、非定常流が生じ、それによって推進力が生まれる。その時には水中で手足のスピードが増す。手は水に入ってから出るまでに加速し、足も上下動とともに加速する。これらの非定常流の状態を分析すれば、体や手足の周りの水の循環を計算でき、渦の発生の観察なども可能になる。

　水の流れは層流か、乱流かにも分けられる。流体の層が泳ぐ人の体と平行にきれいに並んでいれば、層流であり、ばらばらな向きになっていれば、乱流だ。

▼**流れに任せよ**　流体の層が平行に規則正しく並び、乱れがない時、その流れは層流といわれる。層流では、速度と圧力がどこでも同じで、体の周りの水の流れはスムーズに見える。層流はふつう、ゆっくり泳ぐ時に生じる。例えば、体を流線形に伸ばして、低速で進む時（A）などだ。泳ぐ速度が上がると、体の周りの水の流れはもっと不規則になり、体の先端などに渦巻きが生じる。流体の層は平行ではなくなり、どんどん乱れていく（B）。乱流では層流のときよりも大幅に抗力が強まるので、泳者はできるかぎり乱流を少なく抑えようとする。

層流と乱流

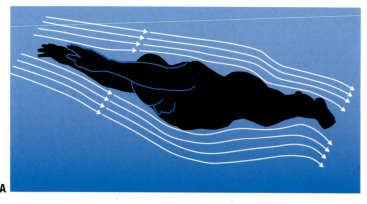
A

B

流れの分析

▶ **堅実に行け** 体にひもをつけて泳げば、定常流と非定常流を視覚化できる（右図）[*2]。その泳ぎをビデオで撮影し、1コマずつ、ひもの方向を確認する。そうすると、ストローク時の手や腕の速度や方向がわかる。もしあるコマと次のコマで、ひもの方向が著しく変わったら、それは水の流れの向きが急に変わったことを意味する。図中にある矢印は、手、肘、肩の動きの速度と方向を示している。気泡や染料を水の中に注入することで、流れの量的な分析をすることもできる（下図）[*3]。ここでは泳者はドルフィンキックをしている。足が上から下へ、あるいは下から上へ動かされるたび、気泡の塊ができる。それらを見れば、足を動かす方向の急な変化によって、どういう水の循環や渦が生じるかが調べられる。

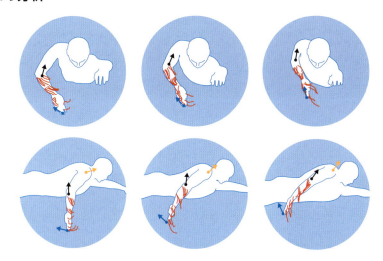

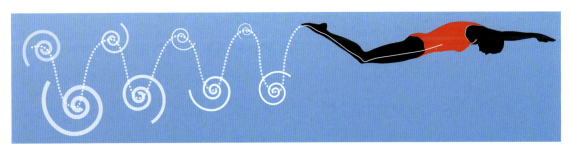

→ 手の速度と方向
→ 肘の速度と方向
→ 肩の速度と方向

レイノルズ数

流れの層がどれぐらい整っているか、または乱れているかは、水の密度と速度、体の長さ、粘性から算出するレイノルズ数で示すことができる。

$$\text{レイノルズ数} = \frac{\text{密度} \times \text{速度} \times \text{長さ}}{\text{粘性}}$$

12歳ぐらいの子どもが最も速く泳いだ時のレイノルズ数は、約250万[*4]。もっと背が高く、泳ぐスピードの速い男子50m自由形の世界記録保持者のレイノルズ数は、およそ520万に達する。
層流が乱流に変わる時のレイノルズ数は、臨界レイノルズ数と呼ばれる。その数値は体の形に左右されるが、ふつう50万ぐらいから乱れができ始める。水泳の場合、だいたい50万から1000万の間で層流が乱流に変わる。したがって競泳選手の体の周りにできる流れは層流ではないことになる[*5]。

動物の種による違い

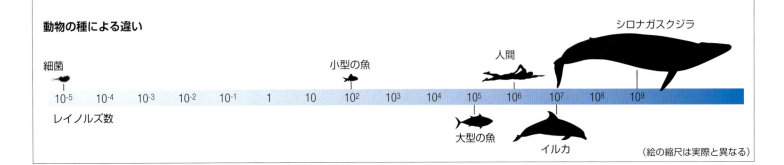

（絵の縮尺は実際と異なる）

抗力はスイマーにどう影響するのか？

泳ぐ時にはどんな水の抵抗を受けるの？

物質が水のように粘性や圧縮性のある実在流体の中を通過する時には、必ず、抵抗が発生する。この抵抗は抗力と呼ばれる。物質が流体の粒子を引きずりながら進む時に生まれる力だ。体に加わるこの抗力は、泳ぐ速度の低下を招き、泳ぎを著しく妨げうるので、スイマーのおもな課題のひとつになっている。

抗力の大きさは一連の変数で決まる。流体の密度が高いほど、抗力は大きくなる。海水と淡水では泳ぎやすさが違うのはひとつにはそのせいだ。水は空気に比べ、800倍密度が高い。したがって水泳は陸上の競技よりもはるかに大きな抵抗の影響を受ける。また体の表面も抗力に関係している。水に接する体の表面積が広いほど、抗力は強まる。しかし抗力の大きさを最も決定づけているのは、体と水の相対速度だ。泳ぐ速度が上がるほど、抵抗も強くなる。抗力は次の3つの要素に分けられる。皮膚摩擦抵抗（粘性抵抗）、圧力抵抗（形状抵抗）、造波抵抗だ[*1]。

皮膚摩擦抵抗は水の粘性と体の表面の相互作用から生じる。体の表面と接した水の層は、そこにくっつき、体と同じ速度で引っ張られる。したがって相対速度はゼロになる。この層を境界層と呼ぶ。それよりもひとつ外側の水の層は境界層によって体から隔てられるせいで減速する。同様に、体から離れるにしたがって、水の層のスピードは遅くなる。皮膚摩擦抵抗が大きいほど、引っ張られる（体の後ろになびく）水の量は多くなる。

圧力抵抗は体の前端と後端の圧力差に関係している。前端では、圧力が高く、流体の粒子が圧縮される。粒子は体の周りを流れていき、やがて境界層の剝離点に達して、体から離れる。そこから先は、流れが反転し、渦や低圧域が生まれる。前端と後端の圧力差によって、流体の粒子は体の前端から後端へと「押し戻される」ように流れていく。これが泳ぎの進行方向と逆に働く圧力抵抗になる。

造波抵抗は、泳ぐ時に水を進路から押しのけるのに必要なエネルギーを反映したものだ。体が前進するにつれて、体の前で流体が「押し重なる」いっぽう、後ろは「空（から）」になることで、波が生まれる。この造波作用は、2つの理由で泳ぎの効率を悪くする。

第1には、前進に使えたはずのエネルギーを奪うから。第2には、プールの壁から跳ね返ってきた波がスイマーにぶつかって、前進の勢いをそぎ、泳ぎを妨げるからだ。

▼**総抗力** 皮膚摩擦抵抗 D_f、圧力抵抗 D_p、造波抵抗 D_w の3成分を足し合わせたものが、スイマーにかかる総抗力 D だ。式にすれば、$D = D_f + D_p + D_w$ となる。皮膚摩擦抵抗は泳ぐ速度 v と正比例するので、泳ぐ速度の上昇に対して1対1の比で増大する。しかし圧力抵抗は速度の2乗に比例し[*2]、造波抵抗は速度の3乗に比例する[*3]。したがってそれらの抵抗は泳ぐ速度の上昇とともにきわめて急な増大を示す[*2,3]。圧力抵抗と造波抵抗はスイマーの姿勢の変化にとても敏感なので（高速時ほど、増大がいっそう急激になる）、泳ぐスピードが速いほど、優れた技術が欠かせなくなる。

泳ぐ人にかかる抗力

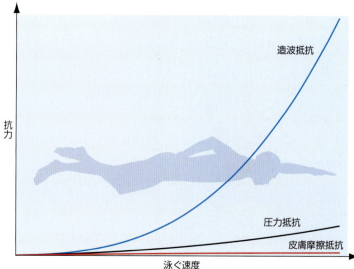

剥離点

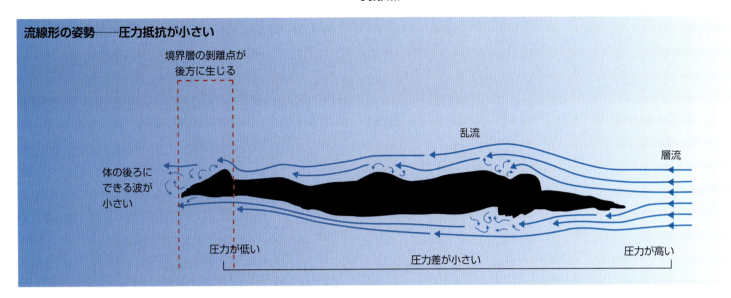

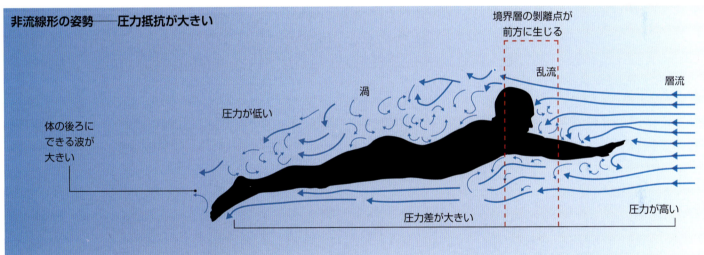

基礎知識

スイマーにかかる総抗力を求める式　$D = \frac{1}{2} \rho v^2 A C_d$

ρ は水の密度、v は水に対する体の相対速度、A は前面投影面積、C_d は「抗力係数」と呼ばれる無次元の変数を表している。

この式に示されているように、総抗力は密度と速度と面積と抗力係数のかけ算で決まるので、それらのどれが増えても、総抗力は増える。抗力への影響が最も大きいのは速度であり、抗力は速度の2乗に比例して増える。

▲**圧力の影響**　もし境界層の剥離点がなければ、体の前端と後端の圧力は等しくなり、圧力抵抗はゼロになる。剥離点が体の前端近くにできるほど、前端と後端の圧力差が大きくなり、圧力抵抗は増す。これはつまり泳ぐ人の姿勢しだいで圧力抵抗が大きく変わるということだ。きれいな流線形の姿勢であれば、剥離点は後端に近い所に生じる（上側の図）。しかし、手足の位置が揃わず、流線形が崩れると、剥離点が前に移動し、抵抗が著しく強まる（下側の図）。

用具　数値流体力学

数値流体力学（CFD）は泳者の流体力学をモデル化する最新の技術だ。もとは航空産業で生まれた技術だが、1990年代末から2000年代初頭にかけて水泳界をはじめ、スポーツの世界にも取り入れられ始めた。医薬、建築、自動車の設計、生物学などの分野でも、この技術はしばしば使われている。CFDを用いると、流体（気体および液体）が体の周りを流れる様子を視覚化したり、抗力や推進力などの重要な要素を数値化したりできる。数値解析とアルゴリズムを用いて水の流れに関する問題を分析できる技術なので、例えば、泳ぎのフォームや着用具（水着やゴーグルや帽子）の変更でどういう効果が得られるかを知って、泳ぎのパフォーマンスを高めようとする時に役立つ。CFOを使えば、指の位置によって推進力がどう変わるか、水着のデザインによって抗力がどう変わるかということをモデル化できる。

CFDを使った分析の手順はおもに3段階からなる。まず前処理では、必要なデータが集められ、入力の準備がなされる。次に、入力データが揃うと、コンピュータにデータが入力され、実際にシミュレーションが始まる。計算が複雑なので、このシミュレーションには専用ソフトウェアが用いられる。最後に後処理で、シミュレーションの出力が行われる。同じ一揃いの入力データに対して出力はいつも同じになる。しかし入力データの一部を変えると、それに応じて出力も変わり、実際の場面におけるそれらの入力の効果をモデル化できる。

CFDの大きな長所は、実際に実験やテストをせずに、最善の結果を得られるまで、さまざまな入力を試せることにある。つまり条件をあれこれと変えて、スイマーにプールで泳いでもらわなくても、ソフトウェアを使って効果のシミュレーションができる。競泳選手のタイムはささいな動作の変化に大きく左右される。そのわずかな変化の効果を見極めるうえで、CFDは手順さえ適切であれば、人を使った実験よりも頼りになる。CFDの欠点は、入力データが曖昧だったり、不正確だったりすると、出力が信頼できないものになることだ。したがって前処理の段階に最も多くの時間が費やされる。正確な入力データを揃えられれば、その分、出力の質を高められる。もうひとつ、コストの高さもこの手法のネックになっている。CFDのシミュレーションを実施するにはかなり大がかりなコンピュータが必要になる。

流れのシミュレーション

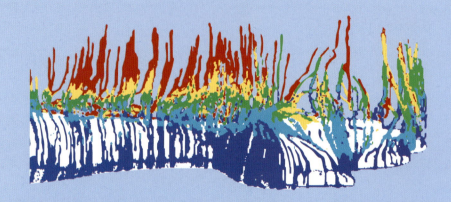

▶**流れを見せる**　データの入力後は、計算が行われる。計算に要する時間はコンピュータの性能のほかに、モデルや領域の複雑さに左右され、数分から数時間の幅がある。計算が終了すると、結果がチェックされる。もしエラーがあれば、入力を修正して、シミュレーションをやり直す。右に示したのは、視覚的な出力結果だ。人体の形状やその周りを流れる水の様子がくっきりと描き出されている。

データの収集

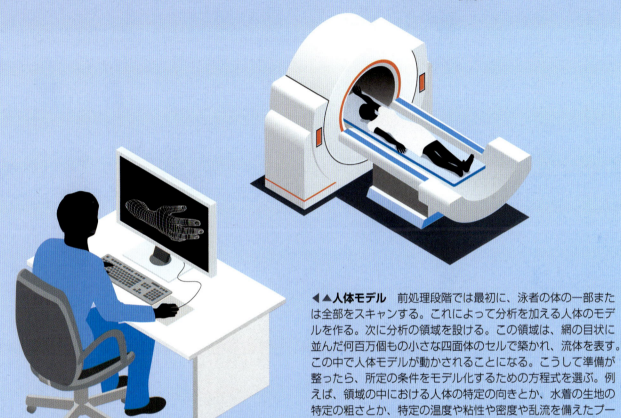

◀▲人体モデル 前処理段階では最初に、泳者の体の一部または全部をスキャンする。これによって分析を加える人体のモデルを作る。次に分析の領域を設ける。この領域は、網の目状に並んだ何百万個もの小さな四面体のセルで築かれ、流体を表す。この中で人体モデルが動かされることになる。こうして準備が整ったら、所定の条件をモデル化するための方程式を選ぶ。例えば、領域の中における人体の特定の向きとか、水着の生地の特定の粗さとか、特定の温度や粘性や密度や乱流を備えたプールのレーンとかをモデル化するアルゴリズムがある。

圧力抵抗分析

▶数値を色別に 流れを視覚化して調べるのは、質的な分析である。CFDのシミュレーションではさらに、抗力や推進力の大きさなど、量的なデータを取り出して、それらの力の成分についての分析も行える。右図は前腕と手にかかった圧力抵抗を示したものだ。暖色が濃い部分ほど、圧力が強いことを表している。単位はパスカル（Pa）。

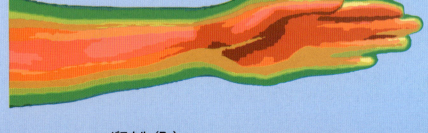

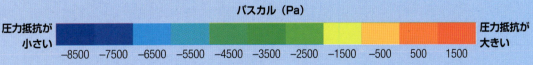

パスカル（Pa）

圧力抵抗が小さい　−8500　−7500　−6500　−5500　−4500　−3500　−2500　−1500　−500　500　1500　圧力抵抗が大きい

ドラフティングは、練習や屋外での水泳やトライアスロンで役に立つか？

人のあとについて泳ぐと楽なのはどうして？

　人のあとについてプールを何往復か泳いでみるとわかるように、ひとりの時より楽に泳げる。これは水泳のチーム練習で日常的に起こることだが、海や川などの自然環境やトライアスロンの大会で泳ぐ時にもしばしば経験される。ほかの人の後ろを泳ぐと楽なのは、ドラフティングと呼ばれる効果のおかげだ。2人以上が接近し、縦にほぼまっすぐに並んで泳ぐ時にこの効果は生まれる。このドラフティングは意図的に抗力を減らす目的で使うことが可能だ。

　前にいる泳者の後ろには、その泳ぐ速度とほぼ同じ速度で後流が生じるとともに、スリップストリームができる。スリップストリームの及ぶ範囲は体の形に応じて決まる。人間の体は完璧な流線形にはならないので、比較的広いスリップストリームができる。泳者をおおう水の流れはふつう乱流であることから（p16-17）、スリップストリーム内では圧力が周囲より低くなり、はっきりとした「吸引効果」が生じる。

　ドラフティングの効果は、前の泳者のスリップストリームの範囲内にいる泳者に及ぶ。前後の泳者が同じ速度で泳いでいる時には、ドラフティングは前後のどちらの泳者にも利になる。後ろの泳者はスリップストリーム内の圧力の低い領域（「吸引領域」）にいるおかげで、はるかに少ないエネルギーと力で前に進める[*1]。また、前の泳者の近くに発生する乱流の相対速度が低くなることにより、後ろの泳者によって作られる波が小さくなるので、造波抵抗も減る[*2]。

　ドラフティングは前の泳者の泳ぎも楽にする。18-19ページで見たように、圧力抵抗は泳者の前端と後端の圧力差で生じ、圧力差が大きいほど、圧力抵抗も大きくなる。後ろからついてくる泳者がいると、低圧の領域の影響が弱まり、その結果、前の泳者にかかる圧力抵抗は小さくなる。

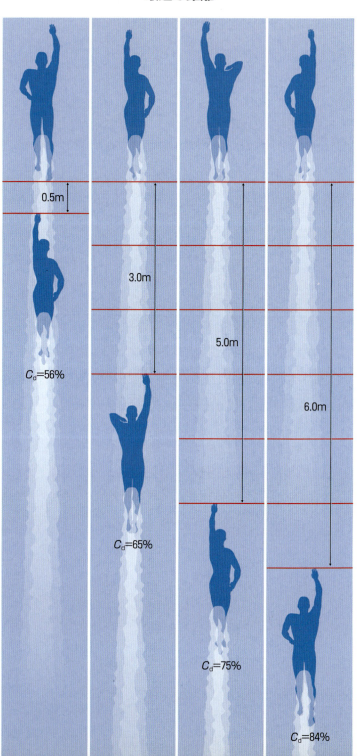

最適な距離

0.5m　C_d=56%
3.0m　C_d=65%
5.0m　C_d=75%
6.0m　C_d=84%

▶**ストロークに生じる違い** ドラフティングはストロークに影響するか？ 水泳のストロークを評価するときには、一般に次の4つのパラメータが計測される。泳ぐ速度、ストロークの頻度、ストロークの長さ、ストロークの効率（ストローク指標）の4つだ。ドラフティングを行った場合と行わない場合を比べた実験では、このパラメータにはっきりと差が出ることが示されている[3]。ドラフティング時には、泳ぐ速度、ストロークの長さ、ストロークの効率がそれぞれ3.5％、4.7％、7.15％上昇した。ドラフティングを行ったスイマーのほうが、泳ぐペースを保つことができ、なおかつストロークが長くなり、効率も高まったのだ。ただし、ストロークの頻度に目立った差は見られなかった。特に泳距離の終盤では差が出なかった。この結果からは、ドラフティングは試合や練習で、ストロークをしっかりと安定させるのに役立つといえそうだ。

◀**間隔を保て** ドラフティングの効果を高めるには、前の泳者とどれぐらい間隔を空ければいいのか？ 前の泳者との距離が長くなるにつれ、抗力係数は大きくなる。したがって前の泳者との距離が0.5mの時には、後ろの泳者の抗力係数は前の泳者の抗力係数の約56％なのに対し、6mの時には、その値は約84％まで高まる[4]。間隔が0mの時のドラフティング効果は、0.5mの時とあまり変わらない。むしろ近すぎると逆効果になりうる。泡や乱流で前が見にくくなったり、前の泳者の足にぶつかりそうになるせいで、ストロークが妨げられたりするからだ。これらのことを踏まえるなら、練習で1レーンに2人以上が泳ぐ時には、泳者どうしの間隔を7m以上空けるといいだろう。そうすれば全員が流体力学的にほぼ同じ条件で泳げる。自然環境での大会やトライアスロンでレース戦略を練る時には、体力の温存に役立つドラフティングも検討するべきだ。

横のドラフティング

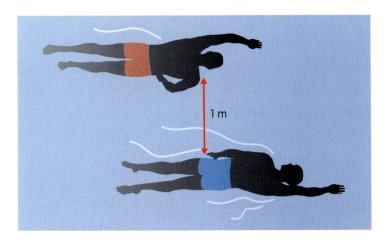

▲**隣合わせ** 横に並んで泳ぐことでも、抗力係数は下がる。ただし縦に並ぶ時の3分の1ほどしか下がらない[2]。最適な距離は、前の泳者から横方向と後ろ方向にそれぞれ1mとなる。つまり後ろの泳者の頭が、前の泳者の腰のあたりにくるぐらいの位置だ。

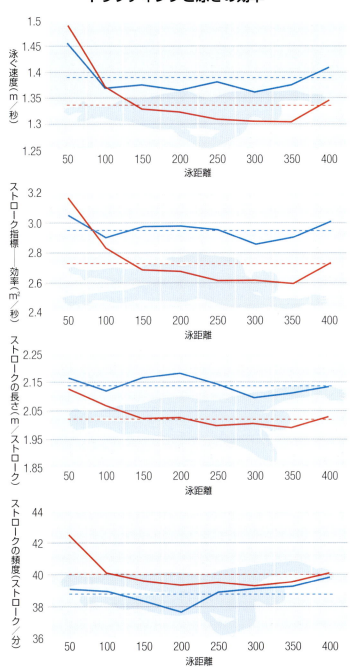

ドラフティングと泳ぎの効率

基礎知識
ストローク指標（SI） 泳ぎの効率を示す総合的な指標。
SI＝速度×ストローク長

― ドラフティング
― 非ドラフティング
--- ドラフティング時の平均値
--- 非ドラフティング時の平均

スイマーのハルスピードとは何か？

> 自分はどれくらい速く泳げるようになる？

　船と同じで、泳ぐ時には水を押しのけて前に進む。その際、水の粒子を圧縮し、波を造り出すことになる。波を造るためにはエネルギーが必要であり、その分のエネルギーは前進のために使うことができない。つまりスイマーはすべてのエネルギーを前進のために使えず、一部をそのように失いながら、前に進んでいるのだ。

　波には波頂部（波の最も高い点、頂点）と波底部（最も低く、深い点）がある。振幅とは波頂部から中間部までの波の高さのことであり、波長とは2つの連続した波頂部と波頂部の距離のことである。泳ぐ速度が増すにつれ、スイマーが立てる波の波長は伸びる。そしてある速度に達すると、波長とスイマーの身長または体長が等しくなる。この時の速度がそのスイマーの「ハルスピード」と呼ばれる（「ハル」は「船体」という意味）。

　背の高い人ほど、ハルスピードは速い。身長がまだ伸びている子どもの場合は、ハルスピードも成長とともに速くなる[*1]。理論上、ハルスピードがその人の泳げる速度の上限だともいわれる[*2]。しかしハルスピード以上の速度で泳ぐ一流選手の事例も報告されている[*3]。そのような事例では、いわば波の斜面をのぼって、波に乗るという泳ぎ方がされている。

　では、そのように波に乗る泳ぎ方と、2つの波頂部の間をハルスピードで進む泳ぎ方を比べた場合、それぞれにはどういう利点があるだろうか？　2つの波頂部の間を泳ぐほうが、体力の節約にはなりそうだ。波に繰り返しぶつからずにすみ、一定の速度で滑らかに泳げる。しかし、短距離の選手であれば、体力を費やしてでも、波に乗りたいだろう。波の運動量（勢い）を利用して、前へ進めるからだ。そうすれば、造波抵抗が著しく低下し、スピードを大幅に上げられる[*4]。

　クロールではストロークサイクル内で、ハルスピードにいくらか変化が生じる可能性がある[*5]。腕を水に入れる時には、腕を前方に伸ばしきるので、スイマーの「ハル（船体）」は実質的に長くなる。加えて、腕を水に入れようとして波とぶつかることもある。しかし、いったん腕が水中に完全に入って、後方へ動かされると、「ハル」の長さはふたたびスイマーの身長と等しくなり、頭と肩ですぐに新しい波が造られる。

▼**波に乗る**　ハルスピードとは、スイマーによって造られる波の波長とスイマーの身長または体長が等しくなる時の泳速だ。ハルスピードに達すると、スイマーの体は2つの波頂部の間にすっぽりと収まる。その速度を超えようとすれば、波をのぼって、波に乗らなくてはならない。その分、必要となるエネルギーも増える。

ハルスピードでの泳ぎ（波長＝体長）

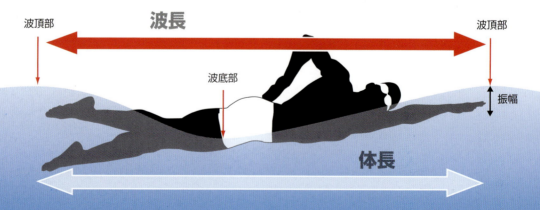

ハルスピードとレーススピードの比較

男子400m 自由形

銅メダリスト　ヴァンダーカイー　ハルスピードより2％遅い

銀メダリスト　朴　ハルスピードより2％速い

金メダリスト　孫　ハルスピードより0.1％遅い

男子50m 自由形

銅メダリスト　シエロ　ハルスピードより22％速い

銀メダリスト　ジョーンズ　ハルスピードより20％速い

金メダリスト　マナドゥ　ハルスピードより21％速い

☐ ハルスピード　　■ レーススピード

▲**エネルギーの経済学**　短距離選手にはエネルギーを節約して、経済的に使うなどという気はさらさらない。頭にあるのは一にも二にも速く泳ぐことだ。だから単位時間あたり最大限のエネルギーを費やして、速さを追求する。いっぽう長距離と中距離の選手にとって、いかに経済的にエネルギーを使うかは勝利の鍵を握る要だ。2012年のロンドンオリンピックのメダリストを見てみよう。男子400m自由形では、メダリストのハルスピードとレーススピードにほとんど差がない。しかし男子50m自由形では、レーススピードがハルスピードをはるかに上回っている。男子50m自由形の金メダリスト、フローラン・マナドゥ（仏）と、男子400m自由形の金メダリスト、孫楊（中国）の身長はそれぞれ1m99cmと1m98cmでほぼ同じだ。したがってハルスピードに差はほとんどない。しかしマナドゥはハルスピードを21％上回る速度で泳ぎ、孫はハルスピードを0.1％だけ下回る速度で泳いだ。

基礎知識

ハルスピードの計算式

$$\text{ハルスピード} = \sqrt{\frac{\text{重力加速度} \times \text{体長}}{6.283}}$$

ハルスピードより速い泳ぎ

現場の科学　水着

1世紀以上前から、水着は大きな関心を寄せられ、競泳選手のために研究と開発が行われてきた。1890年代、選手たちは胴と腿の上部、それに上腕までをおおうウールの水着で泳いでいた。男子選手が上半身をあらわにした水着で競技に出ることが初めて許されたのは、1936年のオリンピックの時だ。1948年頃にようやく男子のトランクスがふつうになった。1950年代には、ナイロン素材が取り入れられた。そして30年以上を経て1990年代に入ると、耐久性と伸縮性に富み、抵抗の少ないポリエステルやエラステインの水着が製造できるようになった。

続く10年間には、抗力の少なさを追求するトレンドの中、新しいテクノロジーが切りひらかれ、全身をおおう革新的なデザインの水着が登場した。材料に不織素材のポリウレタンを最大で100%使ったそれらの水着は、体を締めつけるぴったりとした作りになっていて、圧力抵抗を軽減できた。さらに、つなぎ目が融着されていて、撥水性に優れ、摩擦抵抗も減らせた。ブランドによっては水着の特定の部分に板を入れて、体の締めつけを強くし、体の周りの水の流れを最適化していた。2000年代後半にはトップ選手たちがこぞってこのハイテク高速水着を着用し、2008年と2009年に次々と世界記録を樹立した。

やがて、そのような水着はフェアではないという懸念の声が高まり、2010年、国際水泳連盟は突如、その着用を禁止した。ハイテク水着はタイムズ紙の「2008年の発明ベスト50」に選ばれたが、専門家からは「テクノロジーによるドーピング」と呼ぶべきものだと批判された。2010年以降、選手たちはふたたび織布の水着でレースに臨むことになった。また、ファスナー付きの水着も禁止されたほか、体をおおう範囲は、男子が臍から膝まで、女子が肩から膝までと定められた。

2008年から2009年のハイテク時代には、およそ130種目で世界記録が更新された。それらの記録の半分は2008年の北京オリンピックから2回あとの2016年のリオオリンピックでもまだ破られなかった。

▶**ハイテク水着**　2009年7月28日、世界水泳選手権ローマ大会の男子200m自由形で、ハイテク水着でスタートを切る米国のマイケル・フェルプスとドイツのパウル・ビーデルマン。このような水着は記録を2-4%縮められるといわれる。

泳ぐ時の推進力のメカニズムとは？

水の中でどうやって前に進んでいるの？

　泳ぐスピードは推進力、つまり前へ進む力と、それと反対方向にかかる抗力（p14-15）の相対的な強さで決まる。推進力を生み出すためには、体の複数の部位を動かす必要がある。中でも大事なのは、腕のストロークと脚のキック動作だ。クロールでは、泳ぐスピードの10-15%がキックから生まれ、残りの85-90%が腕のストロークから生まれる[*1]。ほかの泳法については、研究データがなく、上半身と下半身の動きがそれぞれどれぐらいの割合でスピードに貢献しているか、はっきりとわかっていない。ただ、経験的な推測では、背泳ぎとバタフライではその割合はクロールとおおむね同じで、平泳ぎではキック動作の貢献がもっと大きいといわれる。

　腕も脚もおもに推進抗力、揚力、渦の3つのメカニズムで前へ進む力を生み出している。推進抗力はニュートンの運動の第三法則——物体の動きには必ず作用と反作用がある——に支えられている力だ。この法則に従って、水が後ろへ押し出されれば、体はその反作用で前へ押し出される。ストロークの腕の動きと体の動きは逆向きになるのはそのせいだ。腕を後ろへ動かすことで、体が前へ動く。推進抗力が働く面が広いほど、動かされる水の量は多くなるので、力も大きくなる。また腕の速さも関係する。腕が速く動かされるほど、やはり動かされる水の量は多くなり、より大きな推進抗力が生み出される。

　もし腕が水中で直線軌道を描いて動かされるなら、推進抗力が唯一の前へ進む力になるだろう。しかし上級のスイマーは弧を描くように腕を動かすことで揚力を生み出そうとする。そこでは両腕が——ストロークの弧が作る迎え角により——水中翼の役割を果たす。

　もうひとつ、渦も前へ進む力になる。渦とは回転する水の塊だ。それが腕と脚の動く方向や速度、迎え角の急な変化に伴って、後方へはじき出されることで、推進力を生み出す。だから例えば、キック動作の蹴り上げと蹴り下げの切り替えをすばやくしたり、水中に手を入れてから出すまでの動きを速くしたりすることが、泳ぐスピードを速めるうえで重要になる。

基礎知識
水中翼
水中翼は水中で抗力を上回る揚力を生み出す構造物だ。適切な角度で取りつければ、その形状と迎え角の効果により、水中翼の上側の水の流れを下側の表面上の水の流れより速くすることで、上側の水の圧力を下側の水の圧力より小さくできる。この圧力の差によって、水の流れに対して垂直方向に働く揚力が生まれる。

▶**合力の効果**　水泳で前へ進む力がいかに生まれるかについては諸説があるが、推進抗力、揚力、渦の3つがそのおもなメカニズムであるというのが、現在の科学界の一致した見解だ[*2,3]。これは人間に限った話ではない。水中環境に適応した動物たちの泳ぎにもいえる[*4]。推進抗力と揚力が合わさると合力が生まれる。それらの力を計測した研究によると、クロールでは水中でのストロークの最後の局面、つまり「アップスイープ」と呼ばれる局面で、推進抗力は最大になる[*5]。その局面では手が上方、外側、後方へと動くので、その反作用で推進抗力が下方、内側、前方へと働くからだ。揚力は手の周りの水の流れに対して垂直に、圧力の高い所から低い所に（つまり手のひらから手の甲へ）向かって働く。その結果、それらの2つの力の合力は前に向かって働き、有効推進抗力は最大になる[*6]。

流体力学

力のピーク

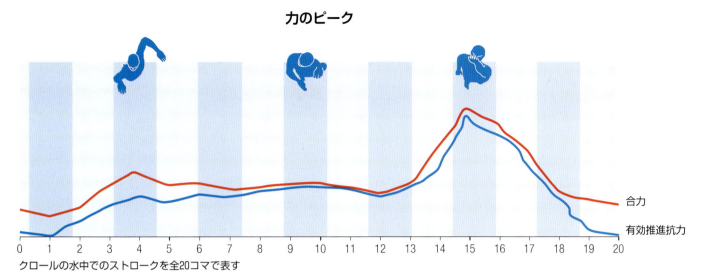

▲**コマ送り** この図には、クロールの水中でのストローク時に合力（赤線）と有効推進抗力（青線）がどう変化するかが示されている[6]。0から10コマまでの最初の局面では、合力があまり有効推進抗力を生み出すことに使われていない。中間から先になると、合力を最大限に生かせる方向に手が動き始める。前へ進む力がピークに達するのは、水中でのストロークの最後の局面に向かう16コマめだ。

推進力を生み出す

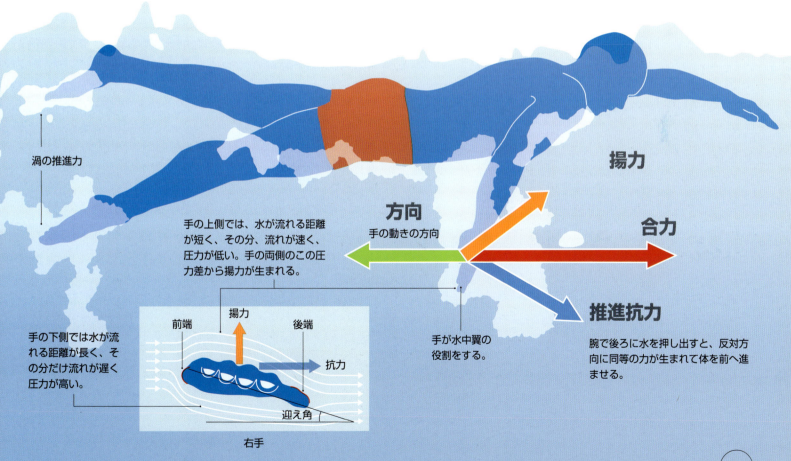

手の表面は推進力にどう影響するか？

手の指は広げるのと閉じるのとどっちがいいの？

　手は水泳のおもな動力源のひとつだ。手と腕はちょうど櫂のように推進抗力が生まれる表面になる。トップ選手のレースを見てみると、水を掻く時の指の形が選手によってかなりまちまちであることがわかる。指と指をぴったりとくっつけている選手もいれば、指を広げている選手もいる。親指は内転し、ほかの4本の指に近い位置にあることもあれば、外転し、人差し指からいくらか離されていることもある。手の推進力を最大限に引き出すには、どういう指の形がベストなのか？

　これを調べるためには、さまざまな形の手の模型を使って実験するか、実際に選手にいろいろな指の形で泳がせるかして、推進抗力を見積もるという方法がある[1]。または、数値流体力学でシミュレーションを行うという方法もあり（p20-21）、こちらのほうが正確さははるかに増す[2]。実験という手法では、同じ条件や指示のもとでも、人間がすることなのでどうしても結果にいくらかずれが出てしまう。したがって、指の形の違いで生じるわずかな力の変化を調べるには、やはりコンピュータでシミュレーションを行うのがいちばんいいだろう。

　数々の研究からは、最適な指の形はストロークの違いや腕の動きの局面によって異なることが示されている。水が指先から手首に向かって流れている時、あるいはその反対方向に流れている時——例えば、クロールやバタフライで手の入水時や水中でのストロークの最後の局面——には、指の形の違いによる影響は微々たるものしか観察されていない[3]。親指を内転させ、ほかの4本の指をくっつける時にほんのわずかに推進力が増すだけだ。しかし、水が親指から小指に向かって流れる時（手で胸の下に水を集める「インスイープ」の局面のように）には、はっきりとした効果が現れる。親指を内転させ、ほかの4本の指をやや開きぎみにするのがもっとも効果が高い。水が小指から親指に向かって流れる時（水を後ろに押し出す「アップスイープ」の局面のように）は、親指を外転させ、ほかの4本の指を閉じるのがいちばんいい。このような水の流れは、例えば、背泳ぎの手の入水後などに生じる。

　飛行機では、下降時などに、フラップで揚力を高める。水泳でもそれと同じように、5本の指を広げることで、手にかかる揚力を高められる。泳ぐ時の最善の指の形についてはひとつに決めることができないが、指針としては、親指以外の4本の指はすべて閉じるか、いくらか開く程度がいいといえる。親指は手を水に入れる時と水から出す時、手を内側に向けて動かす時には、内転させるのがいいが、逆に、手を外側に向けて動かす時は、いくらか外転させるのがいい。したがって、指の形は水の流れに応じて、ストロークの局面ごとに変える必要がある。

クロールの指の形

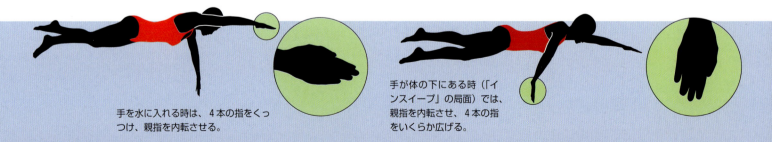

手を水に入れる時は、4本の指をくっつけ、親指を内転させる。

手が体の下にある時（「インスイープ」の局面）では、親指を内転させ、4本の指をいくらか広げる。

指の形

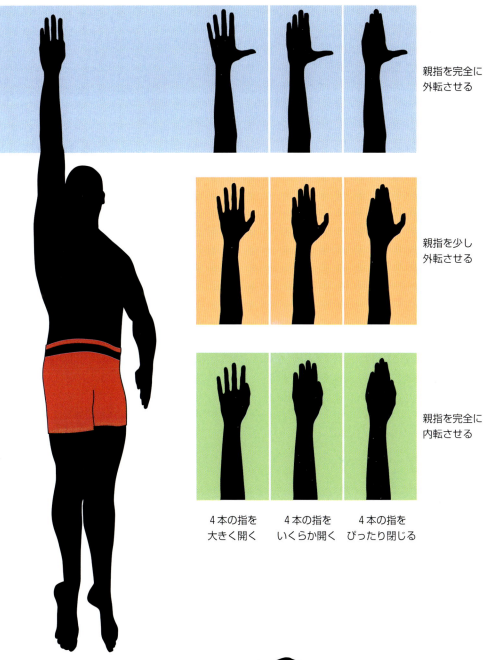

親指を完全に
外転させる

親指を少し
外転させる

親指を完全に
内転させる

4本の指を
大きく開く

4本の指を
いくらか開く

4本の指を
ぴったり閉じる

▶ **9通りの形** ほとんどのスイマーは指をぴったり閉じるか、いくらか開くか、または大きく開いている[*3]。指先と指先の距離はいくらか開く時で0.32cm、大きく開く時で最大0.64cmになる。親指については、完全に外転させる場合と、いくらか外転させる場合と、完全に内転させる場合がある。人差し指との間にできる角度は、完全に外転させた時に約68°、いくらか外転させた時に約30°になる。完全に内転させると、人差し指とくっつく。したがって、4本の指の形が3通り、親指の形が3通りあるので、合計では指の形は9通りあることになる。

▼ **最適な形** クロールの指の形に関する研究でわかっていることをまとめると、次のようにストロークの局面ごとに指の形を変えるのが最適だといえる。入水時には4本の指をくっつけて、親指を内転させる。「インスイープ」時には、親指を内転させて、4本の指をいくらか広げる。手が後ろに動かされ、持ち上げられる「アップスイープ」時には、親指をいくらか外転させて、4本の指をくっつける。そして最後に水から手が出される時には、ふたたび4本の指をくっつけて、親指を内転させる。

手が外側と上へ向かって動き始める時（「アップスイープ」の局面）では、親指をいくらか外転させ、4本の指をくっつける。

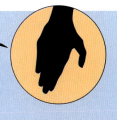

手を水から出す直前で、ふたたび指をくっつけたまま、親指を内転させる。

水泳における
エネルギー消費量は？

> 泳ぐにはどれぐらい
> エネルギーを使うの？

　競泳の選手にも、趣味や健康のために泳いでいる人にも関心を持たれているのが、水泳のエネルギー消費量だ。ただし、関心を持つ理由はそれぞれに異なる。中・長距離の選手にとっては、効率よく泳ぎ、できるだけエネルギー消費を抑えることが目的になる。短距離選手は、スピードを命としており、スピードを出すためにできるだけすばやく多くのエネルギーを費やそうとする。したがって、その分、出力が大きくなる。健康志向のスイマーはもっと体の組成とか、エネルギーの入力（食事のカロリー）と出力（運動の強度）のバランスとかに興味がある。

　速度や泳法をいろいろと変えて、プールを何往復かしてみると、それぞれの疲労度——つまり必要なエネルギーの出力——がかなり違うことに気づくだろう。どの泳法でも、速度を上げれば、その分、エネルギーの消費量は増える。速度の上昇とともに抗力が増すからだ（p18-19）[*1]。実際、抗力と速度は2乗の比例関係にあるので（抗力＝定数×速度^2）、わずかな速度の上昇でも、抗力は大きく増える。したがって、速度の上昇とともにエネルギー消費量が増大するわけは、抗力の増大によって説明がつく[*2]。

　エネルギー消費という観点からは、クロールと背泳ぎは経済的な泳法であり、バタフライと平泳ぎは不経済な泳法だといえる。これにはいくつかの生体力学的な理由もある[*3]。基本原理を理解しやすくするため、市街地を走る自動車を考えてみよう。自動車は加速したり、止まったりするたび、慣性に逆らって、運動状態を変えるためにエネルギーを消費しなくてはならない。しかし高速道路で一定の速度を保っている時には、慣性に逆らわなくていいので、経済的な走行ができる。停止と発進を繰り返す市街地の運転では、高速道路よりも1kmあたりの消費燃料は大幅に増える。これと同じことが水泳にもあてはまる。安定した動きを保って、速度や抗力の変動が少ない泳法のほうがやはり効率がいい。逆に、加速と減速が繰り返される泳法では力学的な仕事が増え、その分、必要なエネルギー消費量も多くなる。

▼**速度の影響**　同じ速度の場合、クロールと背泳ぎのエネルギー効率が最もいい。次にエネルギー効率がいいのはバタフライで、平泳ぎは最も燃費が悪い。ここで注意したいのは、これは同じ速度で泳ぐ時の比較であることだ。一般のスイマーの場合、平泳ぎで1往復する時よりクロールで1往復する時のほうが疲れを感じるかもしれないが、それはクロールの時のほうが泳ぐスピードが速いせいだ。つまり、体で感じるエネルギー効率は、泳ぐ速度が同じでない場合には、理論と食い違うことがある。

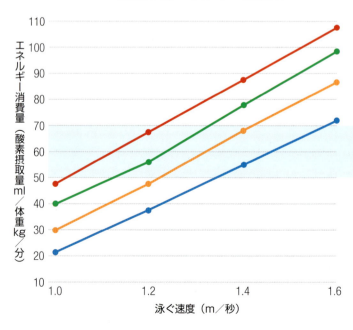

4泳法の各エネルギー消費量

抗力とエネルギー消費量

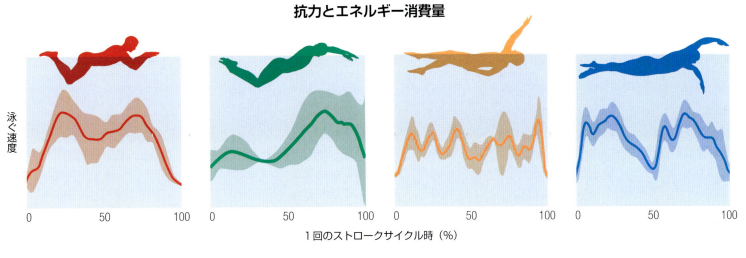

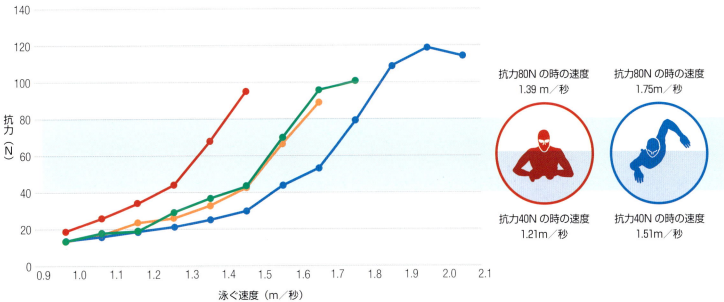

平泳ぎ	バタフライ	背泳ぎ	クロール
摂取酸素70ml の時の速度 1.225m／秒	摂取酸素70ml の時の速度 1.3404m／秒	摂取酸素70ml の時の速度 1.420m／秒	摂取酸素70ml の時の速度 1.575m／秒
摂取酸素50ml の時の速度 1.025m／秒	摂取酸素50ml の時の速度 1.125m／秒	摂取酸素50ml の時の速度 1.225m／秒	摂取酸素50ml の時の速度 1.344m／秒

▲**抗力の比較** スイマーにかかる抗力は、クロールで泳ぐ時に最も小さくなる[1,4]。これはクロールでは、ストロークのサイクルを通じて力学的な勢いがあまり変わらず、そのおかげで泳ぐ速度の変化が小さいからだ。平泳ぎとバタフライはほかの泳法と比べ、速度の変化が大きい。そのことは上段の図で、影の部分が厚いことに示されている[3]。

競泳選手の推進効率はどれぐらいか？

→ どうしたらレースでもっと速く泳げるようになる？

　長距離の選手が記録を伸ばすには、効率のよい泳ぎ方を身につけることが欠かせない。初心者を指導するコーチも、効率にはとても力を入れる。水泳で優れた技術とは、抗力に打ち勝って、体を前に進めることにできるだけ多くのエネルギーを割けることを意味する。そしてそのことは、優れた技術を持った選手はそうでない選手より速く泳げることを意味する。

　効率のよさを判断する基準はいくつもあるが、最も役に立つのは、競技者のレベルに密接に関係している推進効率だ。トップレベルの選手は下のレベルの選手と比べて、推進効率が格段に高い[1-4]。力学的にいうと、推進効率とは抗力に打ち勝って前に進むことに実際に使われるエネルギーの割合のことだ。抗力に打ち勝つことに使われるエネルギー、手足を動かすことに使われるエネルギー、水に移動するエネルギー（水に移動するエネルギーは体から離れる水の勢いを加速させる）の3つを足したエネルギーの合計に対する比率ないしは百分率で表すことができる（手足を動かすためのエネルギーは無視できると考える研究者もいる）。

　したがって、抗力に打ち勝って前に進むために使われるエネルギーが、エネルギーの合計に占める割合が低いほど、効率は悪いことになる。例えば、もしストロークのピッチが速いわりに、前に進む速度が上がらないとすれば、おそらくエネルギーの多くが水に移動してしまい、前に進むことにあまりエネルギーを振り向けられていないのだろう。それがつまり効率の悪い泳ぎということになる。

　実際、推進効率は体の移動速度と手足の速度の比率で算出できる。泳ぐ速度が同じであれば、手足の動きが遅いほど、エネルギーの消費効率は高い。

▼**むだの度合い**　推進効率は百分率で表せる。合計のエネルギーに対する、抗力に打ち勝って前に進むために使われたエネルギーの百分率だ。この数字が大きいほど、むだになっているエネルギーは少なく、泳ぎの効率は高い。

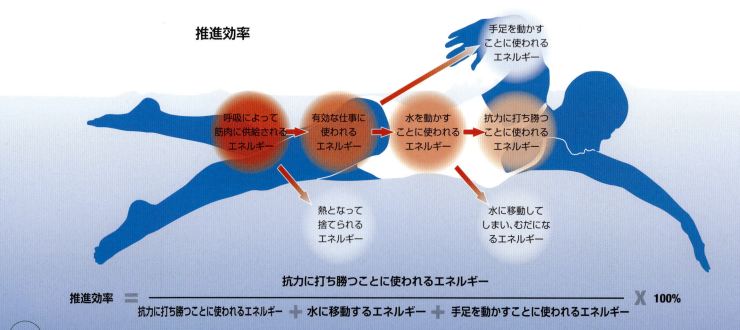

効率の比較

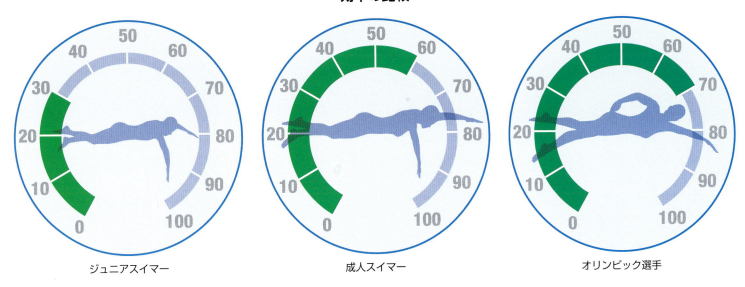

ジュニアスイマー　　　成人スイマー　　　オリンピック選手

▲**一流選手の効率**　一例として、ジュニアスイマー、成人の一般スイマー、オリンピック選手の3者のクロール泳の効率を比較してみるとどうなるか？　想像できるとおり、選手のレベルが上がるほど、効率は高まる。ジュニアスイマーの効率が最も低く、それに成人の一般スイマーが続き、オリンピック選手の効率が最も高い。定期的に大会に出ているジュニアの場合、そのクロールの推進効率は約30%だ[2]。全国大会出場レベルの大人の選手では、およそ60%という数字が出ている[3]。さらにオリンピック選手になると、その数字は約70%まで上がる[4]。

▶**効率を高める**　練習では、パドルや足ひれなどの補助具が使われることが珍しくない。パドルか足ひれをつけて、クロールで泳ぐと、効率は平均で10%上がり、60%から70%へ高まる[3.5]。モノフィンを着用して、手を使わずにドルフィンキックだけで泳ぐ場合には、およそ80%という効率を実現できる[6]。逆に、ストロークを行わない（つまり腕を動かさない）バタ足だけの泳ぎでは、効率はわずか35%に下がることが報告されている[1]。足ひれやパドルなどの補助具をつけると、表面積が広がり、その結果、同じ手足の速度でより多くの水を掻けるようになる。これはつまり同じエネルギーの出力でより大きく前進できるという意味であり、ひいてはそれが高い効率につながるのである。

補助具を使った時の効率

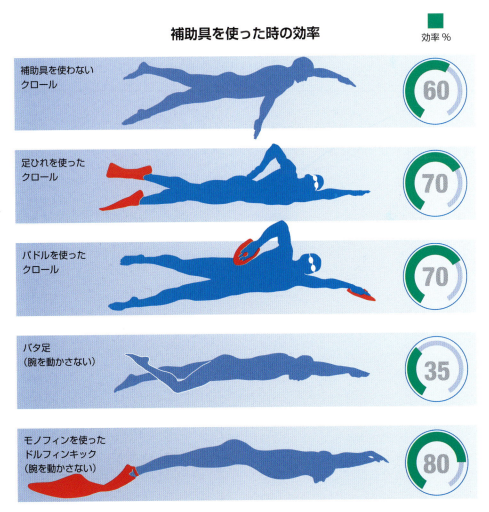

効率 %

補助具を使わないクロール　60
足ひれを使ったクロール　70
パドルを使ったクロール　70
バタ足（腕を動かさない）　35
モノフィンを使ったドルフィンキック（腕を動かさない）　80

水面を泳ぐ時にはどういう造波抵抗の影響があるか？

波が立つせいで生まれる抵抗はどう減らせばいい？

スイマーにかかる総抵力は、皮膚摩擦抵抗、圧力抵抗、造波抵抗という3つの成分の総和だ（p18-19）。ただし総抵力に占める各成分の割合は同じではない。水面を泳ぐ時には、造波抵抗が総抵力の最大50%を占め、圧力抵抗と皮膚摩擦抵抗の割合はそれぞれ42.5%、7.5%となる[1,2]。スイマーであれば当然、総抵力はできるだけ小さくしたい。したがって、その最大の発生源である造波抵抗を抑える対策に多くのスイマーが力を入れている。

意外に思われるかもしれないが、体が完全に水中に沈んでいる時よりも水面に浮かんでいる時のほうが、総抵力は大きくなる。空気と水の境界を進む時に、体が流体を押し込んで、圧縮し、波を造るからだ。この造波抵抗はスピードの上昇とともに増大する。その関係は3乗の比例関係になっているので（p18-19）、わずかなスピードの上昇で造波抵抗はいっきに強まる[1]。だから、選手たちがレースで造波抵抗の発生を減らそうとして、スタートやターンのあと、できるだけ長くドルフィンキックで水中を進み、水面に上がってこないのは理にかなっているのだ。

では、このドルフィンキックの効率をできるだけよくするには、どうしたらよいか？　波の動きの効率は、ストローハル数で数値化できる。ストローハル数とは無次元数（計測の単位を持たない数）の1種で、これを使うと振動流のメカニズム、つまり非定常流と定常流（p16-17）の比率を記述できる。基本的には、それはキックをする足先の速度と、体が前に進む速度の比率で表される。足先の速度はキックの頻度と大きさで決まる。ストローハル数が小さいほど、効率はよい。なぜなら、前進の速度が所定の速度に達するのに必要な推進力がそれだけ少ないことを意味するからだ。ある調査では全国レベルと国際レベルの選手のストローハル数はそれぞれ0.95と0.79だと報告されている[3]。イルカやクジラのストローハル数は0.2から0.4だ[4]。真偽のほどは確かめられていないが、0.59や0.45というストローハル数を成し遂げたスイマーがいるという興味深い報告もある[5]。

基礎知識

$$\text{ストローハル数} = \frac{\text{キックの頻度} \times \text{キックの振幅}}{\text{体の速度}}$$

▶**キックの効率**　ドルフィンキックをするスイマーの後ろには渦が次々とできる（p16-17）。体の速度を一定に保ったまま、キックの頻度を増やすか、その振幅を小さくする（つまり足の振り上げを小さくする）と、あるいはそれらの両方をすると、ドルフィンキックの効率は高まる。腕の動きと比べると、泳速への影響はあまり大きくないが、効率は高いに越したことはない。

ドルフィンキックの動き

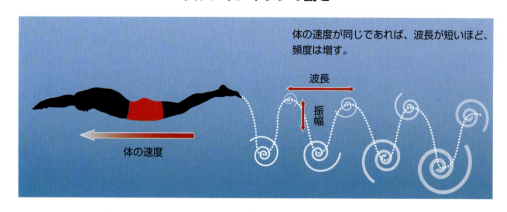

体の速度が同じであれば、波長が短いほど、頻度は増す。

▶**完全に水没** 体が完全に水中に入ると、造波抵抗は弱まる。例えば、2016年のリオオリンピックの男子100mバタフライの金メダリスト、ジョゼフ・スクーリング（シンガポール）の場合、平均速度は1.99m/秒だった。右の図に示したように、この速度で水面を泳ぐと造波抵抗は110Nになるが、水中ではそれが55Nにまで下がる。およそ50%の軽減だ。選手たちがスタート後や折り返しのあと、できるだけ長く水中に留まって、ドルフィンキックを続けるのはこの理由による。しかし、いつまでも留まることはできない。競技のルールで壁から15mの地点までに水面に上がることが定められている。

▶**深く潜る** 造波抵抗の大きさは、潜った深さに応じて決まる。最も大きい造波抵抗が生じるのは、水面から水深0.5mの間だ。それより深く潜ると、しだいに造波抵抗は小さくなる。しかしあまり深く潜りすぎると、浮上に時間がかかって、かえってタイムロスにつながる。したがって、適度な深さを見つけなくてはいけない。データでは、スイマーの胸深（だいたい胸骨から脊柱までの距離）の1.8倍より深く潜ると、造波抵抗の影響をほぼ感じなくなることが示されている*6。この数字をひとつの指針にして、スタートや折り返し時に潜る深さを決めるといいだろう。胸深が0.5mのスイマーなら、0.5×1.8で0.9mが最適な深さになる。

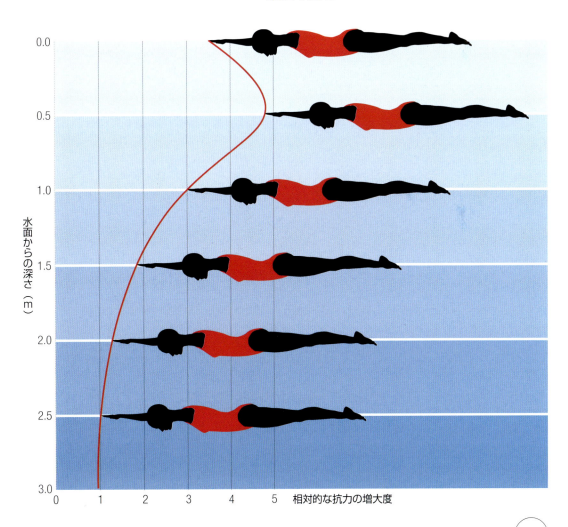

グライド時、頭と腕の位置は能動的抗力と受動的抗力にどう影響するか？

グライドする時は頭と腕はどうすればいい？

　レースでスタート台から飛び込んだあとや、壁を蹴って折り返したあと、選手はしばらくその勢いを利用して、体を伸ばしたままグライドする。泳法によっては、ストローク時にもグライドは行われる。例えば、平泳ぎではキック動作のあとにグライドする。グライドの最中に手足を動かすと、抗力が増して、速度の低下を招く。したがって、グライドではストリームライン（流線形の姿勢）を保つことが推進力を最大にするうえで鍵となる。

　ストリームラインでは体のすべての部位が一直線上に並んで、体にかかる抵抗を最小限に抑えられる（p18-19）。ストリームラインのグライド時に体にかかる抗力については、すでに数多くの研究が行われている。手足を動かさず、グライドしている時、またはただ牽引されている状態で発生する抗力を「受動的抗力」と呼び、手足を動かして体を前へ進める時に発生する抗力を「能動的抗力」と呼ぶ[1]。

　頭の位置を変えた時に受動的抗力がどう変わるかを計測し、グライド時の頭の位置の影響を調べる研究も行われている[2]。一般スイマーはグライド時に前方に顔を向けるという間違いを犯しやすい。そうすると、頭が上に突き出てしまい、ストリームライン姿勢が崩れる。競泳選手は、頭と胴の自然なラインを保つか、または頭を下げていくらか後ろを見るような姿勢を取ることで、体にかかる抗力を減らしている。

　競泳選手のグライド時の腕の位置については、2通りある。ひとつは腕を前方に伸ばして、二の腕を耳につけるというもの。もうひとつは、腕を後方に伸ばして、肘を胴につけるというものだ。

平泳ぎではどちらも用いられる。まず飛び込んだ時や壁を蹴った時は、そのまま腕を伸ばして、グライドする。次に水中でストロークを行い、ふたたびグライドをする時には腕を胴の横にくっつける。研究では、受動的抗力がより少ないのは、腕を前に伸ばす姿勢のほうであることが示されている[3,4]。

　研究データでわかっていることを総合すると、ストリームラインのグライド時に体にかかる抗力を最小限に抑えるには、腕をまっすぐ前に伸ばして頭の横につけることと、顔がプールの底か、またはやや後ろを向くぐらいに頭を寝かせることの2点がポイントになる。

▶**腕は前に**　ある研究では、グライド時のスイマーにかかる受動的抗力は、腕を前に伸ばした時で32N、腕を胴の横に沿って伸ばした時で46Nだったと報告されている[3]。また抗力係数も、腕を後ろに向ける姿勢のほうがかなり高かった[4]。

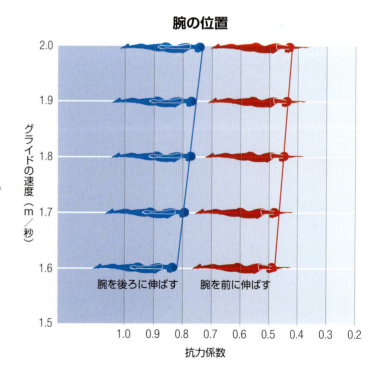

腕の位置

頭の位置

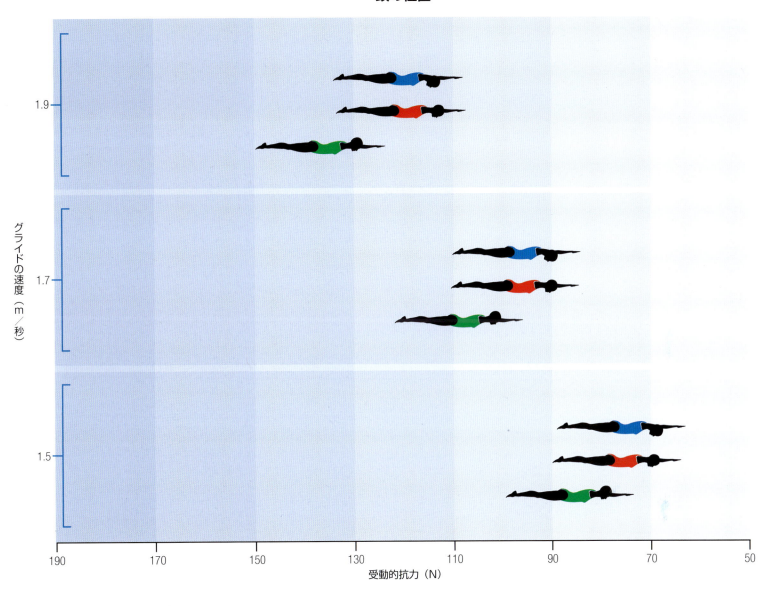

▲**頭を下げよ** 上の図は、速度と頭の位置を変えてスイマーを引っ張り、それぞれの抗力を電気機械装置で計測した結果である[*2]。予想されるとおり、頭の位置に関係なく、速度の上昇とともに抗力は増している。頭を起こした姿勢と、頭を真下に向けて胴と一直線にするか、またはやや後ろを見るようにした姿勢とを比べると、後者のほうが約10%、抗力は低い。頭を起こして前を見ると、頭によってスイマーの周りの層流が乱されるようだ（p16-17）。ほかの研究でも、頭の位置しだいでスイマーの周りの波が変わり、明白な流体力学的な影響が出ることが示されている[*5]。

「技術」と題したこの章では、泳ぎ方の要をなすテーマを幅広く取り上げる。泳ぐ技術を磨きたい人にとって、鍵となる物理的な概念を理解しておくことはたいへん重要だ。生体力学は力学的な法則を体の動きに応用する学問であり、流体力学は水中での体の動きを研究する学問である。この生体力学と流体力学を応用すると、最速の泳ぎを実現するためにはどう体を動かしたらいいかが具体的にわかる。本章では最初に、流体力学（抗力方程式）では水泳の重要な要素——泳ぐ速度、能動的抗力係数、体の断面積、推進力——の関係がどう説明されているかを紹介する。次に、それらの要素がどう関係し合っているか、それらの要素を最適にするために生体力学の法則をどう応用したらいいかを詳しく見ていく。さらに、協調指数というコンセプトを紹介する。これは現在の世界記録をはるかに上回る泳ぎを実現する可能性を秘めたコンセプトだ。

第 2 章

技 術

ロッド・ハヴリラク

技術の限界がスイマーのパフォーマンスの限界か？

きれいに泳げなくても速く泳げる？

　レースでは必ずしもいちばん美しいフォームで泳ぐ選手が1位になるとは限らない。実際、速い選手には、プールの外から見てもわかるような明らかな技術上の欠点――頭や体がむだに上下や左右に動くなど――が見られることが多い。不幸にも、ほかの選手がこれらの欠点をまねしてしまうことがある。それが速い選手の特徴に思えるからだ。速い選手の泳ぎを詳しく分析した結果からは、水上からは見えないせいであまり目立たない技術的な欠点があることも示されている。加えて、技術以外にも、気づかれにくいパフォーマンス要因がある。

　水泳のパフォーマンスは技術、筋力、体力という3つの要因に大きく左右される。各要因がどれほど影響するかは年齢や、能力のレベルや、レースの距離で異なる。肉眼（やビデオ）による観察だけでは、技術を正しく評価することはできない。技術の程度を最もよく明らかにできるのは、能動的抗力係数（C_d）（p58-59）だ。この係数には抵抗や、推進力や、速度に関するデータが含まれている。筋力の尺度には水を掻く手力（F）が用いられ、体力の計測には、運動負荷を高めた時の最大酸素摂取量が使われる。したがって、明らかに技術に難がある選手でも、筋力と体力でその欠点を補って、レースに勝つことがある。例えば、泳ぎの抗力係数は平均をわずかに上回るぐらいだが、手力は最大で300Nを超え、最大酸素摂取量は70ml/kg/分（体重1kgあたり1分間に摂取できる酸素の量ml）を上回るというような選手の場合だ。

　明らかな（つまり水上からわかる）技術上の欠点を持った選手がレースに勝てる理由は、筋力や体力以外にも考えられる。ひとつには、その選手が外からは見えない水中ですばらしい技術を持っている可能性がある。また逆に、対戦選手が一見きれいなフォームで泳いでいるようでいて、水中での技術にもっと重大な欠点を抱えている可能性もある。水泳の動きは複雑だ。ある選手がなぜ勝てたかを正しく理解するためには、パフォーマンス要因を詳しく、客観的に調べなくてはいけない。とはいえ、数々の研究からは、ある選手が別の選手よりいい成績を残せるのは、筋力よりも技術によるところが大きいことが明らかになっている[*1]。つまり、選手のレベルを問わず、パフォーマンスを高めるためには技術の向上に重点を置くべきということだ。

▶**必ずしも完璧ではない**　速いスイマーが技術的に最適な泳ぎかたをしているとはかぎらない。左（A）のスイマー（マイケル・フェルプスがモデル）は水面より上に肩を上げていて、その分、エネルギーをむだにしている。いっぽう、右（B）の生体力学モデルでは、腕のリカバリー時に肩が水面の下にあり、垂直方向の動きが抑えられている。Aは自然な体の動きだが、効率に優れるのはBだ（p51も参照）。

A

▶**筋力に優る技術** 筋力（平均の手力 F で計測）と技術（能動的抗力係数 C_d で計測）が泳ぎのパフォーマンスにどれほど影響を与えるかを調べる研究で、速い選手と遅い選手の F と C_d の差を算出し、その差を効果の大きさ（効果量）としたものが右の図だ[*1]。C_d の効果の大きさは F の効果の大きさのおよそ倍になっている。これはつまり速い選手と遅い選手の差は、筋力（F）よりも技術（C_d）から生まれるということだ。

抗力方程式

$$F = \frac{\rho A C_d v^2}{2}$$

F ＝手力（筋力）
ρ ＝水の密度
A ＝スイマーの断面積
C_d ＝能動的抗力係数（技術）
v ＝スイマーと水の相対速度

筋力と技術の計測

比較を行うには、まず筋力と技術とパフォーマンスをそれぞれ数値化する。筋力は平均の手力（F）、技術は能動的抗力係数（C_d）、パフォーマンスは速度（v）で表す。力の値は大きいほど、推進力が大きいことを意味するが、C_d の値は小さいほど、技術の効率がよいことを意味する。幸い、抗力方程式に F、C_d、v がすべて含まれているので、抗力方程式を使えば、それぞれの要素の相対的な貢献度を割り出せる。抗力方程式には、F（筋力）が速度の2乗に比例し（$F \propto v^2$）、C_d（技術）が速度の2乗の逆数に比例する（$C_d \propto 1/v^2$）ことが示されている。

パフォーマンスに対する筋力と技術の貢献度

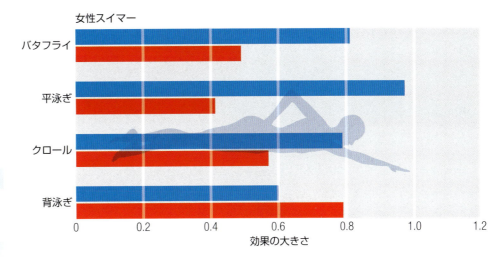

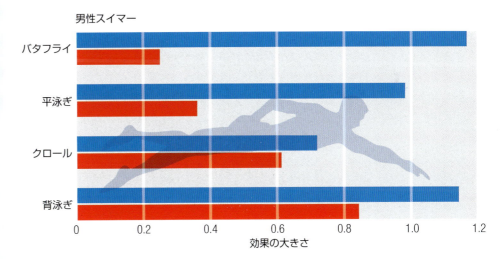

■ 抗力係数の効果の大きさの平均（C_d）
■ 手力の効果の大きさの平均（F）

B

手力は泳ぐ速度にどれぐらい関係があるか？

プルとプッシュを強くしたら、速く泳げる？

水泳ではストローク動作の中で手によって生み出される推進力は「手力」と呼ばれる。手力は泳ぐ速度とじかに結びついていて、この力が大きいほど、泳ぎは速くなる。その関係は前に紹介した抗力方程式（p43）にも反映されている。力（F）が速度（v）の2乗に比例することを示している部分がそうだ。式にすると、次のように記述できる。

$$F \propto v^2 \text{ または } v \propto \sqrt{F}$$

この理論上の手力と速度の関係は、大規模な研究で確かめられている。手のひらと手の甲にかかる圧力の差を計測するセンサーを手につけた被験者が、ビデオカメラの設置された壁に向かって20m泳ぎ、その最後の10mの泳ぎを撮影した研究だ。手力の算出には圧力と手の表面積のデータが用いられている。

泳ぐスピードが速い時ほど、手力は重要になる。速度の上昇の勢いをはるかに上回る勢いで、速度を支えるのに必要な手力の大きさは増大するからだ。例えば、泳ぐスピードが遅い時には、10Nの手力で速度を秒速0.1m上げられる。ところがスピードが速くなると、20Nの力を加えなければ、それだけの速度を上げられない。したがってストロークサイクルを通じて手力を大きくすることが肝心になる。できるかぎり速く泳ぐには、プッシュもプルもできるかぎり強くしなくてはならない。推進力とスピードを最大限に高められるかどうかはトレーニングの仕方しだいだ[*1]。

もちろん、この力と速度の関係は推進力（手力）だけでなく、体にかかる抵抗にもあてはまる。泳ぐ速度が上がるほど、抵抗は増大し、その増大の幅はどんどん大きくなる。抵抗は速度の2乗に比例するからだ。泳ぐ速度を一定に保つためには、どんなスピードでもつねに抵抗と釣り合う推進力が必要になる。

▶**手を使え** 手力は泳速にじかに影響する。ある実験で、女性スイマー2人、男性スイマー2人が1回のトライアルごとに手力を増しながら、10回所定のコースを泳いだ[*2]。手力と泳速の測定には右に示したようなセンサーとカメラが使われた。右図は、各スイマーの泳速が手力の増大とともにどう変化したかを表している。ここで注目したいのは、男女にも実力にも関係なく、同じ曲線がすべてのスイマーに見られることだ。このような曲線が描かれるのは、vが$\sqrt{F}$に比例していることによる（もしvがFに比例していたら、直線になるだろう）。したがってFが増えるほど、vの上昇幅は小さくなる。例えば、Fが40Nから60Nに増える時、vは約0.2m/秒上がる。しかしFが140Nから160Nに増える時には、vはわずか約0.1m/秒しか上がらない。ここから明らかになるのは、選手があるレベルに達してからは、タイムを縮め続けるにはかなり筋力を強化しなくてはいけないということだ。

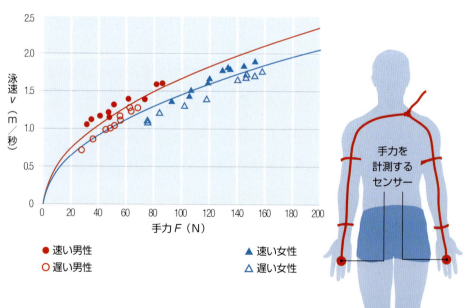

手力と速度

▶**ストロークによる違い** 手力の分析では、手力のデータと連動した水中のビデオ映像を取り込むことで、スイマーの技術に関する有益な情報ももたらされる。下図の曲線は、ストロークが効果的に行われているかどうかを示している。例えばここでは、肘を上げるタイミングが遅く、その上げ方が急なせいで、毎回、約60Nの力が失われていることがわかる[3,4]。なお、ここに示されている力は手に垂直に働く力である。垂直に働く力と推進抗力にはわずかな差があることが研究で示されている[3]。

水中ビデオによる分析

典型的な曲線

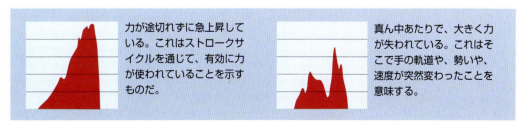

力が途切れずに急上昇している。これはストロークサイクルを通じて、有効に力が使われていることを示すものだ。

真ん中あたりで、大きく力が失われている。これはそこで手の軌道や、勢いや、速度が突然変わったことを意味する。

腰のローテーションでクロールの推進力は高まるか？

> 腰を左右に回転させたら、もっと速く泳げる？

　多くのスポーツで効果を上げている考え方に、「力の総和」というものがある。隣り合った体の部位を連続的に同じ方向へ回転させて、力を最大化するという考え方だ。例えば、キック動作——水中でも陸上でも——では、腰を支点にして大腿、下腿、足を連続して振り上げることで、力が最大化される。

　水泳のクロールでは胴と腕の動きに力の総和という発想を取り入れようという試みがなされている。例えば、野球のバットを振る時、腰の回転でスイングが鋭くなるように、胴のローテーション（回転）で推進力が高まるといわれる[1]。ただし野球のバッティングでは、腰、胴、肩、上腕、前腕、手、そしてバットが同じ方向に回転し、力が最大化される。いっぽうクロールでは、プッシュ局面（腕が肩の下から足方向へ動かされるストロークの局面）は腰の回転と同じタイミングで行われるが、腕と腰では回転の方向が異なる。腕の動きは腰の回転に対して直角になる。つまり腰は体の中心軸（頭から足に向かって貫く軸）を中心に回るのに対して、腕は軸と平行方向に後ろへ押し出される。したがって、胴の回転で手力を高めることはできない。どれだけ腰を激しく、速く回転させても、手力は増さない。

　クロールでは自然と手と腰を同時に同じ方向（上、つまり水面方向）へ動かそうとしがちだ。その結果、腰の回転で推進力が生まれるという勘違いが生じる。しかし実際には、そのように上方向へ手を動かすと、かえって推進力は弱まる。クロールのプッシュ局面で大事なのは、手と胴を同時に違う方向へ動かすことだ。つまり手は後ろへ動かし、腰は上へ回転させる。

　実際、「腰の回転」といういい方は推進力の観点からも抵抗の観点からも、誤解を招く。「胴の回転」といったほうが適切だろう。そのほうが肩と腰をいっしょに回転させることで、推進力を生み出すとともに抵抗を最小限に抑えられる、よりよいフォームになるということがはっきりとわかる。

バッティングにおける胴の回転

力の生成

◀**スイング**　野球のバッティングでは、胴が腕やバットと同じ方向（水平方向）に回転する。体の各部位——胴、上腕、前腕、手——が順に回転することで、力が合わさっていく。各部位の回転が加わるごとに力は増し、最後にその力がバットに伝わって、インパクトに至る。赤い線はバッターの胴の側面を示している。

クロールのローテーション

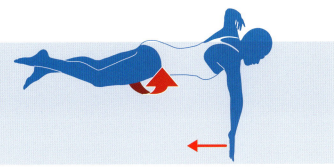

腕が肩の下を過ぎる所から、後ろへ動かす動作をやめる所までが、クロールのプッシュ局面になる。

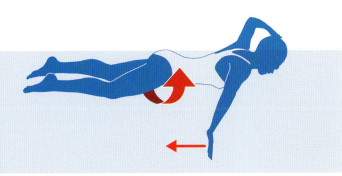

プッシュは、押し出す腕と同じ側の胴の上方向へのローテーションと同時に行われる。

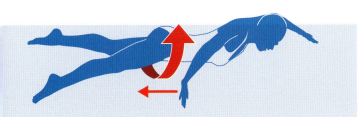

プッシュの力を最大にするためには、同じ側の胴を上に回転させるのと同時に手を後ろに押し出さなくてはいけない。

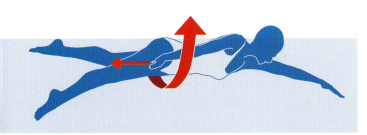

プッシュの完了時、肘はまだ水中にある。プッシュで生み出される力はこの時にピークに達する。

手力の分析

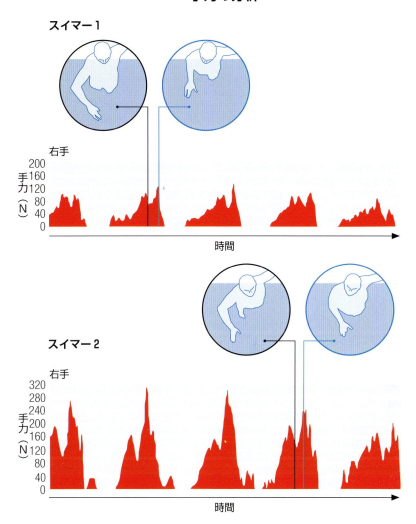

▲**後ろへプッシュ** この手力の分析結果には、胴の上方向への回転に合わせて肘が水面のほうへ上がると、生み出される力が弱まることが示されている。上段の図のスイマー1は、胴の回転と同時に肘で手を引き上げてしまっているせいで、プッシュ局面で強い手力を生み出せていない。下段の図のスイマー2は、胴の回転と同時に手を後ろに押し出すことで、より効果的にプッシュ局面で力を生み出している。プッシュ局面の完了時にまだ肘が水中にあり、そこで力がピークに達している。

◀**垂直と水平** 野球のバッティングと違い、水泳のクロールでは胴は手や腕の動きに対して垂直方向に回転し、同じ方向に回転しない。胴は体の中心軸（頭から足に向かって貫く軸）を中心に回転するのに対し、手は水平方向に後ろへ動かされる。胴の回転をいくら増やしても、水平方向の腕の動きに力を加えることはできない。

用　具　水中シンクロナイズドビデオと力の分析

コーチはふつう、練習中ずっと、プールサイドから選手たちの泳ぎをじっと観察している。しかしそういう観察では、水面より上の腕の動きしか分析できない。水中の動きは外からははっきり見えないからだ。水面より上の動きも大切だが、推進力は水面より下の動きから生まれる。水中の動きを撮影したビデオ映像を見るだけでも、質的な分析しかできないのでまだ不十分だ。水中の動きが効果的に推進力を生み出しているかどうかを知るには、量的な分析が必要になる。

　水上で撮影したビデオ映像を用いた泳ぎの分析は、ごく一部の選手によって、1960年代に行われたことがあった。1970年代になると水中撮影が広まり始めた。ところが20世紀末には、撮影機材の普及が進んだにもかかわらず、水中撮影はあまり積極的に行われなくなった。現在も、ふだんの練習にビデオを使った泳ぎの分析を取り入れている選手はほとんどいない。これはおそらくビデオから得られる質的なデータはたいして役に立たないと、コーチたちが判断しているからだろう。

　21世紀に入ると、手力のデータと水中ビデオを統合して、量的なデータを得られるようにしたアクアネックスが開発された。泳者が泳ぎを終えるとすぐにその泳速や、ストローク回数や、ストローク長や、能動的抗力係数や、さまざまな力や時間のデータを算出できるシステムだ。泳ぎの技術の分析には、泳ぐ速さに直結する手力のデータが欠かせない。4泳法すべてのストロークについて調べた研究で、速い選手ほど手力が強いこと、また、手力を鍛えることで泳ぐスピードが速くなることがわかっている。泳ぐ時の推進力の大半は腕で生み出されるが、腕で生み出されるその推進力の大半は、手で生み出される。

　競泳選手には量的な技術の分析がぜひ必要だ。量的な分析によって初めて完全で正確なフィードバックが得られる。ビデオだけを使った分析では、動きを見ることしかできない。ひとつひとつの動きの効果を知るには力に関する量的なデータがなくてはならない。体の各部位ごとの動きを評価することで、速く泳ぐために

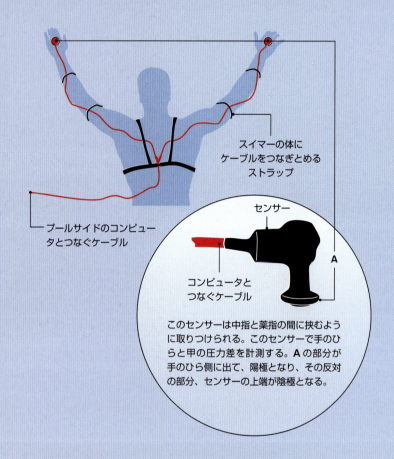

はどこをどう修正したらいいかのヒントが得られる。ビデオの映像と合わせて手力の分析を行うと、何分の1秒というほんの短い動きに的確な修正を施すことで、手力がいかに劇的に増えるか、ひいてはいかにパフォーマンスを大きく向上させられるかがよくわかる。

プールサイドでの分析

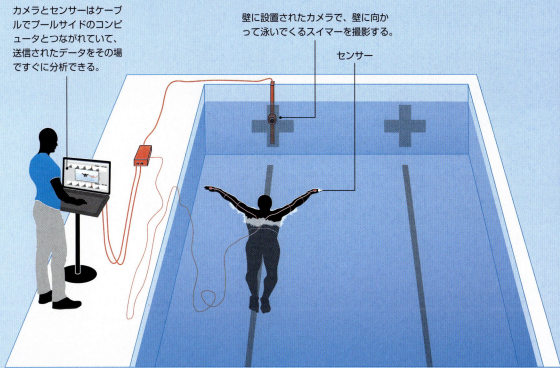

カメラとセンサーはケーブルでプールサイドのコンピュータとつながれていて、送信されたデータをその場ですぐに分析できる。

壁に設置されたカメラで、壁に向かって泳いでくるスイマーを撮影する。

センサー

◀その場でフィードバック　アクアネックスは水中のビデオ映像と力のデータをその場で同時に処理できる分析システムだ。プールのレーンに向けられたカメラで泳ぎを撮影しながら、スイマーに装着されたセンサーで手力のデータ（p44-45）を得る。計測が終わるとすぐ、コーチや選手がプールサイドのノートパソコンでデータを見ることができる。

1コマごとにデータを分析

▶計測結果　シンクロナイズドビデオと手力データを1コマずつ見ていくと、どういう動きが力を生み出しているか、またはどんな動きがむだか、どういう動きによって力が失われているかがはっきりとわかる。コーチはこの情報をもとに、技術的な長所をさらに強化したり、選手の飛躍を阻んでいる技術的な欠点を修正したりできる。

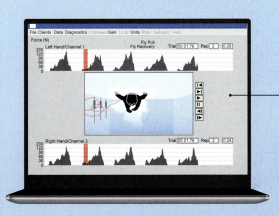

アクアネックスの分析では、反対側の手のデータも赤い線でアウトライン表示される。これを見ることで、左右の腕がうまく協調しているかどうかをチェックできる（p52-53）。

ここに示されているアクアネックスの分析結果は、バタフライのオリンピック選手のものだ。常識的に考えれば、この選手のストローク動作は初心者のお手本にされてもおかしくない。オリンピックに出場するほどの成績を収めている選手の動作なのだから。しかし手力のデータを見ると、プルの開始時にわずかな力しか生み出せていないことがわかる。したがってオリンピック選手といえども、ストロークのこの部分には明らかに改善の余地があるといえる（赤色のバーは、力が最も弱くなっている部分を示す。ビデオ映像とも連動している）。

49

平泳ぎやバタフライの アンジュレーションで 推進力は高まるか？

> バタフライや平泳ぎで 体を上下にうねらせるように 泳ぐと速くなる？

　平泳ぎとバタフライでは激しく上下に体を動かして泳ぐ選手が多い。特に息継ぎの時には頭と肩を上へ出す動きが顕著になる。上への動きが大きくなれば、自然と息継ぎのあとの下への動きも大きくなる。これに胴とは逆方向への脚の動きが加わることで、腰のローテーションが起こり、頭から足にかけて体が波打つような動き（アンジュレーション）が生じる。

　バタフライや平泳ぎのアンジュレーションが強いスイマーに尋ねれば、たいていは意図的に上下に体を動かしているという答えが返ってくる。もしくは意図的ではなくとも、上下の動きは自覚している場合がほとんどだ。バタフライや平泳ぎではアンジュレーションを強くするのがいいというのは誤解なのだが、そう思っている人が多い。実際、上下の動きやアンジュレーションを鍛えるためのドリルがいくつもあって、ごくふつうに行われている。これは見直されるべきだろう。最も効率のよいバタフライや平泳ぎのためには、本当は上下の動きやアンジュレーションは最小限に抑えるべきだからだ。

　アンジュレーションを強くすると、必然的に体の上下動が大きくなりすぎ、その結果、泳ぎは2つの点で妨げられる。1点は、胴の傾きによって抵抗を受ける体の表面積が増えること。もう1点は、肩を上に動かすことで、腕が上に動き、腕で生み出せる推進力が弱まることだ。毎回のストロークサイクルに上下に動く癖があることは、抵抗を増やし、推進力を低下させる原因になる。

　上下動を少なくして速く泳ぐためのこつは3つある。ひとつめは、水泳のレースは垂直ではなく水平方向であることを忘れず、前へ進むことに意識を向けること。2つめは、息継ぎでは頭を上げるのではなく、首を伸ばすようにすること。3つめは、肩や腰を意図的に上下に動かそうとしないことだ。上下動やアンジュレーションを最小限に抑えることで、体をできるだけ平らにでき、それが腕の推進力を最大限に引き出すための安定した土台になる。

頭と肩の位置

平泳ぎの息継ぎではこの選手のように必要以上に頭を高く上げてしまいやすい。水上でリカバリーを行い、手を水面の上に出して前に伸ばすことも、過度な上への動きを招く。

この選手は平泳ぎの息継ぎで体がほとんど垂直に立っている。加えて、首が伸びていないので、頭が水面よりだいぶ高く上がっている。

A

B
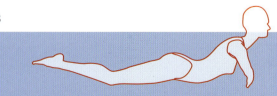

水中での過度な上下動

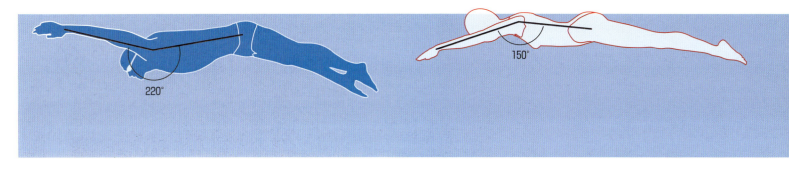

▲**水面下の動き** 頭と肩が水面から上に大きく出すぎると、ふつう、水中への沈み込みも大きくなりすぎる。上の図でバタフライの頭の位置を比べてみよう。右がお手本の姿勢だ。上下動は抵抗を増やし、推進力を弱めるだけではなく、肩に過度な負担もかける。そのせいで肩を痛める選手はきわめて多い。

腕の入水後の姿勢

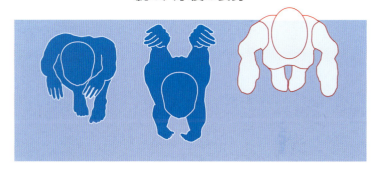

▲**頭を動かさない** 左と中央の絵はバタフライでありがちな腕の入水後の姿勢だ。どちらのスイマーの頭も水中に沈んでいる。いっぽうは腕が肩より下にあり（左）、いっぽうは腕が肩より上にある（右）。右側に示したのが効果的な腕の入水の仕方のモデルで、頭が水面の位置に保たれている。

▼**上げすぎ** ほとんどのスイマーはバタフライや平泳ぎで体を大きく上げ下げしすぎている。下の絵のように世界のトップ選手にも、平泳ぎ（AとB）やバタフライ（CとD）の息継ぎで頭や肩を水面からかなり上まで出す選手がいる。息継ぎの時に頭や肩を上げる代わりに首を伸ばせば、体をもっと水平に保てて、抵抗を減らせることを示したのがその下の絵だ。

このバタフライの選手は頭と肩の上下動が大きすぎることに加え、息継ぎの時に首を伸ばしていない。そのせいで頭が水面の上に高く上がっている。

このバタフライの選手も首の伸ばし方が足りず、息継ぎのために上半身全体を水面の上に引き上げている。こうすると胴の傾きによって抵抗が増大する。

C　　　　　　　　　　　　　D

協調指数とは何か？

→ 両腕のタイミングはどう合わせたら、もっと速く泳げる？

　2000年、3人の科学者がクロールのストロークサイクルにおける両腕の相対的な位置を数値化するものとして、協調指数（index of coordination=IdC）を考案した[1]。片腕がプル動作を始めると同時にもう片方の腕がプッシュを完了する時、左右の腕は互いに正反対の位置にあり（「オポジション」）、協調指数はゼロになる。入水した腕が静止した状態で、もう片方の腕がリカバリーを始める時（「キャッチアップ・ストローク」）、協調指数はマイナスになる。いっぽうの腕がプッシュを完了する前に、もういっぽうの腕が水を掻き始めれば（「スーパーポジション」）、協調指数はプラスになる。スーパーポジションの時に推進力はより継続的に生み出され、泳ぐ速度はより安定する（p54-55）。

　協調指数の違いはプールサイドからの肉眼の観察でもわかることがある。例えば、加速と減速の切り替わる局面がはっきりしているスイマーがいる。そういう速度変化が起こっている時は、たいてい協調指数はマイナスだ。

　協調指数がプラスであるかどうかが熟練スイマーと非熟練スイマーの分かれめであることが研究でわかっている[2]。また熟練スイマーの協調指数が泳速の上昇とともに高まるのに対し、非熟練スイマーでは泳ぐ速度が上がっても、腕の協調にほとんど変化がないことも研究結果に示されている。つまり非熟練スイマーは、マイナスの協調指数のまま、スピードを上げようとしているということだ。

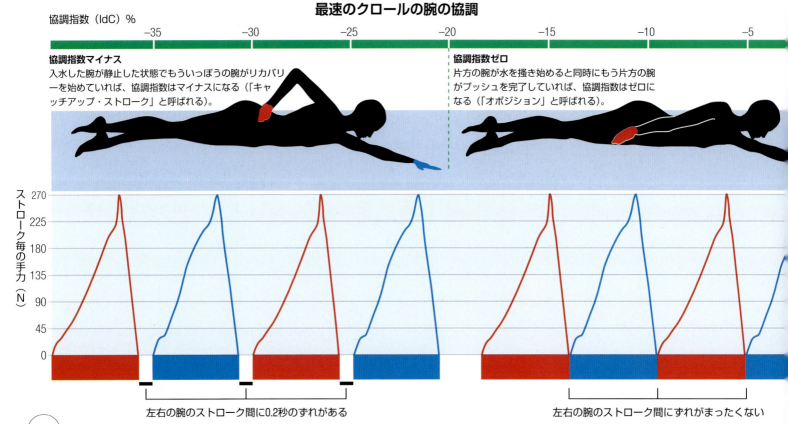

最速のクロールの腕の協調

▶**高度な技術** この表と下の絵に示したように、泳速を速くする時に最も効果的に速度を上げられるのはスーパーポジションだ。ただし、協調指数を30％以上にするためにはきわめて精密な腕のコントロールを要し、たいへん高度な技術を求められる。

腕の協調	位置のずれまたは重なり	協調指数（IdC）	平均手力（N）	泳速（m/秒）
キャッチアップ	0.2秒のずれ	−20％	51	1.8
オポジション	ずれも重なりもない	0	64	2.0
スーパーポジション	0.2秒の重なり	+33％	85	2.3

　協調指数がマイナスになっているスイマーは多い。原因はいろいろだ。キャッチアップ・ストロークのように意図的に入水後の腕を伸ばしたままにしている人もいれば、意図せずに、入水の仕方や、手の横方向への動きや、疲れのせいで、プルの開始が遅れている人もいる。入水の完了時に腕が水面と平行に伸ばされていると、腕は自然と休んでしまいやすく、プルの開始は遅れがちになる。キャッチアップは1ストロークサイクルの時間を長くするだけでなく、腕に力が入りづらいせいでプルを始めにくくもする。したがって腕を水面と平行にした入水姿勢は、協調指数をプラスにするのを妨げる要因になる。

▼**いかにずれをなくすか**　下の絵には、腕の協調の違いによって平均手力や速度がいかに劇的に変わるかが示されている（水中での手の動きは同じと仮定）。速度の算出は、トップ選手の抗力係数と断面積のデータを用い、抗力方程式で行われた（p42-43）。どの協調指数の場合にもストロークサイクル内の各時点で加えられた力は同じだが、1ストロークサイクルに要する時間が協調指数ごとに違うことから、平均手力には差が生じる。注目したいのは、同じ力を加えた場合、スーパーポジションの時に泳ぐ速度は最も速くなることだ。この絵では力の曲線が0.2秒重なると、協調指数は33％になることが示されている[*3,4]。熟練したスプリンターでも協調指数はたいてい5％以下だが、最速の泳ぎのためには30％以上が必要になる。

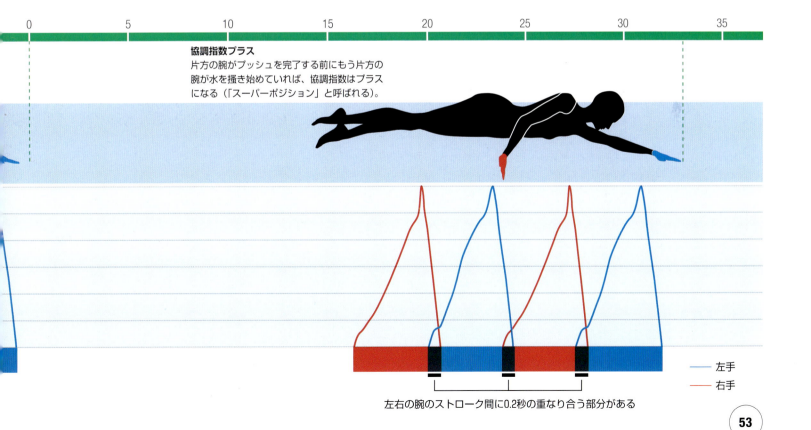

協調指数プラス
片方の腕がプッシュを完了する前にもう片方の腕が水を掻き始めていれば、協調指数はプラスになる（「スーパーポジション」と呼ばれる）。

左右の腕のストローク間に0.2秒の重なり合う部分がある

— 左手
— 右手

なぜ一定の速度を保つことが重要か？

グライドはしたほうがいい？

　推進力が安定しているほうが、エネルギーを有効に使って泳ぎの速度を一定に保ちやすい。その結果、定められた距離を最も速く泳げることにもつながる。速度を一定に保った泳ぎは最も効率に優れる。しかしその反面、けっして楽ではなく、体力をかなり消耗する。したがって、スイマーたちはおのずとグライドで「休み」を取ろうとする。

　速度は推進力を失うととたんに低下する。例えば、スタート後やターン後のグライドの時がそうだ。たいていのスイマーはそこで1秒弱の間、速度が低下する。推進力を生み出す動作を休んで、グライドを続けようとするのは自然なことではある。しかし1秒以上グライドを続ければ、たちまちほかの選手に大きく遅れを取るだろう。速度が低下したらすぐに推進力を生み出す動作を始めることが鉄則だ。

　スイマーの泳ぐ速度を調べると、1ストローク内に著しい速度の変化が見られることがしばしばある。これは推進力を維持しようとするより「休み」を取ろうとしていることを示すものだ。例えば、平泳ぎでストロークを1回終えるたび、スタートや折り返しのあとのようにストリームライン姿勢を取ると、10分の1秒で10％以上速度が落ちる。バタフライでも腕の入水後によく「休み」が取られる。水中に潜ったあとグライドをして、推進力を生み出す動きを避けようとするからだ。クロールでは、腕の入水完了後にグライドをすることはごく当たり前に行われている。そういう泳ぎ方に「キャッチアップ・ストローク」という呼び名までついているほどだ。しかし数々の研究で、協調指数がマイナスになるキャッチアップ・ストロークは望ましくないことが示されている[*1]。

　平泳ぎからバタフライ、クロール、背泳ぎまですべての泳法で、推進力の維持はおろそかにできない。平泳ぎとバタフライでは、腕のリカバリー後すぐにプル動作を始めることが肝心だ。クロールと背泳ぎでは両腕の動きを協調させて、片方の腕がプルに入ると同時にもう片方の腕がプッシュを完了するようにしたい。グライドをしたほうがいいといえるのは、ストローク時よりも速い速度で体が前へ進んでいる時だけに限られる。つまりスタートとターンの直後、それに場合によっては平泳ぎのキック後だ。

▶ **急減速**　ひとつめのグラフには、スタート後、まったくストロークが行われていない時にいかに急激に速度が低下するかが示されている[*2]。スイマーは飛び込んだあと、水に潜り、そのままグライドを続けた。横軸の数字は飛び込んでから経過した時間である。1秒も経たずに速度が2m/秒以下に落ちている。2つめのグラフは、平泳ぎの1回のストロークサイクルの間にどれほど速度が変化するかを示したものだ[*3]。ここではわずか0.2秒のグライドでおよそ20％速度が下がっている。3つめのグラフは、バタフライの1回のストロークサイクルのデータを示している[*4]。腕の入水後、速度が遅くなっているのは、プル局面に入った時にすぐに力を込めて水を掻いていないからだ。

速度の変化

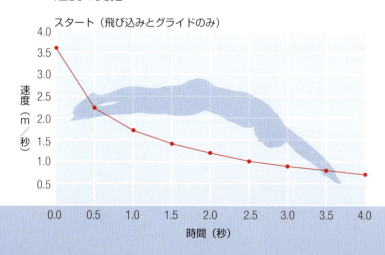

スタート（飛び込みとグライドのみ）

協調指数

ゼロの協調指数

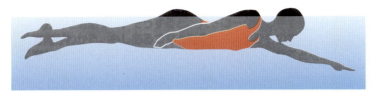

プルに入った腕が力を生み出し始めるいっぽう、反対の腕はプッシュを完了している。この場合、協調指数はゼロになる（この動きは「オポジション」とも呼ばれる）。

プラスの協調指数

プルに入った腕が力を生み出し始めた時、反対の腕はまだプッシュを完了していない。この場合、協調指数はプラスになる（この動きは「スーパーポジション」とも呼ばれる）。

推進力の比較

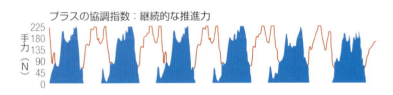

▲ **滑らかで速い** 上の絵は異なる腕の協調──ゼロ（左）、プラス（右）──を描いたものである。それぞれの手力曲線も示してある。腕の協調は協調指数（IdC）にしたがって3つに分類される。マイナスの協調指数では、推進動作に中断が挟まれ、ストローク間にグライドが行われている。プラスの協調指数では、手力曲線が重なり合い、持続的に推進力が生み出されており、その結果、泳ぐ速度はより安定している。

◀ **コンスタントに** 上段のグラフでは、両腕の推進動作が重なり合って、推進力を持続的に生み出しており、速度がより一定に保たれている（青で塗りつぶされた曲線が左手、赤の線で描かれた曲線が右手の手力を表す）。協調指数はプラスであり、ストローク間にグライドは行われていない。下段のグラフでは、推進動作に途切れる部分があり、その結果、泳ぐ速度に大きな変化が生じている。協調指数はマイナスであり、ストローク間にいくらか「休み」が入る。しかし体の速度はわずかな「休み」で大幅に低下するので、プラスの協調指数のスイマーに大きく遅れを取ることになる。

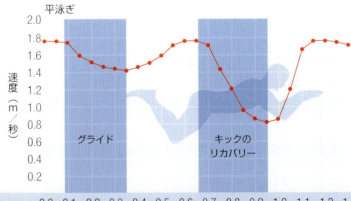

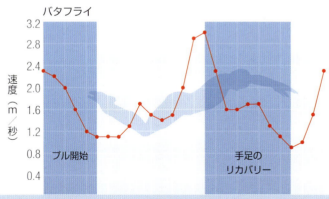

現場の科学　力学的利得

　力学的利得（いわゆる「てこの原理」のこと）は速く泳ぐために役立つ大事な力学の原理だ。スイマーがてこの原理を利用するためには、腕を後ろに動かす時に肩と肘のそれぞれの角度をうまく変える必要がある。てこの原理が使えるのは、骨と筋肉が腱によってつながることでてこの働きをしているからだ。ただ、体内のてこの力学的利得はたいてい、さほど大きくない。ひとつには筋肉の腱（てこの力点）が関節（てこの支点）にとても近い場所で骨（てこ）とつながっているせいだ。また、可動域の大部分において、筋肉が骨を引っ張る角度がてこの力にはあまり理想的なものではないという要因もある。

　肩の角度を変えることで、上腕のてこの原理をもっと効かせられるようになる。ふつう腕を肩の線より下に下げれば、手力をかなり強められる[*1]。また肘の角度を変えることで、前腕のてこの原理ももっと効くようにできる。肘を曲げると、手力はふつう強まる。どの泳法でも肝心なのは、腕の入水時の肩の角度とプルの開始時の肘の角度を正しくコントロールすることだ。腕が肩より上にあったり、伸ばしきった腕で推進力を生み出そうとしたりすれば、力学的に大きな損をする。

　クロールで腕が肩の下を過ぎたあとは、右の写真のように、後方への手の動きを維持するのがポイントだ。腕のプッシュ局面は胴の上方向へのローテーションとシンクロしているので、手は自然に胴といっしょに上がってしまう。その時、後方への手の動きを維持することで、肘を水中に入れたままプッシュを行えば、手で水を掻く力を最大にできる。

▶**てこの力を最大に**　これはオリンピックの金メダリスト、セザール・シエロの写真だ。肘を曲げることで、てこの力をうまく利用している。また、プッシュ局面の後半までしっかり肘が水中に入っているおかげで、力強く水を掻き続けられている。

抗力係数とは何か？

> 泳ぎ方がいいか、悪いかは、何で判断するのがいちばんいい？

水泳選手の技術の評価は、プールサイドからの肉眼の観察で行われるのがふつうだ。コーチが選手の水中の動きを見る機会はめったになく、たいていは水上からしか選手の技術を見ていない。そのような肉眼の観察にもとづいて選手の技術を質的に評価することはまちがっていないし、それによってさまざまな技術の向上を図ることもできる。しかし完全で正確な評価のためには量的な分析が欠かせない。

技術の効果を調べる方法として最も定評があるのは、抗力係数（C_d）だ。静止時（ストリームライン姿勢でのグライド時など）に体にかかる抗力の計測には、受動的抗力係数が用いられ、動いている体にかかる抗力の計測には、能動的抗力係数が用いられる。

能動的抗力が低いほど、技術の効果は高い。フォームが「きれい」に見えるスイマーの抗力係数は、たいてい平均値である1.0（クロール）より低い。ただ、オリンピックのトップ選手にも抗力係数が平均よりやや低い程度（0.9など）の選手は多い。むしろ0.7以下の選手は珍しい。

質的な分析をしなければ、技術の向上は図れない。しかし練習によって技術がどれほど向上したかを正しく知るためには、能動的抗力係数を計測することが唯一の方法になる。抗力係数を用いると、主観的な判断ではなく、客観的な数字ではっきりと技術を評価できる。

抗力方程式（p42-43）に示されているとおり、泳速の2乗は抗力係数と反比例の関係にある。したがって抗力係数が下がれば、速度は著しく上昇する。例えば、1.7m/秒で泳いでいる時、抗力係数が0.1下がると、泳速は0.1m/秒上がる。2.0m/秒で泳いでいる時に抗力係数が同じく0.1下がれば、泳速はおよそ0.2m/秒増す。抗力係数と泳速のこの関係からいえるのは、すでに高い技術を持つスイマーでも、さらに技術を磨き続ける意味はあるということだ。

▶ **抵抗を減らし、スピードアップ**
このグラフは大学生スイマー80人（男子40人、女子40人）の泳速と抗力係数の関係を示したものだ。すべての泳法において、泳速と抗力係数の間に統計的に有意な相関関係が見られる。つまり抗力係数が低い（技術的に優れる）ほど、泳ぐ速度は上がっている[*1]。

- ● 女子大学生
- ● 男子大学生

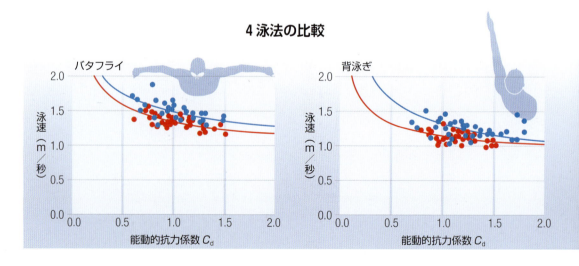

4泳法の比較

泳速と能動的抗力係数

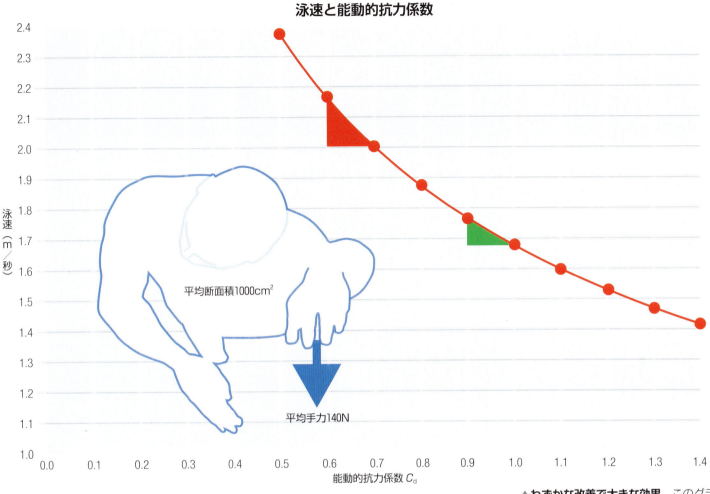

平均断面積1000cm²

平均手力140N

基礎知識

$$v^2 \propto \frac{1}{C_d}$$

vは泳速、C_dは能動的抗力係数。

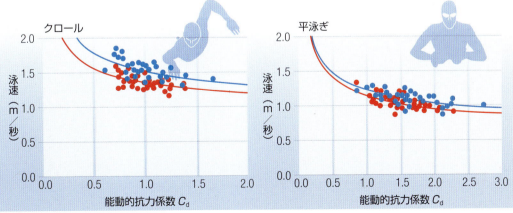

▲**わずかな改善で大きな効果** このグラフに示されているように、能動的抗力係数C_dが少しずつ改善される（低下する）につれ、速度の上昇幅はどんどん増す。例えば、C_dが1.0から0.9に下がる時、速度は0.1m/秒上昇する（緑の三角形）。それに対し、C_dが0.7から0.6に下がる時には、速度はおよそ0.2m/秒上がる。したがって、すでに技術的にかなりの域に達しているスイマーでも、技術を改善し、C_dを減らし続ければ、まだまだ大幅に速度を上げられるのだ。このグラフでプロットされたデータは、抗力方程式（p42-43）で算出されている。平均手力（F）は140N、体の断面積は1000cm²（男子のトップ選手の標準値）、水の密度（ρ）は一定として計算。

パフォーマンスへの影響が大きいのは、抵抗と推進力のどちらか？

ストリームライン姿勢とストローク技術のどっちを先に覚えたらいい？

　抵抗と推進力はどちらもパフォーマンスにとって同じぐらい重要な要素だ。ストリームライン姿勢（抵抗つまり抗力を減らす）とプル動作（推進力を増す）のどちらを先にマスターするべきかは人による。例えば、脚が胴より下に下がるせいで、泳ぐ時に正面から受ける抵抗が増えてしまう人は、脚を上げていられるような技術的な修正を施せば、抵抗の減少のおかげで見違えるほどパフォーマンスがよくなるだろう。抵抗を減らすほかの技術的な修正はそこまで劇的な効果をもたらさないかもしれないが、それでも水泳技術のいちばんの基本に関わることがしばしばある。例えば、競泳ではストリームライン姿勢が基本になる。ところが多くのトップ選手もストリームライン姿勢を完璧にはマスターしていない。抵抗を減らし、推進力を生み出すしっかりした土台を作るうえで、ストリームライン姿勢を覚えることはとても大切だ。

　プル動作に入る時に、腕が伸びきっているスイマーがよくいる。それでは力強い推進力を生み出せない。腕をまっすぐに伸ばした状態ではてこの力があまり効かないからだ。そういうスイマーは水を掻き始める時に肘を曲げて、てこの力を利用することで、いっきに推進力が高まって、タイムを大きく縮められるだろう。

　クロールのストロークサイクルの途中で手の方向を急に変えてしまい、推進力を失うスイマーも多い。手の方向を徐々に変えるように手の動きを修正すれば、推進力のロスを少なくするかゼロにできるだろう。手力は泳ぎの速さに直結しているので、手力のロスをなくすことでパフォーマンスは著しく改善される。手力のロスはクロールのフィニッシュでも起こりがちだ。ほとんどのスイマーが適切なタイミングよりも早く手を抜き上げてしまっている。これは胴のローテーションといっしょに肘が上がってしまうせいだ。手力から推進力を最大限に得るためには、手と胴の動きの方向を別にする必要がある。胴は上へ回転しても、手は後ろへ押し出さなくてはいけない。

▼**抵抗の最も少ない姿勢**　速いスイマーと遅いスイマーの抗力係数を比べると、能動的抗力係数でも、ストリームライン姿勢によるグライド時の受動的抗力係数でも、速いスイマーの抗力係数のほうが小さい傾向が見られる[*1]。抗力係数は技術の熟練度を表すので、この傾向は――当たり前に思えるかもしれないが――速く泳げる人ほど、推進動作においてもストリームライン姿勢においても優れた技術を持つことを示している。多くのスイマーはグライド時に効果的なストリームライン姿勢を作れていない。下図に示したように、肩の周りに楕円形を描けると、進行方向に対する体の面積を最小にでき、抵抗つまり抗力を最小限に抑えられる（B）。体のどこかの部分が楕円からはみ出せば（A）、それだけ進行方向に対する面積が大きくなって、受動的抗力は増える。水を掻いて泳ぐ時にはいっそう、この体の面積を最小限にし、抗力を最小限に抑えることは難しくなる。下の絵で注目してほしいのは、お手本（D）の両脚が典型的なスイマー（C）のものと比べ、楕円に近い位置に引き寄せられている点だ。

抗力を最小限に抑える

グライド時（受動的抗力）

A

B

抗力因数

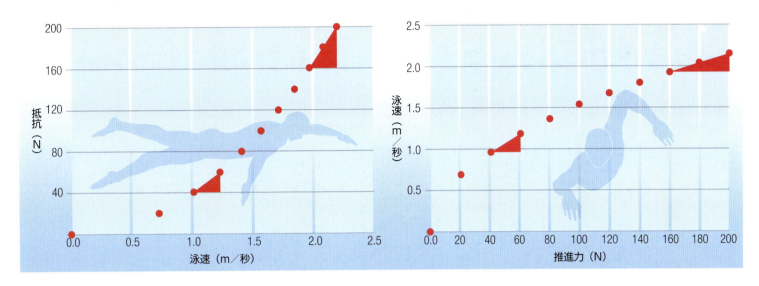

▲**2乗で増大** 抗力方程式に示されているように、抵抗の大きさは速度の2乗に比例する（p43）。したがって泳速が2倍になれば、抵抗は4倍（2の2乗）になる。例えば、上の図（左）では、速度1.0m/秒の時の抵抗が40Nなのに対し、速度2.0m/秒の時の抵抗は160Nに増えている。これはつまり泳速が速い時には、わずかの速度の上昇でも抵抗はかなり大きく増えるということだ。例えば、泳速1.0m/秒から速度を0.2m/秒上げる時の抵抗の増加は20Nだが、泳速2.0m/秒から速度を0.2m/秒上げると、抵抗は40N増える。推進力もそれに合わせて上げなくてはならない。速度と推進力の間にも2乗の比例関係があるので、泳速が上がるほど、同じ速度を上げるのに必要な推進力は増していく。例えば、泳速が1.0m/秒の時は、推進力を20N増やせば、速度を0.2m/秒上げられるが、泳速が2.0m/秒になると、同じ0.2m/秒速度を上げるのに40Nの推進力の増大が必要になる（上の図右）。

肘の屈曲

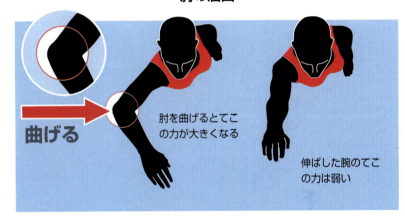

▲**曲げる効果** 推進力を最大化するためには技術の最適化が欠かせない。ストロークの最初の局面では、てこの力を利用できるよう、すぐに肘を曲げるといい。腕が伸びきっていると力学的な利得が乏しいので、プル動作に入る時に肝心な推進力を十分に生み出せない。

動作時（能動的抗力）

どういう手勾配が最も大きな力を生み出すか？

速く泳ぐには手の角度はどうすればいい？

　手勾配とは、手のひらと、水中で手を動かす方向との間にできる角度のことだ。泳法やストロークサイクルの局面によって手勾配は大きく異なる。例えば、手のひらが真後ろを向いていることもあれば、真横を向いていることもある。またその角度は人によっても差がある。

　クロールと背泳ぎのトップ選手は、腕を水中で動かしている間はほぼずっと手のひらを後ろに向けている。バタフライでは、手のひらをプールの側面に向けた状態でプルを始め、そのあと後ろ向きにすることが多い。平泳ぎの場合には、手のひらはふつう、最初にプールの側面に向けられ、次に体の正中線に向けられる。

　手勾配が推進力に及ぼす影響についても盛んに研究が行われている。手の周りの水の流れは飛行機の翼の周りの空気の流れになぞらえることができる。手を動かすと、手の動きに対して反対方向の力（抗力）と垂直方向の力（揚力）が生まれる。これらの2つの力のベクトル成分が合わさることで、スイマーに推進力をもたらす合力の強さと方向が決まる。

　手勾配の角度はいまだに人によってまちまちだが、実は水泳の研究で最もよく取り上げられるテーマのひとつが手勾配であり、さまざまな角度の合力を計測した実験からはかなり一貫した結果も出ている。手勾配が70°の時に合力が最も大きくなることが突き止められたのは1979年にまでさかのぼる。以来、多数の研究によってその発見の正しさが確かめられてきた。現在では、70°から75°の範囲が最適な手勾配であることがわかっている[*1]。

▼**傾斜をつける**　手勾配の角度は、手のひらと、水中を動かす手の方向との間にできる角度だ。抗力は手を動かす方向と反対方向に生まれ、揚力は手を動かす方向と垂直方向に生まれる。抗力と揚力のベクトルによって合力の大きさと方向は決まる。

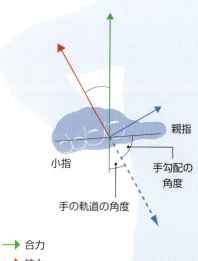

手勾配

- 親指
- 小指
- 手勾配の角度
- 手の軌道の角度

→ 合力
→ 抗力
→ 揚力
--→ 手の軌道の方向

▶ **完璧な勾配** 右のグラフは、6つの研究において、手勾配の変化によって手力がどう変化したかを示したものだ[1-6]。丸い点は各研究のデータから算出された手力を表している。色のついた線は傾向をくっきりと見せるために描いた近似曲線である。赤い帯の部分が、6つの研究すべてで最も手力が大きかった範囲になる。このグラフからは、手勾配が70°から75°の時に手力が最大になることがわかる。

▼ **成功を呼ぶ角度** 平泳ぎで行われる内側へ向けたスカーリング動作は、ほかの3泳法のプル-プッシュ局面とは異なる。角度45°の手勾配の時に、スカーリングから最大の力が生まれる。下の例では、浅い角度で外側へ掻き出された右手は20Nしか力を生み出していない。左手には45°の角度があり、約40Nの力が生まれている。

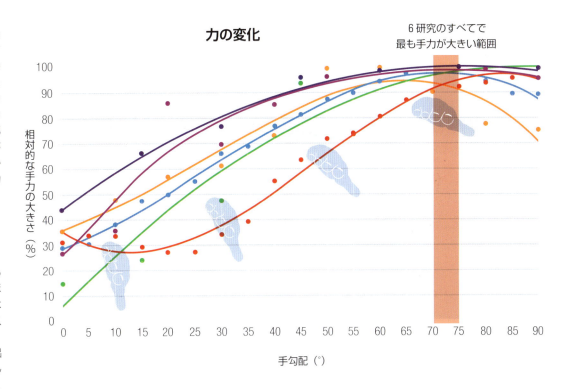

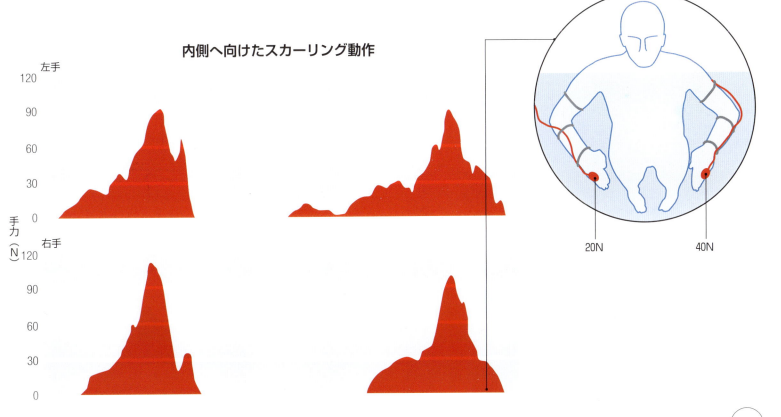

63

どういう手の軌道が最も大きな推進力を生み出すか？

水中の手の動きはカーブとジグザグとどっちがいいの？

　クロールの時にどのような軌道で手を動かせばいいかは、水の視点から考えるか、体の視点から考えるかで変わってくる。なぜならスイマーが水を掻いて進む時には、水と相対的に前へ進むからだ。クロールの泳者はたいてい水中で弧ないしはS字を描くように手を動かしている。しかし、推進力の最大化のことを考えるなら、「ゆるやかなジグザク」と表現したほうがいいような軌道で手を動かすのが最もいい[1]。

　この最適な手の軌道を実現するためには、まず最初に手勾配を最適にする必要がある。手勾配の角度は70°から75°の時、最大の合力を生み出せることが研究で明らかになっている（p62-63）。また、水中の手の動きから生み出される合力は、手の進行方向に対して25°の角度がつくこともわかっている。したがって、体が前方に水平に進むように合力を働かせるためには、水の視点で見るときには、手の軌道は進行方向に対して25°の向きにする必要がある。これは具体的にいうなら、手は肩の前から体の正中線のほうへ動かすべきということだ。手の軌道にこのような角度をつけると、手勾配は体の水平移動方向に対しておおむね垂直になる。つまり、手のひらが後方を向く形になる。

　水中で手を動かす時に手のひらを後ろに向けたままにすることは、比較的に簡単にできるだろう。しかし25°という最適な手の軌道角度を維持するのはなかなか難しい。さらにこの水に対する最適な手の軌道角度は、泳者の視点つまり体の視点から調整されなくてはいけない[2]。泳者が水を掻いて前に進む時、体に対して手が後方へ移動する距離は、水に対して手が移動する距離と比べて、約2倍長い。したがって、体に対する手の軌道を踏まえた最適な手の軌道角度は、水に対する時の最適な手の軌道角度のおよそ半分、つまり12.5°ということになる。

　最適な手の軌道は、まず肩の前から頭の下に向けてゆるやかな角度で手を動かしたあと、そこで方向を変えて、頭の下から腿の下へと動かすことで生まれる。肩の前で手を入水して、ゆるやかなジグザグの軌道を描けば、力を最大化できるとともに、体の側面に沿って手を水に入れて出すことができるので、体のねじれも最小限に抑えられる[3]。

▶**合力の最大化**　腕が体の下を移動する時、手の軌道と角度をうまく調節することで、手の動きによって生まれる合力を完全に進行方向に働かせて、推進力を最大限に引き出せる。抗力は手の進行方向と逆方向に生じ、揚力は抗力と垂直方向に生じる。この抗力と揚力のベクトルによってその合力の強さと方向は決まる。競泳選手はふつう、合力によって生まれる推進力を最大にできるよう、腕を水中に入れている間はほぼずっと手のひらを後ろに向けている。

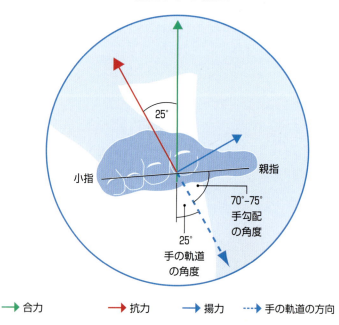

最適な手の軌道

→ 合力　　→ 抗力　　→ 揚力　　--▶ 手の軌道の方向

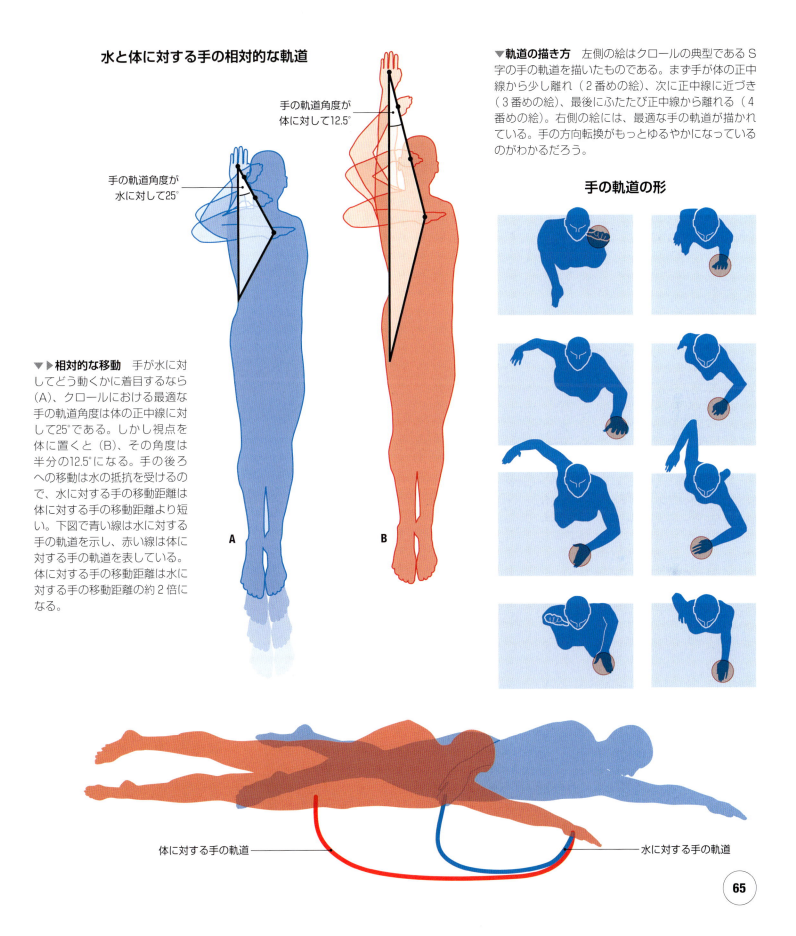

水泳では肩のけがが最も多いのはなぜか？

どうして肩が痛くなるの？

　競泳選手には肩のけががつきものになっている。10歳以下の子どもたちにすらその傾向が現れている。肩を痛めている選手の割合は過去40年間、ほとんどの調査で3人に1人を下らず、3人に2人にのぼることもある。しかもその割合に減少の兆しは見られない。

　肩のけがの三大原因は、肩に悪い泳ぎ方と、肩の酷使と、筋肉のアンバランス（p156-157）だ。ストレッチや筋力トレーニングを行えば、筋肉のアンバランスは改善できる（p114-115）。練習で過度に長い距離を泳がなければ、肩の酷使も防げる。しかしそれで安心せず、泳ぎ方にも気をつけて、肩への負担も最小限にしたい。

　腕を頭上に持ち上げると、（4泳法のすべてで）上腕の骨と肩の骨の間の隙間が減る。その結果、骨の間にある軟組織——腱と滑液包——が圧迫されてしまう。水泳には肩に負担をかける腕の動きがたくさんある。クロールの場合でいうと、浅い角度で腕を入水させることと、腕の入水後、腕を水面と平行にしたままにすること（キャッチアップ・ストロークのように）と、リカバリー時に腕を内旋させる（内側にひねる）ことが、代表的な肩に悪い泳ぎ方としてあげられる。残念なことに多くの人が、肩に負担の大きいこれら3つの動きをすべてしてしまっている。

　水泳では肩への負担を完全に避けることはできない。それでも泳ぎ方に気をつければ、肩にかかる負担の大きさや時間的な長さを最小限にして、けがのリスクを下げることは可能だ。例えば、腕の入水時に下向きに角度をつければ、入水の完了時に腕が肩より下に下がるので、肩への負担を軽くできる[*1]。腕の入水後すみやかに水を掻き始めれば、肩に負担がかかる時間を短くできる。クロールのリカバリーでは腕を外旋させる（外側にひねるように回す）ことでも、負担を軽減できる。肩の故障を防ぐためには、ストロークサイクルの最初から最後までしっかり腕の動きをコントロールすることが大事になる。

▶**肩の重荷**　スイマーには肩を痛める人がとても多い。最も若い年代の選手でも肩のけがと無縁でないことが、けがをした選手370人を対象にした最近の調査に示されている。この調査では、11歳から18歳の選手にも肩のけがが珍しくないことが判明したほか、19歳以上では、肩のけがの発生件数がほかのすべてのけがの発生件数の総数を上回ることがわかった[*2]。

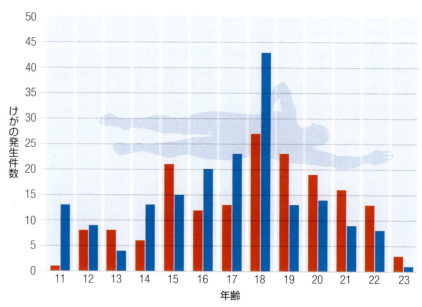

多発しているスイマーの肩のけが

水泳肩（インピンジメント症候群）

▶**肩の圧縮** 肩の骨と上腕の骨の間の肩峰下は頭上に腕を上げる動作によって強く圧される。競泳などでこの動作が繰り返されると、骨の間の腱と滑液包が圧迫されるせいで、やがて肩に炎症と痛みが生じる。これがいわゆる水泳肩（インピンジメント症候群）だ。

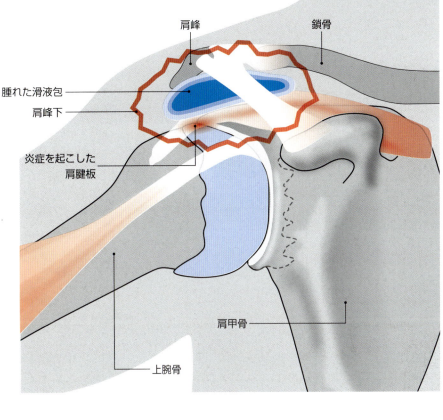

肩峰／鎖骨／腫れた滑液包／肩峰下／炎症を起こした肩腱板／肩甲骨／上腕骨

浅い角度の腕の入水

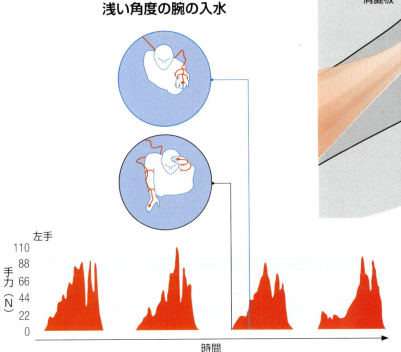

◀**浅く入る** 左の絵は肩に負担のかかる典型的な腕（左腕）の入水の仕方を描いたものだ。こういう腕の位置（下の絵）では力も入りにくく、プルがきわめて弱くなってしまう（上の絵）*3。

腕の内旋

◀**三重の負担** この泳ぎ方には肩に負担をかける技術的な要素が3つ含まれている。首が曲がっていることと、肩が手より下に沈んでいることと、腕が内旋している（内側にひねられている）ことだ。それぞれひとつだけでも肩へ負担をかけるが、3つ揃うことで肩への負担は著しく増大する*4。

キャッチアップ・ストローク

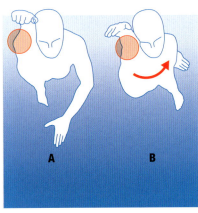

◀**追いつかなくていい** クロールで行われるキャッチアップ・ストロークは、両腕の協調を崩す上、肩への負担になる。左の絵（A）では、右腕が入水完了後、肩の前方に置かれ、静止しているのに対し、左腕は右腕に「キャッチアップ」、つまり追いつこうとして、動き続けている。腕を入水位置で止めたままにすれば、それだけ肩に負担がかかる時間が長くなる。加えて、胴のローテーションが始まる（B）ことで、さらに肩への負担が増す。

　水泳のトレーニングには大きく分けて、2種類ある。技術のトレーニングと体力のトレーニングだ。年少者のトレーニングでは、ふつう、技術の習得に重点が置かれる。やがて中学生ぐらいになると、一般に、体力の強化にトレーニングの重点は移る。この章では、どのように中学生以降も技術の習得を続けていけばいいか、また、体力に関する従来の説のどこがまちがっているかを取り上げる。体系的な技術の習得方法や、意識的に練習することの大切さ、有益なドリルと有害なドリル、技術的なフィードバックを得るためのハンドパドルの利用方法、スタートとターンのこつ、技術と体力のトレードオフ、上達のために必要な練習時間と練習距離について紹介している。さらに、体がトレーニングやオーバートレーニング、低酸素トレーニング、高強度トレーニング、「超短距離レースペース練習（USRPT）」にどのように適応するかを解説したセクションもある。

第3章

プールでの
トレーニング

ロッド・ハヴリラク

体系的な技術の習得法に効果はあるか？

標準化された指導法で技術は上達するの？

　所属チームを変えると、技術についての指導が変わることがよくある。チーム内でコーチが交代した時ですら、いわれることが変わる場合がある。コーチによって指導方針が異なるのは、お手本にしているトップ選手がそれぞれ違うせいだ。トップ選手たちの技術には驚くほど大きな違いがある（一目見ただけでは、どうしてこれほど違っていて、どちらも最適な泳ぎ方であるのかふしぎに思えるだろう）。しかし、より速い選手が登場するたびにその選手を新しいお手本にするという水泳界の慣行は、科学的な分析や根拠にもとづいているわけではない。

　体系的な技術の習得法では、情報を標準化することで、チーム内の全選手、あるいは国内の水泳連盟の全選手が同じ指導を受けられる[1]。そのような体系的な技術習得システムを実施するには、次の3つの要素が備わっている必要がある。最適な技術のモデル、コーチの育成プログラム、それにいわゆる「意識的訓練」の3つだ。これらの要素が備わっている技術習得システムであれば、習得プロセスの標準化のおかげで選手たちが一貫性のある指導を受けられるだけでなく、技術の習得が速くなり、けがを予防できる技術に重点が置かれ、さらにコーチの質も向上する。

　最適な技術のモデルは、物理法則にもとづいたもので、なおかつ応用研究で正しさを確かめられたものでなくてはいけない。また選手たちに説明する時には、そのモデルのとおりに泳ぐための具体的な「手がかり」を示すことが大切だ。人間であるかぎりどんなスイマーの技術も完璧ではないので、泳ぎの各側面を説明する際は、実際の選手ではなく、コンピュータシミュレーションによる生体力学のモデルを利用することが欠かせない。コーチの育成プログラムには、この最適な技術モデルと技術の習得計画の両方を盛り込む必要がある。コーチが選手時代に行っていた従来の練習は、おそらく標準化された手法とはだいぶ違い、最適な技術の習得には役立たない。そこで練習には意識的訓練を取り入れることが重要になる。意識的訓練では、選手の側には十分な量の反復練習をこなすことや、運動学習の3段階の最初の2段階である「認知段階（何をするべきかを頭で理解する段階）」と「連合段階（するべきことを試行錯誤する段階）」に専念すること、優れたパフォーマンスをまねることなどが求められ、コーチの側には明確な指示を出すことや、個々の選手をよく見て、すぐにフィードバックを与えること、習得計画にもとづいて各選手に適切な難易度の課題を与えることなどが求められる。また、選手たちに定期的に技術面の競争をさせるのもいい。そうすることで技術への関心を選手たちから引き出せるだろう。

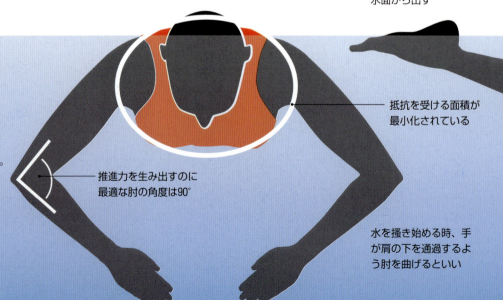

蹴り上げでは、脚を水中に入れたままにし、踵だけを水面から出す

抵抗を受ける面積が最小化されている

推進力を生み出すのに最適な肘の角度は90°

水を掻き始める時、手が肩の下を通過するよう肘を曲げるといい

▶**練習のモデル**　抵抗を最小化し、推進力を最大化できる技術のモデルは、物理法則にもとづいて築くことができる。できあがったモデルが適切かどうかは、手勾配と手の軌道、合力に関する数々の研究結果と照らし合わせることで確かめられる。右の絵はコンピュータシミュレーションによる生体力学モデルで、バタフライの最適なストロークの一局面を示したものである。このモデルでは、体の断面積、つまり進行方向に対して垂直になる体の面積が最小化されている。また、肘の角度が90°の時、てこの力が最大に引き出され、推進力が最大になることも示されている。

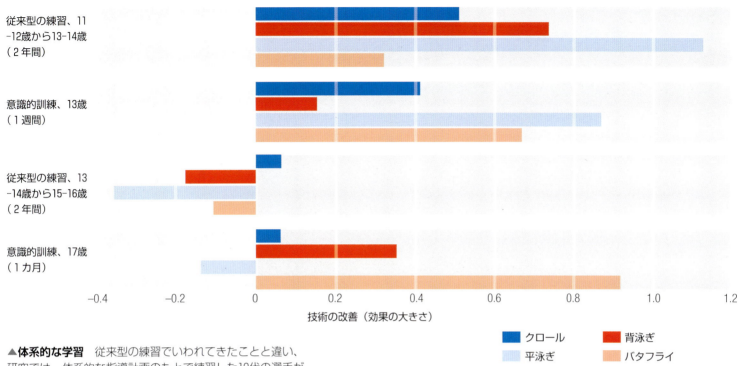

従来型の練習と体系的な練習の比較

- 従来型の練習、11-12歳から13-14歳（2年間）
- 意識的訓練、13歳（1週間）
- 従来型の練習、13-14歳から15-16歳（2年間）
- 意識的訓練、17歳（1カ月）

技術の改善（効果の大きさ）

凡例: クロール、背泳ぎ、平泳ぎ、バタフライ

▲**体系的な学習** 従来型の練習でいわれてきたことと違い、研究では、体系的な指導計画のもとで練習した10代の選手が、短期間で大きく上達したことが示されている。2つの別の研究で、意識的訓練の効果を調べたところ、どちらでも10代前半、10代後半の選手の技術が著しく進歩した[2,3]。上の図は、1週間または1カ月の短期的な意識的訓練の導入による技術の進歩と、もっと長期間（2年間）の従来型の練習の成果を比較したものである。この意識的訓練にはp73のリストに記した幅広い要素が含まれている。被験者たちはつねに視覚的な手がかりや運動感覚的な手がかりに注意を向けるよう指示された。

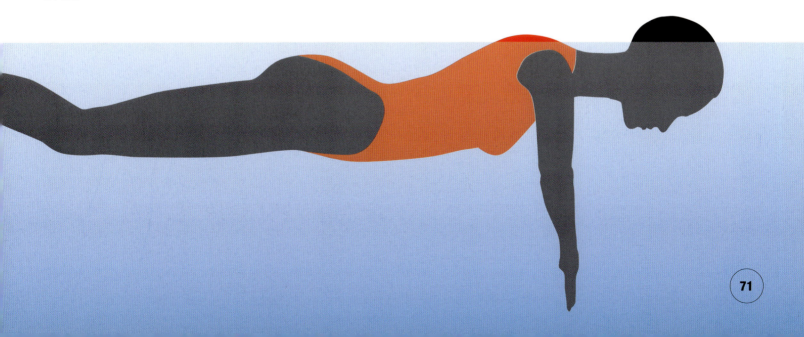

意識的訓練は水泳にどう応用できるか？

どうすれば早く上達できるの？

「意識的訓練」という練習法は1993年、一流選手たちがどういう練習方法で卓越した技術を獲得しているかを突き止めることによって考案された[*1]。短期間で水泳の技術を向上させるのに役立つ意識的訓練の具体的な特徴を、反対側のページのリストにまとめてある。ご覧いただくとわかるように、そこには従来の練習と同じ手法もある程度含まれている。ただし、技術の習得スピードをできるかぎり速くするためには、これらの手法をすべて、毎回の練習で継続的に実践することが必要だ。

ジュニア選手の練習では、体力作りに力を入れ、技術的な指導はそこそこに留めるのが一般的だ。10代の練習メニューには、継続的な技術の練習を省いて、距離を泳ぐことに重点を置いたものが多い。しかし研究では、10代の前半と後半どちらにおいても、意識的訓練の方法を短期間でも取り入れることによって大きな成果が上がることが示されている[*2,3]。

水泳選手たちが意識的に練習できないのにはいくつものわけがある。体力重視の影響で、練習では毎回、かなり長い時間、疲れを覚えたまま高速で泳いでいる。疲れていて、しかも速く泳ぐのでは、個々の技術的な要素に注意して、優れたパフォーマンスをまねようとはできない。比較的遅いペースで泳ぐ時も、技術への意識が途切れやすく（ブルームの目標分類学でいうと、学習の「認知段階」と「連合段階」への注意が続かず）、「自動的」にストロークサイクルを繰り返すだけになりがちだ（つまり、はじめから学習の第3段階「自動化段階」に飛んでしまう）。

また、あれこれと気が散ることによって、意識的に練習することは難しくなる。たいていの練習では各レーンに5人以上の選手がいて、ほかの選手をよけながら泳がなくてはいけない。これではなかなか技術に集中できないだろう。加えて、練習で泳ぐ時にはふつう体力を鍛えるための指示も受けている。一定のペースや、心拍数や、運動強度を保てというような指示だ。それらにも気を取られてしまう。しかし意識的訓練の手法をどのように水泳に応用したらいいかを詳しく理解すれば、それらの手法を水泳の練習にうまく役立てられるはずだ。例えば、意識的訓練は混み合った施設より小さなプールで行うのがいい。そうすることで選手のレベルに合わせて、課題の難易度を調節しやすくなる。泳ぐ距離は制限して、疲れを最小限に抑え、指導者からフィードバックを得る機会を増やす。またプールの底に鏡を設置すれば、ひとりで練習する時でも、視覚的なフィードバックを得られる。

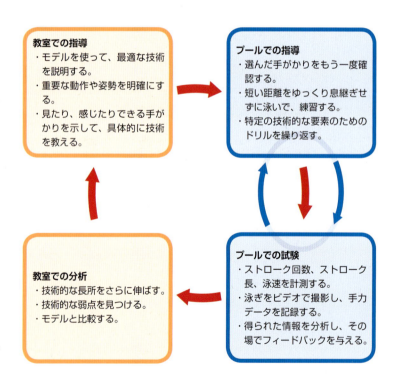

包括的な手法

教室での指導
・モデルを使って、最適な技術を説明する。
・重要な動作や姿勢を明確にする。
・見たり、感じたりできる手がかりを示して、具体的に技術を教える。

プールでの指導
・選んだ手がかりをもう一度確認する。
・短い距離をゆっくり息継ぎせずに泳いで、練習する。
・特定の技術的な要素のためのドリルを繰り返す。

プールでの試験
・ストローク回数、ストローク長、泳速を計測する。
・泳ぎをビデオで撮影し、手力データを記録する。
・得られた情報を分析し、その場でフィードバックを与える。

教室での分析
・技術的な長所をさらに伸ばす。
・技術的な弱点を見つける。
・モデルと比較する。

▲**さまざまな学習手法** 中心になるのは、プールでの指導と試験だ（青い矢印）。これに教室での指導や分析を加えることで、学習のプロセスをより包括的なものにできる[*4]。

技術のモデル

意識的訓練の特徴

- 明確な説明。
- 適切な課題の難易度。
- 十分な反復練習。
- コーチがつく時もつかない時も、単独で練習。
- すぐにフィードバック。
- さまざまな学習手法。
- 学習の最初の2段階（認知段階と連合段階）に集中。
- 優れたパフォーマンスを正確に模倣。

腕の入水完了後、肩の斜め下前方に腕を伸ばす。

息継ぎ時以外、頭を動かさず、頭頂部を水面の位置に保つ。

プルの開始とともに肘を曲げ、手が肩の下を通過するようにする。

アップキックでは、脚を水中に入れたままにし、踵だけを水面から上に出す。

息継ぎの時、あごは水面より上に出さない。

プッシュ局面の完了時には、親指で腿の前側を触る。

腕のリカバリー時、親指は水面すれすれを移動させる。

腕のリカバリー時、肘は手より高く持ち上げる。

▶ **明快な指導** 最適な泳ぎ方を示した生体力学モデル。このような絵を使うことで、指示がはっきりと伝わる。体の各部分の向きや動きを教える時には、視覚的な手がかりや運動感覚的な手がかりを示すことが欠かせない。

意識的訓練後の手力

▶ **短期集中** p71の棒グラフでは短期間の意識的訓練による技術の進歩と、それよりもはるかに長い期間、従来型の練習を行った場合の成果が比較されていた[*2]。右図はその正しさを裏づける具体的なデータだ。14歳の男子選手の背泳ぎの最大手力が、1週間の意識的訓練の結果、2倍に高まっている[*3]。

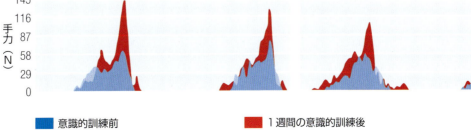

1万時間の練習で水泳に熟達できるか？

たくさん練習すれば、完璧な技術を身につけられる？

どんな分野でもプロの技能を身につけるには、最低1万時間の訓練が必要だという説がある[*1]。しかし、意識的訓練の画期的な研究で知られるエリクソン、クランペ、テシュ＝レマー[*2]の3研究者の研究では、1万時間も必要ないことや、逆に1万時間の訓練を積んでもそれでプロレベルの技能が保証されるわけではないことが明らかになっている。エリクソンたちの研究でも、数多くの分野で、最低1万時間以上の訓練を積んでいる専門家が多いことは確かめられた。しかし活動の内容しだいで、訓練の長さには2000時間（一連の数字の並びを覚える）から2万5000時間（コンサートでピアノを演奏する）までの幅があった。

たいていの場合、訓練の通算時間は専門技能を習得するための計画にもとづくというより、活動を続けた結果、自然と積み重なったものだ。幼い頃（例えば8歳など）に水泳などの習い事を始める人は少なくない。習い始めの練習時間はふつう1回1時間で、1年では200時間から300時間ほどになる。11、12歳ぐらいになるとしばしば年500時間ぐらい練習し、10代半ば以降は年1000時間も練習する。高校の卒業時点で通算練習時間が1万時間に達することは珍しくない。しかし、それで誰もがプロレベルの技能を身につけているかといえば、そうではない。

水泳選手は一般に、練習時間の長さに応じて生理的な機能を鍛えられ、体力を著しく強化できる。しかし研究から明らかなとおり、長時間練習するだけでは技術は上達しない。最近の研究結果には、オーソドックスな練習ではほとんどの選手の意識が技術よりも体力面に向いていることが示されている[*3]。長時間練習をしても技術が上達しない原因はおそらくそこにあるのだろう。

水泳の練習中には、集中を妨げられる要素がいろいろとある。プールサイドのペースクロック（時計）を見ることや、他の選手との衝突を避けることもそうだし、運動強度を確認することもそうだ。ふつうのチームの練習環境は、意識的訓練に不可欠な「単独練習」の環境とははなはだしく異なる[*4]。チームの練習ではなかなか技術に集中しきれない。したがって技術の完璧なマスターをめざすのなら、単独練習がどうしても必要になる。

▶ **積み重ね** オーストラリア水泳連盟の元CEO、ラルフ・リチャーズ博士による年齢ごとの練習量モデルにもとづくと、選手の通算練習時間は10代の後半にほぼ1万時間に達する[*5]。英国水泳連盟で用いられているLTAD（運動選手の長期成長）モデルでも、リチャーズのモデルと似たような練習量の増加が推奨されている[*6]。

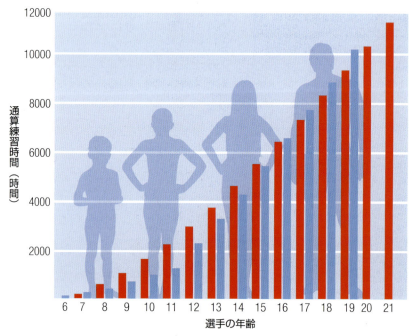

練習量の増加モデル

■ リチャーズモデル[*5]
■ LTADモデル[*6]

トップアスリートの年間練習時間

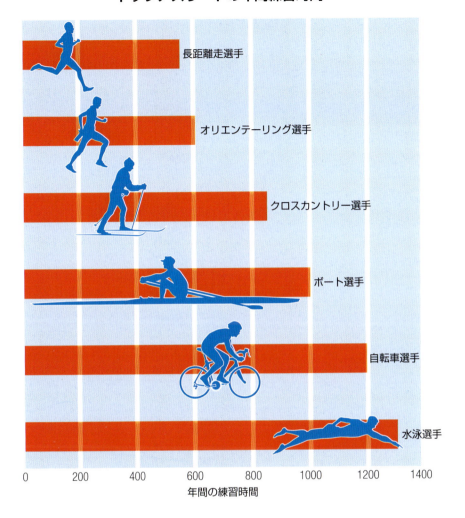

◀長い練習時間 左の図は、各競技のトップ選手の最大年間練習量を比較したものである。それらの差には、バリスティックやエキセントリックトレーニングの負荷、技術の習得の難しさ、技術面以外のトレーニング量が関係している[*7]。

▼少なくなる見返り 従来型の練習では10代の半ばを過ぎると、技術の向上が止まってしまうことが研究で示されている（技術の向上は抗力係数 C_d で計測。C_d が低いほど、技術のレベルが高い）。たとえ何千時間と練習を増やしてもそれは変わらない。体の断面積で受ける水の抵抗を分析することで、従来型の練習と技術の上達の関係が見えてくる。左下のグラフには、年齢別に5グループに分けたクロールの選手のデータが示されている。これを見ると、9-10歳のグループと11-12歳のグループの間では著しく技術が進歩している（C_d の減少）ことがわかる[*8]。しかし11-12歳のグループと13-14歳のグループの間では進歩はかなりゆるやかになり、10代半ば以降ではまったく技術は向上していない。これは当然の結果といえるかもしれない。従来の練習方針ではそのあたりの年齢からは一般に、泳ぐ距離が長くなり、体力を鍛える練習が増えるいっぽう、技術的な指導が減るからだ。その傾向は、技術に重点を置いている選手の数と、技術以外の要素に重点を置いている選手の数を練習の局面別に比較した下の表に示されている[*3]。

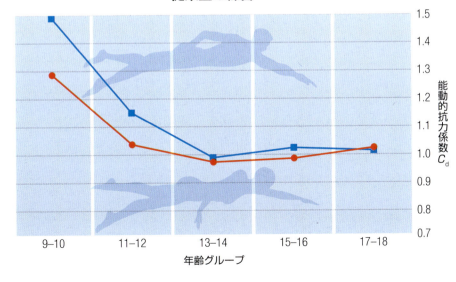

練習の重点

重点	練習の局面		
	ウォームアップ	メイン練習	クールダウン
技術	5	0	1
体力	3	10	2
技術と体力	1	3	0
その他	9	5	15
合計	18	18	18

■ 男子クロール選手
● 女子クロール選手

用具　ハンドパドル

パドルは水泳の練習には必須のアイテムだ。筋力を鍛えるための道具と思われがちだが、実は技術の向上にもたいへん役に立つ。パドルをつけると手の動きが遅くなり、パドルが視界内にある時には、容易に手の軌道を目で追える。またパドルが視界の外にある時には、その大きさと形のおかげでパドルの傾きをはっきりと感じることができる。このように自分の泳ぎへのフィードバックが増えることで、自分の泳ぎのどこをどう改善したらいいかについて、正確な情報が得られるようになる。

　パドルの広告では技術の上達効果が盛んに謳われている。ただし、技術の上達はそんなに単純ではなく、ただパドルをはめるだけで上手になれるわけではない。実際、研究でも、ある特定の形のパドルをはめて練習をしただけで技術が向上したという結果は出ていない。あくまで手がパドルを動かすのであって、パドルが手を動かすのではない。確かに、間違った方向への動きを抑制するよう特別なデザインを施されたパドルも登場しているが、本当にそのような効果があるかどうかは今後の研究の結果を待たなくてはならない。

　パドルを使って筋力を鍛えるためには、手の速さをしっかり意識しながら泳ぐことがポイントになる。パドルをつけることで推進力を生み出す手の表面積が増しても、パドルをつけない時と同じ速度で手を動かせば、推進力は増す。ただし、パドルをつけると、ふつう最初は手の動きは遅くなる。筋力トレーニングの効果はそのスピードを少しずつ上げていくことで得られる。

　パドルのせいで肩を痛めたという人がときどきいる。しかしそれはたいていパドルそのもののせいではなく、泳ぎ方のせいだ。確かに、肩をけがしている時にパドルを使うと、けがを悪化させる場合もある。しかし、正確なフィードバックを得られるパドルは、技術を修正して、肩へのストレスを和らげ、けがの回復を早める最善のツールでもある。

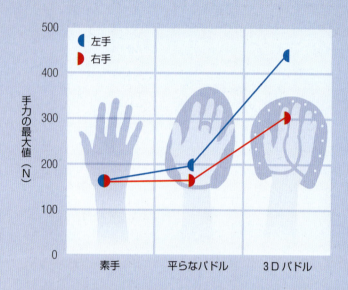

▲パドルを使った筋力の強化　上のグラフは、立体形状（3D）のパドルをつけた場合と平らなパドルをつけた場合、パドルをつけなかった場合で手力がどう変化するかを計測（2ストロークサイクル）した結果だ。3Dパドルをつけた場合には左手のプッシュ局面の完了時に手力が最大に達している。手力の最大値は素手と平らなパドルではほぼ同じだったが、3Dパドルではそれらより約50％大きかった。その傾向は一貫してはっきりと見られ、すべての被験者において、左右どちらの手でも、3Dパドルをつけた場合に手力の最大値が最も大きくなった[*1]。独特なパドルの形状が筋力の強化につながることがこの結果には示唆されている。

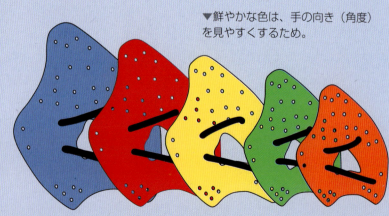

▼鮮やかな色は、手の向き（角度）を見やすくするため。

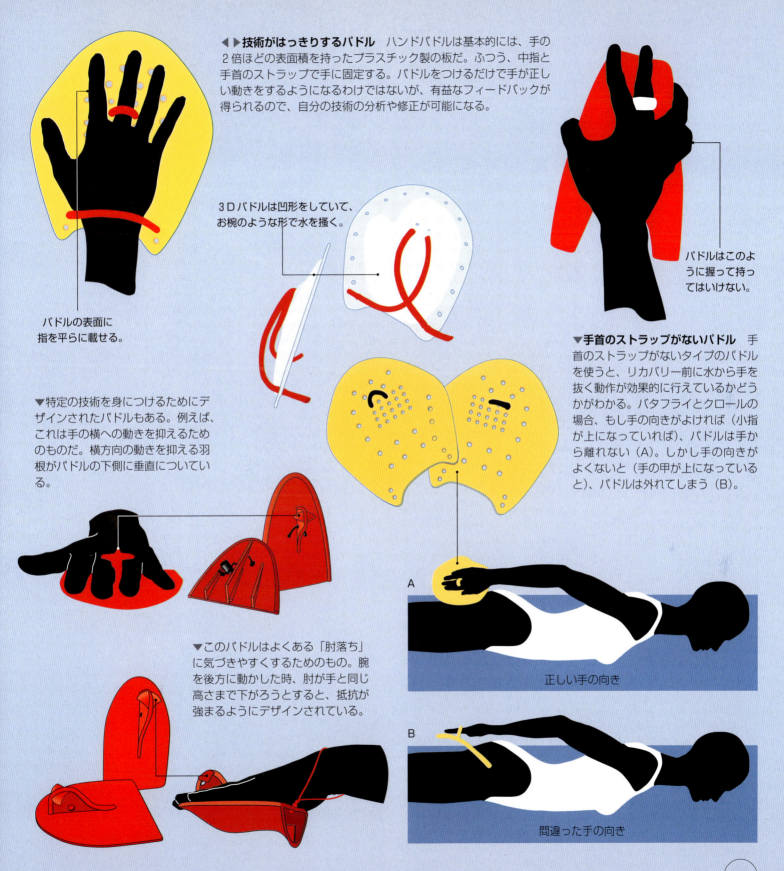

最適な水泳の練習距離は？

あんなに何往復もする必要があるの？

　水泳界には練習距離のことになると質よりも量が重視される風潮がある。最近のある研究でも、1970年代には練習距離が週90km以上に達していたことが、現在の週55-87kmという数字との比較で紹介されている[*1]。米国のオリンピック代表チームのコーチを務めたグレッグ・トゥロイは「経験則」で週70kmが目安だと語る[*2]。実際、かなり長めや過度に長い距離を泳がせる練習プログラムが圧倒的な実績を上げており、そのこともこの風潮を強めている。

　しかし適切な練習距離についてはまったく違う意見もある。例えば、同じくオリンピック代表チームの元コーチであるデイヴ・サロは、「30年間、距離を重視したことはない」という[*3]。サロが指導者になった頃は、「とにかく長く泳げという時代だった。1回の練習で8kmから9kmも泳がせた」。しかし「子どもたちは哀れだったし、私自身も哀れだった」。練習距離に関してサロと同じ考えを持つブレント・ラショールは、「超短距離レースペース練習（USRPT）」という練習を開発した。これは泳ぐ距離よりも試合での実際の速度に重点を置いた練習法だ[*4]。

　コーチたちが適切な練習距離を決める時に参考にできる生理学的な指針も示されている。例えば、実際の試合で泳ぐ時間は過半数の種目で2分に満たない。比較的時間の短いそれらの種目で使われるエネルギーは無酸素で供給される。したがって、練習でもそれに見合ったエネルギーの供給システムを鍛えるほうが理にかなっている。9km泳げる持久力は、高速で泳ぐ種目ではほとんど役に立たない。

　生理学的な根拠のほかに体の構造や生体力学、技能の習得という面も、適切な練習距離を決めるにあたっては考慮したい[*5]。練習計画には泳速と体力を向上させる道筋が描かれていなくてはいけないが、同時に選手の健康や筋力、技術といった要素に目を向けることも忘れてはならない。

▶ **すべては計画どおり**　一般的な練習計画では、数週間や数カ月間、徐々に泳ぐ距離を伸ばしていき、シーズンで最大の目標にしている大会が近づくと、距離が減らされる。右図に示した2種類の練習計画には、1週間の練習距離に大きな差がある。練習計画によっては、体を休ませる回復期をあらかじめ入れることもあり、その週には練習距離は減らされる。

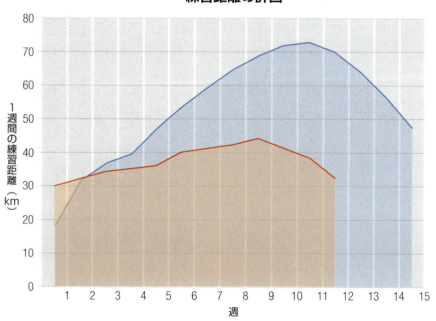

練習距離の計画

― 12週間の練習計画
― 15週間の練習計画

▼**パワーの源** 無酸素と有酸素のどちらのエネルギーシステムがどれほど使われるかは、運動の長さによる。大半の競泳種目の距離は200m以下なので、ふつう泳ぐ時間は2分以下になる。そのような種目で発揮されるパフォーマンスは持久力（有酸素エネルギー）よりパワー（無酸素エネルギー）に左右される。

練習距離を減らすことの利点[*6]

・ストローク回数が減るので、肩を痛めにくくなる。

・疲れが軽減される分、技術への集中が途切れにくい。

・コーチと選手のやりとりの時間が増える。

・技術を分析する時間が増える。

・レースを想定した練習の時間が増える。

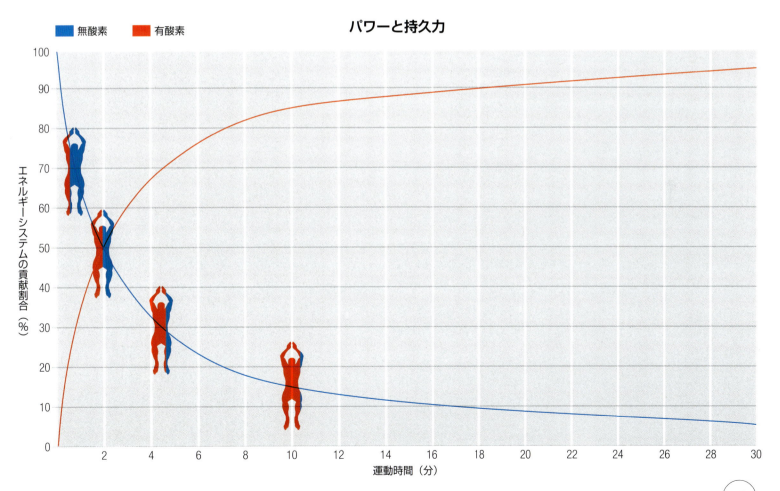

パワーと持久力

動作別の重点ドリルで最も役に立つのは何か？

やらないほうがいいドリルはある？

　技術の上達に役に立つドリルはたくさんあるが、やみくもにドリルをこなすだけで上達できるとは限らない。効果のまったくないドリルもあれば、逆効果のものや、有害なものもある。いいドリルであるかどうかを判断するためには、正しい技術を身につけられるものかどうかを見極めることが大切だ。効果的なドリルでは、重点的にある技術的要素を習得できるよう、泳ぎの特定の動作に的が絞られている[*1]。いっぽう、正しいフォームを崩すものや、悪い癖をつけるもの、関節に負担をかけるものは逆効果のドリルといえる。

　クロールのドリルには広く行われている人気のドリルがいくつもある。しかし「サイドキック」や「片手クロール」など、それらの中には逆効果のものが少なくない。間違った腕の位置を覚えさせたり、肩に負担をかけたりするものになっているからだ。キャッチアップのドリル（p52-53）にもやはりそれと同じような害がある。加えて、大規模な調査で明らかになっているように、速いスイマー（または速く泳ごうとしているスイマー）はキャッチアップを行っていない。したがってキャッチアップの練習は、技術の習得という意味では、逆効果といえる[*2]。

　片腕ストローク（背泳ぎとクロール）で使われる技術に関しては、動作別のドリルを行うより、ふつうのストロークサイクルの中で技術に気をつけるほうが、技術の習得はずっと早い。例えば、ふつうに泳ぎながら、視覚的または運動感覚的な手がかりを頼りに、たえず頭の位置や腕の向きを確認するという練習方法がある。

　ドリルによっては有害とまではいえないが、有益でもないものもある。例えば、平泳ぎの「3秒グライド」（ストローク後に毎回ストリームライン姿勢を維持するドリル）では、スイマーが3秒間グライドに意識を集中させることが想定されている。しかし実際には、スイマーはその3秒間、単に休んでしまうことのほうが多い。両腕ストローク（平泳ぎとバタフライ）のドリルには、きわめて効果の高いものがいくつかある。例えば、腕か脚のどちらかの動作だけを行い、左右対称の動きを身につけるドリルの効果は高い。頭や胴、または脚の動作がない分、腕（または脚）の技術に意識集中できるからだ。また息継ぎ時の頭や胴の上下動を最小限にする平泳ぎやバタフライのドリルも役に立つ。

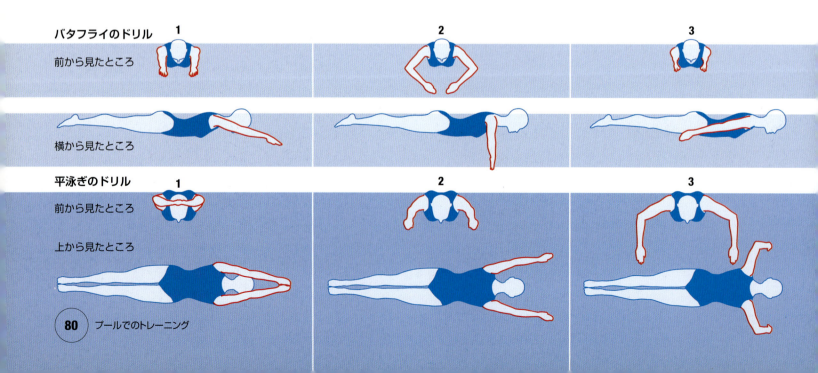

バタフライのドリル　1　2　3　前から見たところ　横から見たところ

平泳ぎのドリル　1　2　3　前から見たところ　上から見たところ

視覚および運動感覚の手がかり

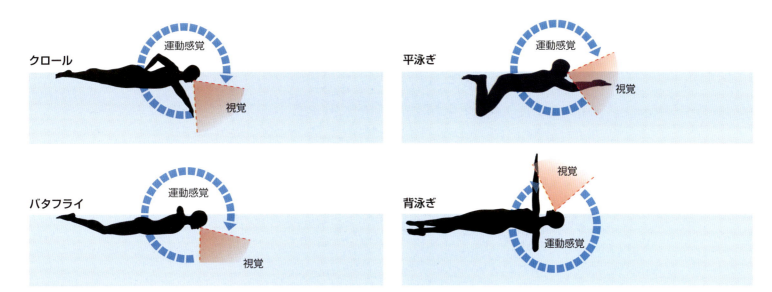

▲**感覚を研ぎ澄ませ**　クロールと背泳ぎのドリルのほとんどは泳ぎのフォームを崩すものになっている。クロールや背泳ぎの技術を向上させるには、視覚または運動感覚の手がかりを利用するほうがドリルよりはるかにいい。それらの手がかりを使えば、泳ぎながら、体の各部分の向きを見たり、感じたりできる。どの泳法でも、スイマー自身の視界に入るストロークの範囲は限られているが、クロールでは、腕が肩を通過してから、手が頭の下を通過するまでは、肘の曲がり具合が見える（上段左）。その範囲外のストロークサイクルの技術を確認したり、修正したりする際は、運動感覚の手がかりが頼りになる。背泳ぎでは、体の側面に沿って水面上に上げられた腕は目に見え、水中で肘が90°に曲がっているかどうかなどは運動感覚で感じることができる（下段右）。4泳法すべてで、技術のフィードバックの大半は運動感覚から得ることになる。

▼**役に立つドリル**　両腕ストロークのためのドリルにはたいへん効果の高いものがある。下に示した平泳ぎとバタフライの腕のドリルでは、頭と胴と脚は動かされていない。その分、腕の動きを意識的にコントロールしやすくなる。

効果的なバタフライと平泳ぎのドリル

現場の科学　超短距離レースペース練習（USRPT）

従来の練習では体力面に重点が置かれ、総練習距離が最重要の要素とされてきた。しかし近年、量より質を重んじるコーチが現れ始めている。超短距離レースペース練習（USRPT）はそういう質に重点を置いた練習法のひとつで、練習の重点に変化を起こしつつある[*1]。特に、マイケル・アンドルー選手の活躍をきっかけに、USRPTを試そうとするコーチや、練習距離などの量よりも質のほうが大事だと考えるコーチが増えている。

USRPTはブレント・ラショール博士によって、2011年に考案された。ラショール博士の練習方法は、一般的な「質」の練習とは根本的に異なっている。泳ぎの質（特定のレースを想定したペースなど）が指示されるだけでなく、つねにその指示を守ることが求められるからだ。従来の練習ではふつう、距離、本数、タイム、インターバルの4点について指示が出される。例えば、「50m泳を50秒インターバルで、20本。タイムは30秒を維持する」という具合だ。インターバルには泳ぐ時間と休む時間の両方が含まれる。したがって、もし所定の距離を所定のタイムで泳げなかった時には、インターバルで休む時間が減る。それでもたいていはコーチに叱咤されて、泳ぎの質を落としたまま泳ぎ続け、指示が修正されることはない。

USRPTは違う。もし指示どおりの泳ぎを続けられなかったら（例えば、所定のタイムより遅れたら）、1本分、休憩を取ってから（ここでの例では50秒）、ふたたび泳ぎ始める。休憩すればふつう、次の泳ぎでは指示されたパフォーマンスを維持できる。指示されたタイムを守れている間は、そのまま本数を重ねる。もし2本連続で指示されたパフォーマンスを下回った場合は、そこで打ち切る。つまりUSRPTでは、レースに合わせた速度と技術を用いて実質的な練習をすることで、選手が確実に成果を上げられるようにしているのだ。

▶質重視　2016年1月15日、アリーナ・プロ・スイム・シリーズのオースティン大会（米国テキサス州）で男子100mバタフライに出場したマイケル・アンドルー。華々しい成功はおもにUSRPTのおかげだと話す。毎日約1万2000ヤード（1万1000m）泳ぐのが従来の練習ではふつうだが、その大部分は「むだな泳ぎ」になりがちだ。アンドルーは1日に2500-3000ヤード（2285-2740m）しか泳がない。その代わり泳ぐ時には、レースのペースを想定し、完璧な技術を目指している。

生理学的な適応のプロセスとは何か？

体はどう練習に慣れていくの？

　生理学的には、練習でめざすのはパフォーマンスを高める体の反応を引き出すことだといえる。水泳の練習ではそのような成果を上げるため、シーズンの初期に練習量を増やし、中期にハードな練習を入れ、最後に大会前になると練習量を減らす（「テーパリング」と呼ばれる）（p90-91）。練習量の増減はふつう練習の距離と強度で調節する。シーズンの終盤にはテーパリングの効果で、パフォーマンスが高まることが期待される。

　シーズン初期は一般に、有酸素のトレーニングに力点が置かれる。この時期に強化が図られるのは、心臓、肺、血液量の生理的な反応である。心臓のポンプが強くなれば、1回の拍動で送り出せる血液の量（一回拍出量）が増える。そうすると当然、同じ心拍数で、1分間に体内に送り出される血液の量は増える（逆にいえば、同じ心拍出量で、心拍数が減る）。肺容量が増えれば、血液により多くの酸素を取り込んで、筋肉に送り届けられるようになる。さらに、血液量が増大すれば、動脈圧が高まる。こうして最終的には、きつい運動にも耐えられる体が作られるのだ。

　筋力のトレーニングは（陸上、水中どちらで行われるものも）水泳のトレーニングの要をなすものだが、持久力のトレーニング（p74-75）とは相容れない面がある。両者の違いがもっとも際立つのは、各練習にふさわしい反復動作の数だ。持久力のトレーニングではふつう、何万回という数のストロークが繰り返される。いっぽう、筋力のトレーニングではふつう、1セット10回程度の練習が行われる。幸い、研究では、筋力のトレーニングを同時に行っても持久力のトレーニングの効果は損なわれず、むしろ高まりうることが示されている[*1]。筋力のトレーニングによって得られる効果は筋肥大、つまり筋肉量が増えることだ。筋肉量が増えればそれだけ生み出せる力は増す。筋肉の強さを測る最適な指標は筋肉の断面積だが、神経成分も重要だ[*2]。神経の適応が進むと、より多くの運動単位（筋線維とその神経細胞）が同時に動員される（つまり活動する）ようになる。

　簡単にいうと、トレーニングの強度が不十分で体に過負荷がかからなければ、生理的な適応は生じない。つまり体は変わらない。しかしトレーニングの強度が高すぎれば、けがをするか、オーバートレーニングに陥る[*3]。トレーニングの強度を適切に調整できるよう、練習中は選手のパフォーマンスを注意深く観察しなくてはいけない。選手に一定の練習メニュー——例えば、クロールで100mのインターバルトレーニングを1セットなど——をさせることで、選手の適応を確認するコーチも多い。

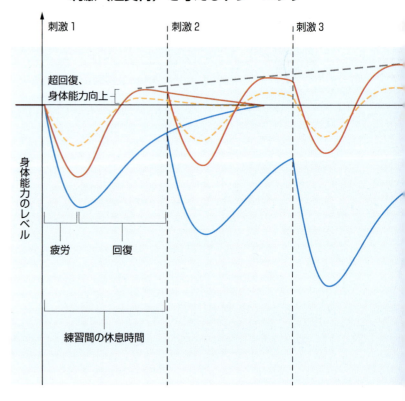

刺激（過負荷）を与えるトレーニング

身体的な適応

1 神経と筋肉の適応
・筋肥大（筋肉の成長）
・同時に動員される運動単位の増加
・疲れにくい遅筋線維の増加

2 呼吸器系の適応
・肺の酸素摂取能力の向上
・肺の血流の改善
・最大下運動時の呼吸数の低下

3 心臓循環系の適応
・心筋塊と心房容量の増強による、一回拍出量と心拍出量の増加
・血液量、赤血球数、ヘモグロビン濃度の上昇
・代謝廃棄物の排出量の増加
・筋肉に送り込まれる酸素と燃料の速度の上昇

4 筋骨格の適応
・筋肉内の毛細血管の増加
・細胞内の「エネルギー工場」であるミトコンドリアの拡大と増加
・筋線維への酸素供給を助けるミオグロビン濃度の上昇

凡例：
― 強さ
― 神経の適応
― 筋肉の成長

▶**変化を起こす** 体はトレーニングの頻度や強度、時間、種類に応じて変化する。ただし、そこにはいわゆる収穫逓減の法則が働く。したがってトレーニングに慣れるにつれ、同じ運動から得られる効果は小さくなるので、同じ効果を得るには過負荷のレベルを上げ続けなくてはいけない。右上の図は、練習の継続でいかに神経と筋肉の適応が進み、やがて頭打ちになるかを示したものである。筋肉の適応は筋断面積の成長で表し、神経の適応は同時に動員される運動単位（筋線維）の増加数で表している。筋力のアップは神経系の発達と筋肉の成長の両方によってもたらされる[*4]。

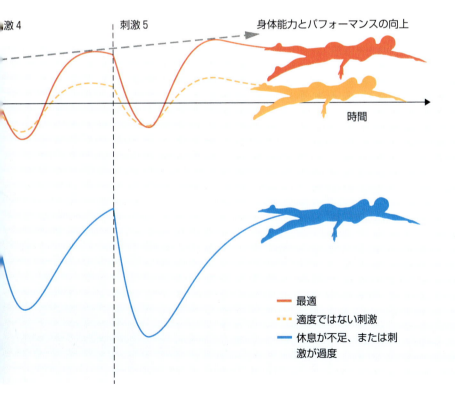

凡例：
― 最適
--- 適度ではない刺激
― 休息が不足、または刺激が過度

◀**積み重ねの効果** トレーニングによる適応のサイクルは、トレーニング刺激（過負荷）、疲労、回復（負担のかかった組織が修復すると同時に筋組織が成長する）、超回復という過程を経て、選手の体力やパフォーマンスを以前より向上させる。過負荷を適切に増やしながらトレーニングを続ければ、時間とともに効果は積み重なっていく。練習量が適切な時に初めて、トレーニングから最大の効果を得られる。練習が軽すぎれば、身体能力は向上しないし、練習が激しすぎれば、回復が追いつかず、やがて体に支障をきたすだろう。また練習間の休息も大切だ。休息の時間が短すぎたら、筋組織を十分に回復させられない。しかし新しい刺激を与えるまでに間隔を空けすぎれば、身体能力が元のレベルへ後戻りし、適応も初めの状態に戻ってしまう。

極度の過負荷に
スイマーはどう応じるか？

→ いつもハードな練習をするべき？

　いかに適度な過負荷の練習計画を立てたらいいかは、コーチがとても頭を悩ませる問題だ。最も一般的な練習メニューであっても、結果は練習の負荷や選手自身の取り組み方をはじめ、さまざまな要素に左右され、けっして同じにならない。したがって定期的に選手の体調をチェックして、オーバートレーニングを避けなくてはいけない。オーバートレーニングが続くと、パフォーマンスの低下やけがを招くほか、病気になる恐れもある。しかし、水泳界ではオーバートレーニングが当たり前になっている。競泳選手に関するある研究では、「適応できていない（練習のしすぎ）」に分類される選手の割合が50%にのぼった[1]。また別の研究では、ほぼ半数の選手が練習のしすぎと評価された[2]。30以上の研究のデータによれば、半数以上の選手が肩を故障しているという。肩は練習距離が長すぎる時に最も痛めやすい部分だ。

　オーバートレーニングを防ぐには、つねに選手の状態を把握する必要がある。そのために生理学、心理学、医学、パフォーマンスの各観点からのさまざまなテストが取り入れられている。ひとつの要素を調べるだけでは、オーバートレーニングの可能性を正確に数値化するには不十分だからだ[3]。コーチたちは回復期後の超回復によってパフォーマンスが高まることを期待して、選手に過負荷を与える（p84-85）。しかし過負荷が過度になれば、期待とはまるで違う結果を生んでしまう。例えば、選手によってはひどい痛みがあっても、それを適応の一過程だと考えて、むりに練習を続けることがある。そういう場合、練習間の休息で体が回復しなければ、体の不調が積み重なっていくことになる。あるいは、筋肉疲労のせいで継続的な練習が妨げられ、泳ぎが遅くなることもある[4]。

　練習を実りあるものにできるよう練習内容を適宜調整するためには、選手たちがどのように練習に応じているかを知ることが欠かせない。いちばんわかりやすい調整は練習の負荷を変えることだが、休息や、栄養や、補水も考えるべき要素だ。競泳選手はほぼ毎日、1日に2回の練習をこなしているので、十分に休息を取ることが難しい。しかも、ふつうは1時間でなんらかの栄養補給が必要になるのに、ほとんど何も摂取しないで2時間練習しているケースが多い。競技スポーツの世界では「ハードな練習をしよう」が合い言葉になっている。それ自体は間違っていないのだが、選手が練習にどう対応しているかを注意深く見守ることも同じように重要だ。

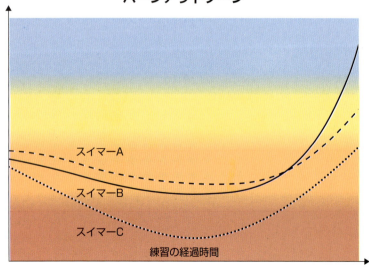

バーンアウトゾーン

スイマーA
スイマーB
スイマーC
練習の経過時間

◀ **バーンアウトを避ける**　練習すれば、疲れるのは仕方がない。しかし練習計画は、選手の回復と超回復を妨げないよう、選手の状態に応じたものにしたほうがいい。回復が追いつかないほど「きつすぎる」練習をすれば、オーバートレーニングに陥って、適応を損ねかねない。左図のスイマーAは「いくらかきつめ」のトレーニングをして、疲れから回復し、うまく適応を遂げている。スイマーBはかなりきついトレーニングをして、適応不能に陥る寸前まで疲労したが、練習量を減らすことで疲れを回復させ、最高度の適応を果たした。スイマーCはきついトレーニングをした結果、適応不能ゾーンに落ち、休息や練習量の軽減によっても正常な適応ゾーンに戻れなかった[5]。

■ 最高度の適応ゾーン
■ 超回復の適応ゾーン
■ 疲労ゾーン
■ 適応不能ゾーン

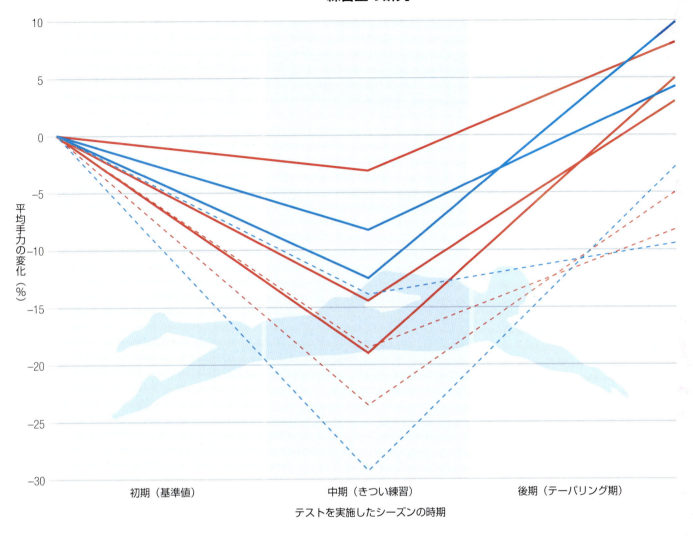

練習量の研究

テストを実施したシーズンの時期

- - - - 手力が低下した女子選手
- - - - 手力が低下した男子選手
──── 手力が上昇した女子選手
──── 手力が上昇した男子選手

▲**追い込みすぎ** この研究には、練習量の豊富さで有名なチームに所属する全国レベルの選手9人が被験者として参加し、8カ月間のシーズン中に計7回、テストを受けた[*2]。シーズン後半に入り、目標とする大きな大会が近づくと、コーチは練習を徐々に減らして、選手たちの体を休ませ、回復させようとする。このテーパリング期に筋が肥大し、より大きな力を生み出せるようになる。この研究ではシーズンの初期、中期、後期にそれぞれ最高泳速で10m泳いだ時の平均手力が計測された。上のグラフに示されているように、すべてのスイマーの手力の値が中期には初期の基準値より低下した。その後、後期にはやはりすべてのスイマーの手力の値が中期より上昇した。ただし、後期に手力の値が基準値を上回ったのは9人中5人（55%）のみだった。きつい練習の時期に手力が約10%低下した選手はほぼ全員、後期に練習量を減らしたあと、回復し、シーズン初期を上回る手力を生み出せた。しかし中期に手力が約20%以上低下した選手は1人以外、後期に練習量を減らしたあとも回復できなかった。この結果には、練習が過度にきついと（泳距離や強度、またはその両方で）、体が回復せず、パフォーマンスが上がらないことが示されている。

基礎知識

シーズン終盤（大会前）のテーパリング期の長さは、練習量や種目、個々の選手の状態によって違い、1週間以下から3週間以上までの幅がある。

高強度トレーニングとは？

練習の強度と距離を変えたほうがいい？

　1960年代後半頃から、水泳界では練習距離が重視されるようになった。「『有酸素ベース』という考えがあらゆる持久力系のスポーツに浸透した。水泳の指導者たちはほとんど世界中で今もこの考えを信奉している」といわれるとおりだ[*1]。しかし、選手に長い距離を泳がせるコーチがいまだに主流派だとはいえ、高強度トレーニング（HIT）という手法を用い、高強度の短い練習距離で成果を上げるコーチも現れ始めている。先述した超短距離レースペース練習（USRPT）も高強度トレーニングのひとつだ（p82-83）。泳ぐ距離は従来の練習のわずか半分だが、この練習は「きわめてきつい[*1]」。

　高強度トレーニングの効果はすでにいくつもの研究で確認されている。例えば、大学生の選手に4年間、高速泳の練習を行わせた研究では、100ヤードと200ヤード（≒100m、200m）のクロールで10％や8％という大きなパフォーマンスの向上が見られた。練習距離に重点を置いた従来の練習で報告されているその数値は、わずかに1-3％だ[*2]。また別の研究では、流水プールの高強度トレーニングによって、100mや400m泳での著しいパフォーマンスの向上がもたらされたことが示されている[*3]。さらに、練習の強度とトップ選手の技術の向上との間には相関が見られるいっぽう、練習の距離や頻度とその間には相関が見られないことも研究で明らかになった[*4]。そのほかにも、低強度で量を重視した練習から高強度で質を重視した練習へと、練習計画の切り替えを促す研究結果が出ている[*5]。

　ただし、技術の習得に与える影響についても考えなくてはいけない。もし選手がいつも高速で泳いでいたら、技術的な要素をコントロールできなくなる。効果的に技術をチェックし、コントロールするためには、ゆっくりとしたストロークレートで何千回というストロークを繰り返す必要がある。速さを上げるのは技術的な要素を習得したあとにするべきであり、それも何千回というストロークを重ねながら徐々にストロークレートをレースのスピードまで上げていくべきだ。毎回の練習に高強度トレーニングをどれぐらい取り入れるかは、技術の習得計画を踏まえた上で慎重に決めたい。「これまでの研究からは、高強度トレーニングにはパフォーマンスを高める効果があることが期待できる。しかし最終的な結論を下すには、まだ、さらなる研究を待たなくてはならない」というのが、現段階の高強度トレーニングに対する一般的な評価だ[*6]。

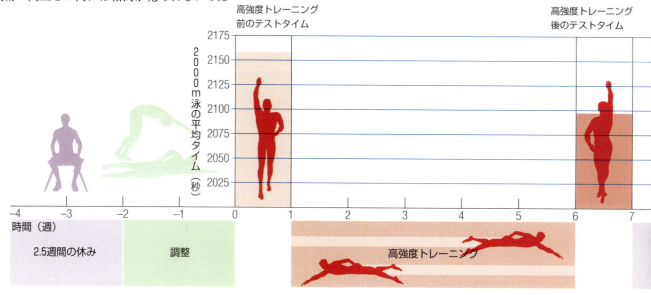

▶**効果は消えない** ある研究で、マスターズ水泳のスイマーが6週間、従来の低強度・多量のトレーニングを行い、さらに引き続き6週間、高強度・少量のトレーニングを行った[7]。多量のトレーニング後には最大酸素摂取量が著しく増加し、400mと2000m泳のパフォーマンスが大幅に向上した。その後の高強度のトレーニング後には、それらの効果が保たれたまま、100m泳のパフォーマンスがやはり大きく高まった。

▼**高強度の勝利** 下のグラフは、大学生のスイマーを2グループに分け、高強度と多量の両方のトレーニングを行わせた結果を示したものである[8]。1グループは先に高強度トレーニングを行い、それから休息を挟んで、多量トレーニングを行った。同時に、もう1グループは多量トレーニングを始め、次に高強度トレーニングに移った。5週間のトレーニング期間の前後にそれぞれのスイマーに2000m泳がせ、効果を計測するテストが実施された。その結果、高強度トレーニング後には大幅なタイムの短縮が見られた。多量トレーニング後のタイムの短縮幅はそれよりも著しく小さく、そこには統計的に優位なトレーニングの効果は認められなかった。この研究は、練習時間を減らしても、同じかよりよい成果を上げられることを示している。また、被験者全員が両方のトレーニングを行う実験方法を示している点でも注目される。

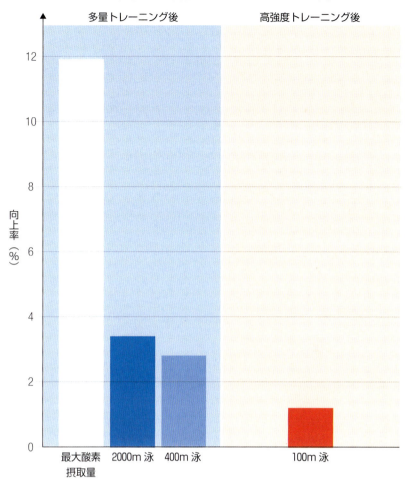

長距離と短距離のパフォーマンスの向上

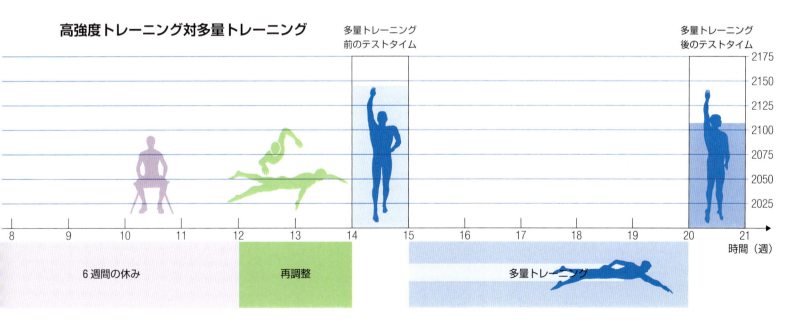

高強度トレーニング対多量トレーニング

1シーズンの練習計画はどう立てたらいい？

1シーズンの練習計画で体力面と技術面にはどういうトレードオフがあるか？

練習の話できまって話題になるのは、「どれぐらいの距離を泳いだ？」だ。めったに、どれぐらいレースのペースを保てたかとか、なんらかの技術に注意してどれぐらい泳げたかとかは話題にならない。

1シーズンの練習計画を立てるにあたってはふつう、シーズン最後の大きな大会（選手権大会など）が目標にされるが、シーズン途中の小さな大会が考慮されることもある。小さな大会向けにはほとんど準備をしない、年長の競技志向が強い選手もいれば、小さな大会にも毎回しっかり準備をする、年少の競技志向の強くない選手もいる。トップ選手になると、1シーズンや1年ではなく、オリンピックに照準を定めた4年計画で練習を進めることもある。また長期（マクロサイクル）と短期（ミクロサイクル）の両方の計画が用意されることも珍しくない。どちらのサイクルの場合にも、コーチは技術面と体力面など、異なる練習メニューをどう配分するかを考える。1シーズンの練習計画全体に関わるのは、練習の負荷——練習の距離と強度を合わせたもの——を週単位でどう変えるかという観点だ。試合で最高のパフォーマンスを発揮できるよう、練習の負荷は試合スケジュールに合わせて調節される。

1シーズンの計画を立てるだけで終わりではない。実際にシーズンが始まったら、コーチは毎日、計画に沿って、どういう練習メニューが最も適しているかを判断しなくてはならない。練習では毎回のように、選手の遅刻やら、欠席やら、けがやら、痛みやら、疲れやら、やる気の喪失やら、ほかの活動とのぶつかりやら、問題が発生する。場合によっては練習計画の修正を強いられる。そのような状況に追い込まれると、試合スケジュールのプレッシャーや体力重視の慣例のもとで、技術は後回しにされやすい。たとえ選手がまじめに正しい技術を保とうとしても、スピードと距離という体力面の要求を課される中では、技術に集中し続けることは難しい。

コーチは意識的訓練の手法を取り入れることで、選手たちに正しい技術で泳ぐ距離を伸ばさせてやることができる（p72-73）。選手が正しい技術を維持できなくなっていたら、そこで声をかけて、練習をいったん打ち切ってあげるべきだ[*1]。正しい技術で泳いだ距離（効果的訓練距離）を計測し、総練習距離と比較することもできる。効果的訓練距離と総練習距離のトレードオフでは、技術の正しさにいくらか目をつぶって長い距離を泳ぐか、それとも距離を短くしてできるだけ正しい技術をめざすかの判断が求められる。

▶**合理的な練習量** 右図は、あるグループに100m×8本のクロール泳を行わせ、ストローク長の変化を調べた結果だ[*2]。中盤まではストローク長におおむね変化はなかった。しかし最後の2本で急激に落ち、25m当たりの平均ストローク数が2回増えた。この結果を踏まえるなら、このグループは今後、クロールの練習を1セット100m×6本にしたほうが合理的といえる。そうすれば有効なストローク（つまり正しい技術）を維持できる。

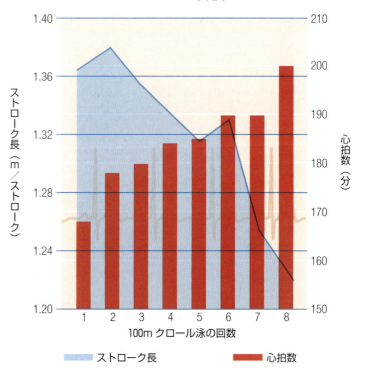

データの評価

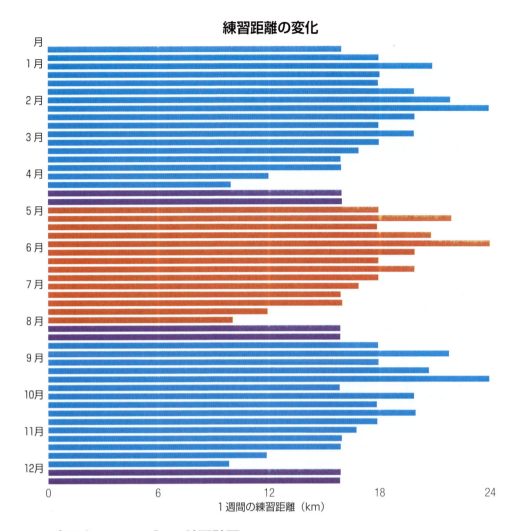

練習距離の変化

- 短水路シーズン（25mラップ）
- 長水路シーズン（50mラップ）
- 移行期（試合）

▶**成功を呼ぶ計画**　主要な大会前には試合に備えて練習距離が減らされるので、1週間の練習距離は週によって大きく変わることが珍しくない。試合前の練習距離はピーク時の約3分の1にまで減る。右図は、マスターズ水泳のスイマー（市民クラブなどで練習をする19歳以上のスイマー）向けに作成された1年間の練習計画だ。5月と8月と12月に主要な選手権大会がある。

▼**練習距離の計画**　1シーズンの練習計画にはふつう、重点を置かれる練習内容やエネルギーシステムが記されているが、中心になるのは練習距離だ。ここではトップ選手の例を紹介しよう。場合によっては、トレーニングの目的に応じて1シーズンをいくつかの期間に分ける「期分け」を行うのもよい。

トップ選手の1シーズンの練習計画

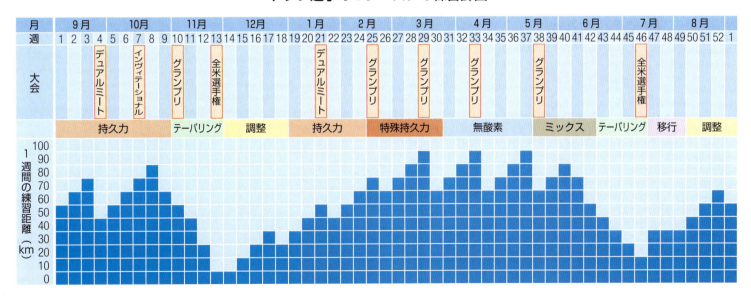

低酸素トレーニングとは何か？

→ どう呼吸をコントロールしたらいい？

　低酸素トレーニングでは、生理機能とパフォーマンスを高める目的で、意図的に酸素の供給量を不十分にする。その方法は高地トレーニングから高圧室の利用、潜水泳、息継ぎ頻度の制限などまでいろいろある。最も一般的なのは息継ぎ頻度の制限で、息継ぎ間のストローク回数を設定するか、泳距離当たりの息継ぎの回数を設定するかのどちらかの方法で息継ぎ頻度が制限される。

　高地トレーニングはふつう、一部の限られた選手にしか使えない方法になる。高地トレーニングを支持する科学的な証拠は少なく、その効果については賛否が分かれる[*1]。ただ、最近の研究では、高地トレーニングを行ったトップ選手のパフォーマンスが低地での回復後、実際に高まることが確かめられている[*2]。

　生理的な効果があるにせよないにせよ、低酸素の泳ぎや息継ぎ頻度の制限には技術上のメリットがあることは間違いない。レースでパフォーマンスを高めるため、息継ぎ頻度を制限する選手は多い。例えば、多くの選手はバタフライの息継ぎを2ストロークに1回にするとか、クロールの息継ぎを3回に1回にするとかしている。平泳ぎでは、ストローク中の息継ぎを時々省いたり、ターンの時に息継ぎをしなかったりする選手もいる。それらの場合にはいずれも、息継ぎの制限は生理的なトレーニングの効果とは関係なく、あくまで技術やパフォーマンスのために行われる。ストロークサイクルに息継ぎが入らなければ、頭を動かす必要がない。頭が動かないと、体のほかの部分がどう動いているかが自分で把握しやすく、技術に集中しやすくなる。加えて、頭の動きが少ないほど、フォームのゆがみが減り、ひいては抵抗が減る。またフォームのゆがみが少なければ、それだけ安定したフォームを保て、推進力を生み出しやすくなる。

基礎知識
知っておきたい言葉
低酸素　酸素の供給が十分でないこと。
過換気　呼吸が必要以上に速く、深くなること。
低換気　呼吸が弱いこと。
高炭酸　血中の二酸化炭素の濃度が上昇すること。
無呼吸　呼吸が一時停止すること。
失神　意識を失うこと。

注意事項
息を止めることには、失神や死亡事故にもつながる多大な危険が伴う。必要な場合にはすぐに呼吸をすることと、呼吸を止める練習は専門の指導者の厳格な管理下で行うことが大切だ。

バタフライの息継ぎ

息継ぎをしない姿勢

息継ぎをしないストローク時には、体が水平に保たれ、抵抗が最小限に抑えられる。

クロールの息継ぎ

▶**楽に呼吸** クロールで息継ぎをしない時は、髪の生え際が水面にくるのが頭の適切な位置になる。そうすると最小限の頭の回転で息継ぎもできる。息継ぎの際は、片目だけが波でくぼんだ水面（船首波）から上に出て、口の一部だけが水面の上に見える。

息継ぎをしない姿勢

頭を動かさず、顔をプールの底へ向ける。

よい息継ぎの姿勢

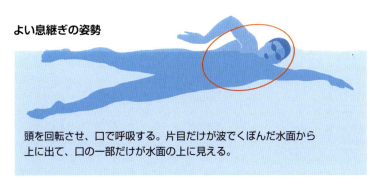

頭を回転させ、口で呼吸する。片目だけが波でくぼんだ水面から上に出て、口の一部だけが水面の上に見える。

水中で息を吐く

▲**吐き出す** 競泳選手はふつう、水中に顔を入れている間は息を吐き続けている。これは鼻に水が流れ込むのを防ぐためだ。また口が水面ぎりぎりまで上がった時に水を飲まないようにする意味もある。息継ぎで深く息を吸いたい場合は、息継ぎの動作を始める寸前に強く息を吐き出す。

▼**バタフライの息継ぎ** バタフライでは息継ぎの頻度をストローク毎より少なくするのは簡単ではない。しかし息継ぎの頻度を少なくするほうが（例えば、2、3回のストロークにつき1回など）、息継ぎをしない分だけ水平に近い姿勢を保てるので、泳ぎの抵抗を減らせる。スイマーの中には息継ぎの時、水面から高々と頭を上げて、必死に息をしようとする人がいる。しかしそうすると姿勢が大きく崩れて、抵抗が増してしまう。

よくない息継ぎの姿勢

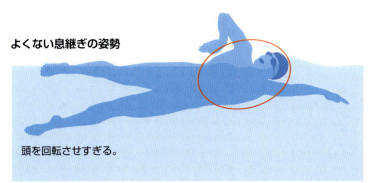

頭を回転させすぎる。

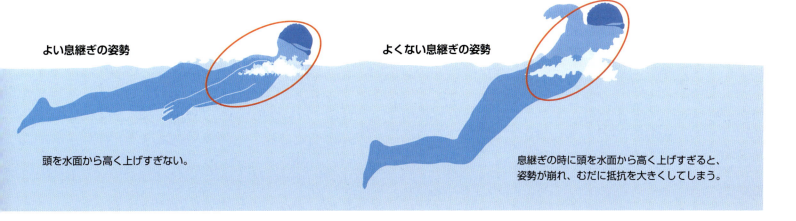

よい息継ぎの姿勢
頭を水面から高く上げすぎない。

よくない息継ぎの姿勢
息継ぎの時に頭を水面から高く上げすぎると、姿勢が崩れ、むだに抵抗を大きくしてしまう。

スタートとターンとフィニッシュはどれぐらい大切なの？

スタートとターンとフィニッシュにあてるべき練習時間の割合はどれぐらいか？

スタートやターン、フィニッシュの話題になると、数分の1秒の差で勝敗が分かれるとか、壁へのタッチが一瞬遅れるだけで負けるとかいうことがよくいわれる。確かに文字通り「タッチの差」で勝負が決まることもあるが、基本的にはレースの結果を左右するのは、泳ぐ速度だ。とはいえ、スタートと、ターンと、フィニッシュのそれぞれの差が合わさったら、たちまち1秒あるいはそれ以上の差になることもまた確かだ。

まず理解したいのは、スタートとターンは泳ぎそのものとはまったく違う動作であるということだ。壁を蹴るとか、スタート台から飛び込むとかいう動作は、人間が地上でよく行う動作であるジャンプに似ている。スタートとターンの練習では、単にスタートとターンを繰り返すだけではなく、ジャンプの動作を鍛えるエクササイズも陸上と水中の両方で行いたい。ただしジャンプに似ている動作だといっても、スタートとターンのそれぞれの前後の動作は水泳に特有のものだ。フィニッシュは泳ぎの動作のひとつだが、それでも減速したり、余計なストロークを増やしたりしないで壁に達するためには特殊な技術を必要とする。

スタートとターンでは水中での局面が特に重要になる。競泳の規則で、壁から15mまでは水面に浮き上がらないことが認められている。ドルフィンキックを速く打てる選手であれば、15mぎりぎりまで浮き上がらず、このルールを最大限に生かすことができる。しかしそういう技能を完全にものにするには何年もかかる。スタートとターン後、毎回、ドルフィンキックの数を数えて、いつも同じように浮上できるようになるまで練習を積まなくてはいけない。また、スタートとターン時の水中の動作を繰り返して、そのタイムを計り、コーチに評価をしてもらう練習もする必要がある。キックの数を増やしたほうがいいかどうかは、その評価から判断できる。

もうひとつ考えなくてはいけないのは、スタートとターンの影響の大きさが種目（短距離か、長距離か）やプールの種類（短水路か、長水路か）によって違ってくるという点だ。例えば、スタートとターン時の潜行距離は50mレースの場合、最大で合計30mであり、全長に占める割合は約60%にもなる。多くの選手は水中をキックだけで進むよりも速く泳げるので、現実にはその割合はもっと低く、おそらく35%ぐらいだろう。しかしそれでも割合はかなり高い。このことは、スタートとターンの練習にどれぐらいの時間を割けばいいかを考えるうえで参考になるだろう。

▼**スタートもフィニッシュも大事**　背泳ぎのスタートで入水時の抵抗を最小限にする技術を身につけるためには相当な数の反復練習が必要になる（A）。ところが、背泳ぎのスタートの練習は、ターンやフィニッシュの練習とともにおそらく水泳の中で最もおろそかにされている。またフィニッシュの時にグライドでタイムロスしないよう、フィニッシュの練習も欠かせない（B）。しかし集団練習では壁の前に順番待ちをする選手がいることが多いので、フィニッシュの練習はしづらい。

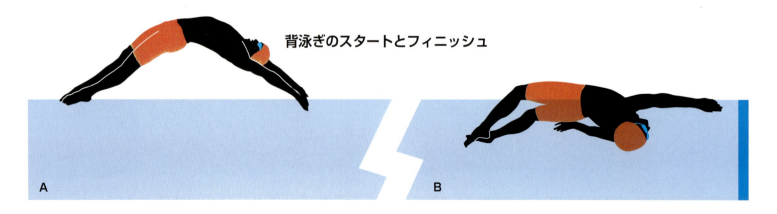

背泳ぎのスタートとフィニッシュ

正しいスタート

◀ **抵抗の少ないスタート**
スタートの練習では、スタート台から水平に飛び出して、できるだけ遠くまで飛ぶことと、「小さな穴」から入水して、抵抗を最小限に抑えることを身につける。

▼▶ **順番待ちの弊害** 競泳チームの集団練習ではプールの広さを効率よく使うため、1レーンの中で3人以上の選手が順番に往復を繰り返すことが多い。しかしこのような泳ぎ方では、自分の技術を磨くことよりもほかの選手との衝突を避けることに神経を使うせいで、間違ったターンの癖がつきやすい。壁を蹴る時に、自分のほうへ向かってくる選手がいないかどうかを確かめようとして、体を回転させてしまうからだ（A）。ひとりでレーンを使えれば、そんなことを気にせず、最適な姿勢で壁を蹴ることに集中できる（B）。練習でも試合と同じ壁の蹴り方をする必要がある。蹴伸びの角度と水中でのキック数は練習中つねにチェックするべき重要な要素だ。コーチは選手のスピードのほか、壁からどれぐらいの距離で水面に浮上するかもよく見ておきたい。

ターンの練習

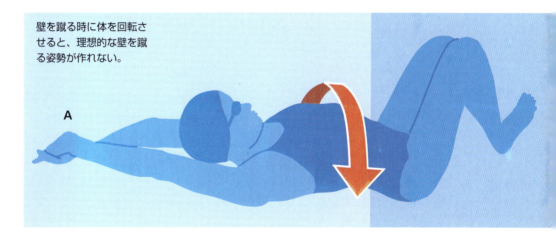

壁を蹴る時に体を回転させると、理想的な壁を蹴る姿勢が作れない。

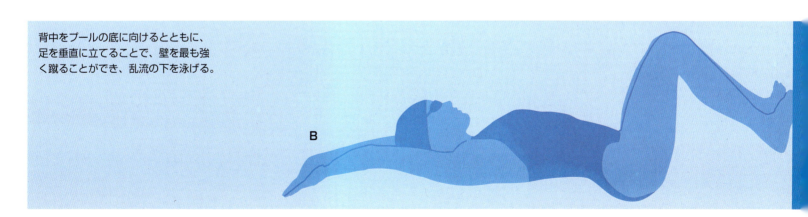

背中をプールの底に向けるとともに、足を垂直に立てることで、壁を最も強く蹴ることができ、乱流の下を泳げる。

　陸上トレーニングでいちばん大切なのは、けがをしないことだ。陸上トレーニングはあくまでプールでの練習の補助手段であることをいつも忘れないようにしたい。陸上でどんなトレーニングを行う場合も、目的は泳ぎの上達にある。水泳界では昔から「練習量は多いほどよい」とされているので、練習量の抑制には戸惑いを感じるかもしれないが、陸上トレーニングはけっしてしすぎてはいけない。安全性とパフォーマンスは相容れないものではなく、むしろ互いに支え合う関係にある。また、陸上トレーニングの計画を立てる時には、水泳選手にさらなる体力の強化は不要ということも覚えておきたい。ここでいう「体力の強化」とは、拍動数が高まる高強度の運動を長時間行うことだ。水泳選手はすでにプールでの練習でたっぷり体力を鍛えているので、陸上トレーニングではオーバートレーニングを避けるため、量を少なくし、休息を十分に取るべきだ。陸上トレーニングにはいろいろな手法があるが、本章で紹介しているポイントは、どんな陸上トレーニングを行う場合にも役立つだろう。

第4章

陸上でのトレーニング

アラン・フィリップス

陸上での筋力トレーニングは水中でのパフォーマンスの向上に直接つながるか？

→ 陸上でトレーニングしたら、速く泳げるようになる？

　スポーツ界で最も激しい論争が繰り広げられていることのひとつが、スイマーの筋力トレーニングだ。効果の有無についてまだ決着がついていないというだけでなく、スイマーの千差万別さも問題を複雑にしている。年齢や、距離や、種目や、けがや、技術や、練習期間や、経験など、トレーニングの成果を大きく変えうる「条件の違い」が水泳にはたくさんある。例えば、長距離の選手と短距離の選手では、筋力トレーニングでめざすことや求められる適応は異なる。

　スイマーが心配する筋力トレーニングの悪影響は次のようなことだ。疲労がたまる、体格が余計に大きくなる、有酸素能力が低下する。筋肉や器官に酸素を送り届ける毛細血管のネットワークが筋力トレーニングのせいで損なわれるのではないかと思っているスイマーも多い。それらの懸念の中で最も実際にありそうなのは、疲れという悪影響だ。練習量を管理していないと、確かにオーバートレーニングに陥ることはある。しかし研究によれば、筋力トレーニングでは体重は増えないことが示されているし、有酸素トレーニングを同時に行っているかぎり、最大酸素摂取量や毛細血管化などの有酸素能力の指標にも、マイナスの影響は出ないことがわかっている[*1]。

　水泳は水中という不安定な環境で行われる種目なので、陸上トレーニングにも不安定な表面で行うトレーニングを取り入れたい。陸上トレーニングの中心にするべきではないが、陸上と水中のギャップを埋め合わせられる。例えば、商業的には「TRXトレーニングシステム」の名で広く知られるサスペンショントレーニングがその方法として効果的だ。特に、ローイングなど、肩後部のエクササイズでは、水泳で繰り返される姿勢や動作による筋力の偏りを矯正したり、水中と同じような動きでコアの筋肉を鍛えたりすることができる。

　これまでの研究結果によると、高強度で回数の少ない反復運動を、長めの休息を取りながら行うのが、水泳に最も役立つ筋力トレーニングのようだ。一般的には、持久力を高めるには2種類以上の反復運動を1セット5-8回で3-5セット、週に2-4回、6-16週続けることが目安として示されている。このような運動でパフォーマンスが向上するのは、神経筋の活性化と筋腱の硬度が増す結果だという[*2]。腱の硬度が増すことは必ずしもスイマーにとってよいことばかりではないが、プラスの効果ももたらしうる。

　研究結果からは、低回数・高負荷のウエイトリフティングには効果があるといえそうだ。また逆に、水泳界に広まっている高回数・低負荷のトレーニングには効果がないという結果も出ている。3種類の反復運動を1セット8-12回行うトレーニングでは、50ヤード（46m）と400ヤード（366m）泳のパフォーマンスに改善は見られなかった[*3]。また、エルゴメーターを使った50秒ワーク、10秒レストの運動を毎回6セット、サーキットトレーニングの中で行ったスイマーと、いっさい有酸素トレーニングを行わなかったスイマーとの間にもパフォーマンスの差は認められなかった。スイマーはプールで持久力のトレーニングをすでにたくさんしているので、陸上トレーニングに有酸素運動を取り入れることはオーバートレーニングのリスクを高める懸念がある。

　どのような方法で取り組むにせよ、スイマーの陸上トレーニングで肝心なのは、自分の能力に合わせて、段階的に難易度を上げることだ。最初は基礎をマスターしなくてはいけない。そのうえで徐々に難易度を上げ、陸上でのパフォーマンスの向上を図るべきだ。

筋力トレーニングが持久力に及ぼす影響	
体重は増えない	運動効率が向上する
毛細血管は減らない	乳酸閾値が向上する
最大酸素摂取量は低下しない	最大速度が向上する
疲労が軽減する	有酸素能力が向上する

トレーニングの目的	負荷 （1 RMに対する百分率）	1セットの 反復回数	セット数	セット間の休憩 （分）
筋力	≥85%	≤6	2–6	2–5
1回のみ発揮するパワー	80–90%	1–2	3–5	2–5
複数回発揮するパワー	75–85%	3–5	3–5	12–53
筋肥大（筋肉量の増大）	67–85%	6–12	3–6	0.5–1.5
筋持久力強化	≤67%	≥12	2–3	≤0.5

▲**運動量の管理** 適切な陸上トレーニングの計画を立てるためには、トレーニングの目的ごとに、筋力とパワーを強化できる運動量を知っておくとよい。水泳向けの筋力トレーニングを行う場合は、「筋力」と「パワー」はここに示した範囲内にしたい。つまり、低回数・高強度が望ましい。筋肥大と筋持久力の上昇をもたらす高回数・低強度のトレーニングは、スイマーには役に立たず、逆にオーバートレーニングを招く恐れがある。運動の回数と強度については、米国ストレングス・アンド・コンディショニング協会（NSCA）が詳しい指針を示している。

▼**少ないほうがよい** 水泳では、陸上トレーニングの効果はそのトレーニングの量を最小限に抑えることで得られる。おそらくほかの競技の選手に比べて、陸上での練習が元々少ないせいだろう。短距離の選手たちの実験では、わずかひとつのエクササイズ（1 RMの90%の負荷を1セット3回で3セット、1 RMの95%の負荷を1セット2回で2セット、1 RMの100%の負荷を1回、1 RMの100%に1 kg足した負荷を1回）で効果が見られた。このトレーニングを週4回、4週間続けただけで、50 mのクロール泳の速度は平均7.3%上昇した[*4]。

▶**スプリントの筋力** 筋力トレーニングにはスプリントのパフォーマンスを著しく高める効果があるようだ。スイマーを実験群とコントロール群に分けて、12週間、筋力トレーニングを行わせたところ、週2回、陸上で瞬発系のトレーニング（1 RMの80-90%の負荷をかける6種類のエクササイズを、それぞれ1セット6回で計3セット）を行った実験群には、50 mスプリントで2.8%の速度の向上が見られた。いっぽうコントロール群（自転車を使った有酸素運動を行った）ではその値は0.9%だった。また水中でワイヤを使ったレジスタンストレーニング（レジスト泳）を行った実験群では、スイマーの速度は2.3%上昇した。3群すべて、実験期間中も通常の練習は続けていた[*5]。

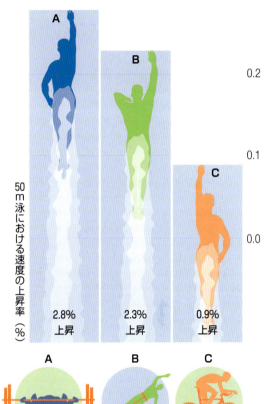

泳速の向上

A 2.8% 上昇
B 2.3% 上昇
C 0.9% 上昇

50 m泳における速度の上昇率（%）

A 陸上で筋力トレーニングを行ったグループ
B プールでレジスタンストレーニングを行ったグループ
C コントロール群

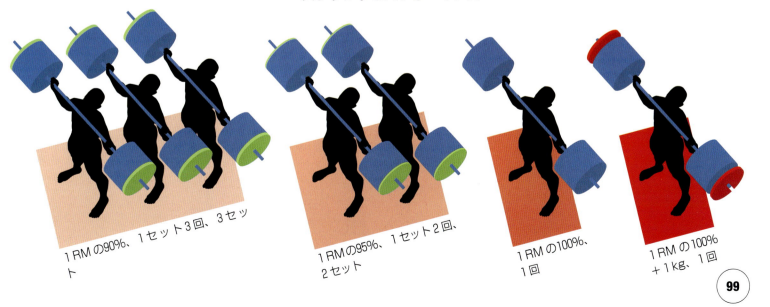

スプリントのパフォーマンス

1 RMの90%、1セット3回、3セット｜1 RMの95%、1セット2回、2セット｜1 RMの100%、1回｜1 RMの100% + 1 kg、1回

陸上でのトレーニングは神経連絡を損ね、水泳のトレーニングの妨げになるか？

> 陸上でトレーニングすると、かえって水泳によくない？

　陸上トレーニングのメニューには、過剰な量をこなして筋持久力を鍛えようとするものが目立つ。しかし定説とは違い、スイマーは水中の練習だけで心肺機能を十分高めており、陸上トレーニングでは本来、スタミナや持久力より、筋力やパワーや可動性などの面に重点を置くほうがいい。

　初級スイマーにさえ、練習時間が多い傾向が見られる。10歳未満の子どもで、1週間に5時間以上プールで練習しているという例が珍しくない。上級スイマーになると、水泳の練習がほとんどフルタイムの仕事と化し、1週間に30時間以上プールでハードな練習をこなしている。水泳以外でこんなに体力面の練習量が多い競技は、自転車、ノルディックスキー、それにボートぐらいしかない。このことからだけでも、心肺機能を鍛える陸上トレーニングは減らすか、あるいはいっさいやめる方向で考えるべきであることがわかる。

　ウエイトトレーニングルームやプールサイドで行う水泳選手の陸上トレーニングには、さまざまな用具を使ったエクササイズもあれば、自重トレーニングのメニューもいろいろあり、実にたくさんの種類がある。複数の種類のエクササイズを連続して次々と行う「サーキットトレーニング」も、広く行われている。自分のパフォーマンスの限界を押し上げるためのトレーニングでは、パワー（仕事率）の最大化のために必要な要素のうち最も鍛えられていない要素に重点を置くことが肝心だ。そうすることで神経と筋肉の適応が大きく進み、パフォーマンスを最大限に高められる[1]。水泳選手は一般に、神経の活性化と筋力発生率（RFD）の面が鍛えられていない。それらの部分を強化するためには、動員される運動単位（運動神経細胞とそれによって活動する筋線維）を最大化できるよう、神経システムを適応させることが必要になる。そのような部分は、心肺機能に負荷をかけながら筋力のトレーニングも同時に行うサーキットトレーニングではなかなか十分に鍛えられない。特定の筋肉から力を引き出すことに神経システムが「集中」できないからだ。幸い、適切な方法でトレーニングをすれば——十分な休息を取りながら、目的に応じた特定のエクササイズを行えば——4-6週間で、トレーニングの効果が出るだろう。

　陸上でのトレーニングが泳ぎに悪い影響を及ぼすかどうかは、計測が難しい。しかし、推奨されている適応の範囲を超えた過度な陸上トレーニングをすれば、期待した効果を得られず、疲れと痛みをもたらすだけに終わることは科学的にわかっている。

パワーを最大にするトレーニングの組み合わせ

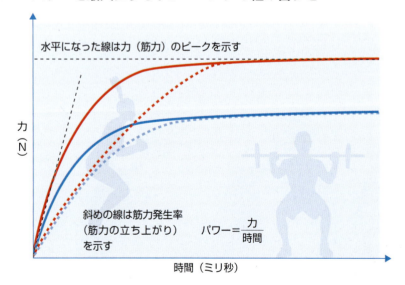

◀ミックス　左図は2種類のトレーニングを組み合わせることで、筋力発生率（RFD）とパワーが最大限に高まることを示したものである。同時により多くの運動単位を働かせるバリスティックトレーニング（「爆発的トレーニング」とも呼ばれる）を行えば、筋肉の立ち上がり方は向上するが、それだけでは力（筋力）のピークは引き上げられない。いっぽう、レジスタンストレーニングは力のピークを引き上げることはできるが、同時にバリスティックトレーニングを行わなければ、RFDは向上しない。したがってパワーの強化には、バリスティックトレーニングとレジスタンストレーニングを組み合わせるのが、最も効果的な方法になる。

基礎知識
筋力発生率（RFD）
RFD は筋線維の収縮速度にもとづく指標で、アスリートの筋力がどれほどすばやく立ち上がるかを示す。RFD が高い選手ほど、さまざまな身体的なパフォーマンスを調べるテストでいい成績を挙げられる。鍛えられたアスリートの場合、レジスタンス運動やバリスティック運動などの無酸素運動のトレーニングによってのみ、RFD を向上させられることがわかっている。

▼**パワーアップ**　たいていのスポーツでは出力（パワー）が大きいほど、パフォーマンスは高まる。水泳も例外ではない。パワーは単位時間あたりの仕事量と定義される。したがって、選手がある負荷に対して最大でどれぐらいの力を加えられるかが筋力で決まるいっぽう、パワーはどれぐらいの速度で力を加えられるかに比例する。水泳では、筋力によって前進のために加えられる力がどの程度の速度で出されるかがパワーということになる。以下に紹介するバリスティックやプライオメトリックス、ウエイトリフティングなど、特定のエクササイズを重点的に行えば、陸上のトレーニングによってこの出力を高められる*1。生み出せるパワーが増せば、おのずとプールでのパフォーマンスも向上する。

パワーを高めるエクササイズ

筋力
パワーは筋力と速度からなるので、筋力を高めることがパワーアップの鍵になる。1RM（最大挙上重量）の 50% から 90% の負荷のレジスタンストレーニングを行うと、最大筋力を大きく高められる*1。

多様さ
アスリートが発揮できる最大出力をできるだけ長期的に高めるためには、レジスタンスとバリスティックの両方のエクササイズを取り入れるなど、さまざまなパワートレーニングの方法を組み合わせるといいと考えられている。

バリスティック
バリスティックトレーニング――例えば、「スクワットジャンプ」、「ベンチプレス・スロー」、「プッシュプレス」など――を行うと、筋力の立ち上がりの速さとパワーを鍛えられる。このトレーニングでは、いっきに負荷を加速させ、すぐに力を抜く。ほかのウエイトトレーニングのようにゆっくり減速させない。バリスティック動作のためには、中枢神経系の協調によって速筋線維を働かせる必要がある。速筋線維は筋肉の成長と強さに直接関わるものであり、この筋線維が働くと筋力発生率は上がる。1RM の 0-50% の負荷を用いることで、複雑な動作時の最大出力を最も効果的に高められることがわかっている。

適応の指標
パワーの最大化には、筋肉量や筋力など、さまざまな神経と筋肉の要素が関係している。選手の最も鍛えられていない要素を見極めて、それを鍛えるのにふさわしい神経と筋肉の適応に重点を置いたトレーニングを行うことで、選手が発揮できるパワーを最大限に高められ、ひいてはパフォーマンスを向上させられる。水泳選手の場合、筋力発生率（パワー）と神経の活性化が鍛えられていないことが多い。

プライオメトリックス
「ジャンプトレーニング」ともいわれるプライオメトリックスでは、短い間隔で最大筋力を発揮させて、パワーを鍛える。例えば、特殊な反復ジャンプを行うプライオメトリックスのドリルでは、筋肉の伸張と短縮が瞬間的に切り替えられる。水泳のトレーニングとして行う場合には、伸張率を水泳時と同じにし、外部抵抗はまったくないか、ほぼない状態にする。

コアトレーニングが
スイマーにもたらす効果は
何か？

腹筋運動すると
泳ぎはよくなる？

　コアトレーニングが水泳に効果があるかどうかは今、盛んに議論されているトピックだ。ただし意見の一致を見ることは永遠にないかもしれない。コアトレーニングは多くの陸上のトレーニングで基本メニューになっているが、効果を認めている学術的な文献は少ない。その理由はいろいろあるが、最も大きいのは「コアトレーニング」という言葉が広い意味を持ち、現場でさまざまな定義で使われていることだ。シットアップ（腹筋）も、メディシンボールのトレーニングも、バランスボードのトレーニングも、古典的なウエイトリフティングも、みんなコアトレーニングのひとつとされている。ほかにもその例はまだまだある。コアトレーニングのエクササイズには幅広い選択肢があるが、いくつかの原則を設け、それにもとづいて自分にふさわしいものを選ぶことは可能だ。

　まずはしないことから考えていくのが、おそらくいちばん簡単だろう。代表的な腹筋運動の「シットアップ」と「クランチ」は、水泳界のコアトレーニングでも最も一般的な運動のひとつだが、陸上トレーニングのメニューからは真っ先に外さなくてはいけない。最近の研究結果では、脊柱を繰り返し曲げる「シットアップ」や「クランチ」は、腰痛のリスクを高めることが判明している。またスイマーにとてもよく見られる猫背の原因にもなりやすい。

　これは絶対に脊柱の屈曲は避けなくてはいけないということではない。実際、最適なターンのためには体を力強く前に曲げることが必要だ。しかしターンは連続して何度も行われる動作ではないので、コアトレーニングの一環でシットアップやクランチを数多く繰り返しても、水泳には直接的な効果はおそらくないだろう。もしコアトレーニングに前への屈曲運動を取り入れるのであれば、従来行われている「シットアップ」や「クランチ」のトレーニングより反復回数を減らして、休憩時間も長くし、負荷を下げるのがいい。

　水泳選手のコアトレーニングでいちばんの基本原則になるのは、泳ぐ動作に関わることをするということだ。例えば、最近の研究で、さまざまなコアトレーニングがスプリント泳のパフォーマンスにそれぞれどういう効果を及ぼすかが調べられている[*1]。何種類ものエクササイズが行われた中で、筋力を多少増加させるとともに、パフォーマンスの向上との間に2％の相関を示したのは、「プランク」と「ストレートアーム・プルダウン」だった。いっぽう、アイソメトリックトレーニングと、不安定面上でのエクササイズにはそれほどの効果は見られなかった。

コアの筋肉

広背筋／脊柱起立筋／外腹斜筋／多裂筋（深層）／腹直筋／大臀筋／中臀筋（ほぼ大臀筋の後ろ）／小臀筋（大臀筋の後ろ）／内腹斜筋（深層）／腹横筋（深層）

コアを強化する運動

プランク（フロントブリッジ）

ストレートアーム・プルダウン

◀▼ **水泳に似た動き** 陸上でコアトレーニングを行うにあたっては、水泳の特性をどれぐらい含んでいるかが重要になる。水泳に効果があることが示されている「プランク」と「ストレートアーム・プルダウン」では[*1]、水泳の時と同じ角度で、同じ体の面に沿って、負荷がコアにかかる。「プランク」を行う時には、一定の時間、水泳と同じストリームライン姿勢を維持しなくてはいけない。同様に「ストレートアーム・プルダウン」でも、水泳のプル動作のように腕を上から下へ動かし、腕で力を生み出しながら、体は矢状面のバランスを保たなくてはならない。コアの筋力を鍛えるエクササイズはこの2つのほかにもたくさんある。水泳の陸上トレーニングとして特に適したものであるかどうかを判断するには、コアの安定と腕の動きという2つの重要な面について、水泳に似た動作がどの程度含まれているかを基準にするといい。

体の断面

矢状面
横断面
冠状面

◀ **コアを鍛える** コアは単なる「腹筋」だけでできているわけではなく、横隔膜、骨盤底筋群、腹横筋、多裂筋、内腹斜筋などの深層筋や、表層の外腹斜筋、腹直筋、広背筋、脊柱起立筋、臀筋など、数多くの筋肉でできている。コアの筋力を──正しい仕方で──鍛えれば、脊柱を守り、腰痛を防げ、バランスや安定や姿勢をよくできる。また、水泳独自の動作の強化にもつながる。

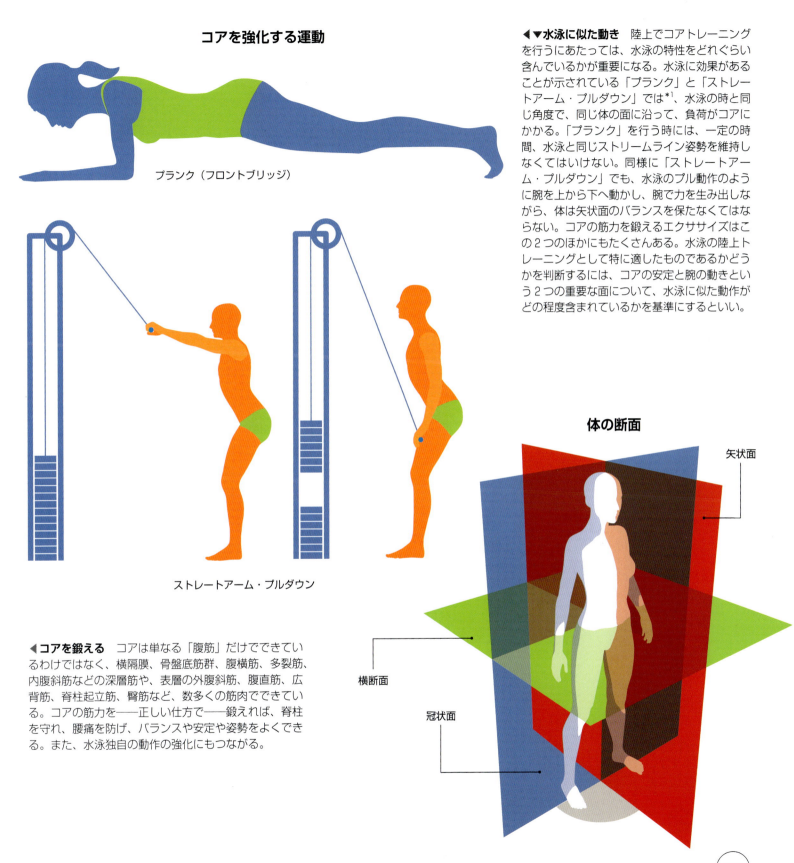

用具 ストレッチコード

トレーニングの道具が次々とハイテク化する現代にあって、ストレッチコードはこれ以上ないほど単純な道具だが、きわめて効果的で、なおかつ使い道もとても幅広い。スイムベンチとは用途が重なる部分が多いが、スイムベンチにはない長所がある。最大の利点は、持ち運びやすさだ。軽くて、小さくたためて、ほとんどどんな場所でも使える。

ストレッチコードは多くのプールサイドやジム、リハビリ施設に置かれており、その使い方はこれまで科学的な根拠にもとづくというより、たいていは慣例にもとづいてきた。ただ、そういう使い方からもそのメカニズムは推測できる。スイマーの陸上トレーニングで最も効果的にストレッチコードを利用するためには、最初に、ストロークサイクルのどの局面に抵抗を付加したいかを考えることが大切だ。4泳法のストロークにはそれぞれ、ストレッチコードが最も効果的に利用できる局面がある。例えば、クロールなら、前腕を垂直に曲げるキャッチ初期、肘を高くするプル、後ろまで掻ききるフィニッシュの3つの局面がそうだ。

ストレッチコードを使う時は、正しい姿勢を保つことがポイントになる。腕の動かし方が合っていても、姿勢が崩れてはトレーニングの目的を果たせない。特に、ストロークと同じ動きをする時に背中が丸まってしまう人が多いので、気をつけたい。前腕の曲げ方と肘の位置を正しくするためには、肘の位置を保って、そこから下がらないようにしながら、床を指さすようなイメージを持つといい。

陸上でのレジスタンストレーニングに使える道具はいくつもあるが、どれにも一長一短がある。例えば、バーベルトレーニングはパワーの面では効果的だが、技術の習得には向かない。いっぽう、ストレッチコードは多様な使い方ができるが、全身のパワーを鍛えるのには物足りない。したがって、それぞれの道具の特徴を最もよく生かせるような仕方で、さまざまな道具を組み合わせて使うことが、自分の求めるトレーニングの成果を上げるためには必要だ。

▼**筋力強化** 肩のトレーニングのポイントは、肩や背中の上部の筋肉をいろいろな運動面（矢状面・冠状面・横断面）の方向に動かすことだ。そうすることで、水中で同じ動きを繰り返す中で生じた肩のアンバランスを改善できる。リハビリ時や、けがをしたことのある選手のトレーニングでは、弱い部分を考慮して、トレーニングのメニューを決める必要がある。ある運動面の動きを多くしたほうがいい選手もいれば、ある方向の動きを少なくしたり、または省いたりしたほうがいい選手もいる。下の絵は、横断面における外転と内転運動の例だ。

肩の筋力

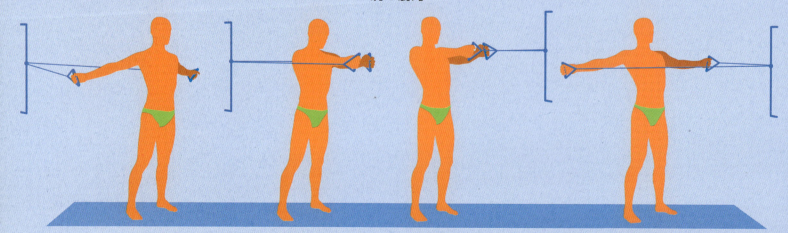

ストレッチコードのタイプ

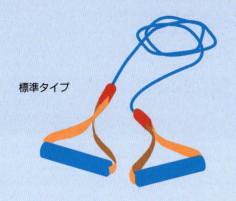

標準タイプ

パドル付きタイプ

◀▶水泳向け 標準タイプでは両端にグリップが付いているが、水泳時の手と腕の位置や動作を正しく再現できるよう、グリップの代わりにパドルが付いているものもある。

年少者の筋力トレーニング

◀▼どこでも筋トレ ストレッチコードは筋力トレーニングにも使える。10代半ばより上のジュニアや大人には負荷が足りないかもしれないが、年少者には最初の筋力トレーニング種目として、陸上トレーニングに取り入れ、基本的な筋力のメカニズムを教えるのにちょうどいい。最も手軽に行えるエクササイズは「ローイング」などだ。

壁に固定されているポールなどにストレッチコードをくぐらせて、引っかけ、「ローイング」などのレジスタンストレーニングを行う。

▼陸上ストローク 陸上ストローク練習はストレッチコードの有効な使い方のひとつだ。水中では難しいいくつかの主要な動作を陸上で再現できる。例えば、肘を高くしたまま、前腕を垂直に曲げるキャッチの動作は、陸上でストレッチコードの助けを借りて行えば、水中よりもはるかに容易になる。そのほかにクロールのフィニッシュも、陸上で再現できる動作だ。指導者からのフィードバックも水中より得やすい。

ストレッチコードにはいろいろな強度のものがあるので、使い分けることで負荷を変えられる。また引き伸ばす距離を長くしても、負荷は強まる。

ストロークの練習

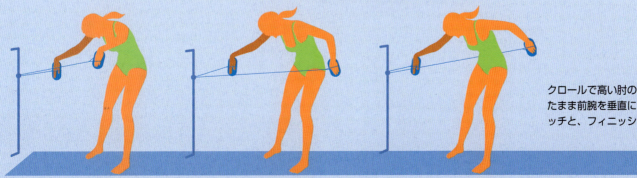

クロールで高い肘の位置を保ったまま前腕を垂直に曲げるキャッチと、フィニッシュの練習。

陸上でのプライオメトリックスは水中でのパフォーマンスを高めるか？

ジャンプや敏捷さのトレーニングをしたら、泳ぎはもっとよくなる？

プライオメトリックトレーニングは、筋肉を瞬間的に最大の力で収縮させて、「爆発的」なすばやい動作を行うトレーニングだ。エクササイズとしては、ジャンプやスプリント、敏捷性ドリルなどを行うことが多く、水泳の陸上トレーニングにもよく取り入れられている。泳ぎに直接的な効果があるかどうかははっきりしないが、そのようなエクササイズをすることでスタートとターンを強化できると考える根拠はある。例えば、思春期の選手を対象にした研究では、スタート時の飛び込みそのものの能力に変化は見られなかったいっぽうで、5.5m地点までのタイムは向上した[*1]。しかし、別の研究では、プライオメトリックトレーニングを実施したスイマーと、プールでの練習だけを行ったスイマーを比較したところ、パフォーマンスに差は現れなかった[*2]。常識的には、プライオメトリックスの泳ぎへの直接的な効果は薄いと考えられる。鍛えられる動作――ジャンプなど――が水泳の動作とはあまり関係がないからだ。それでもグライドやストロークの速度が上がることを示した研究もある[*3]。

水泳への直接的な効果は定かではないにしても、プライオメトリックトレーニングで運動能力全般（跳躍力、瞬発力、持久力、敏捷性など）が高まることと、けがのリスクが下がること、ひいてはほかの陸上トレーニングに耐える能力が上がることは確かだ。したがってプライオメトリックトレーニングには、短期的には実感できないが、水泳のパフォーマンスを向上させる間接的な効果があるとはいえそうだ。

プライオメトリックトレーニングの効果は、週2-3回のセッションを続けた場合、8週間以内に現れる。体への負担が大きいトレーニングなので、セット間に適切な回復の時間を設けることが不可欠になる。最低でもワークとレストの比率は1：10にしたい。特にコンディションが万全でなく、着地の衝撃を何度も繰り返し受けることに不安がある場合は注意を要する。また、回復の時間を長く取ると、活動中の筋肉の神経駆動を増やすことができる。水泳とは違う動作のエクササイズでグライドとストロークの速度が上がるのは、おそらくそのせいだろう[*3]。

筋肉の伸縮サイクル

▶**反射** プライオメトリック運動の土台になっているのは筋肉の伸張と短縮のサイクルだ。プライオメトリック運動では、伸張性収縮で筋腱がすばやく伸びる時の弾性エネルギーと、伸張反射で増える神経駆動の両方を使って、そのあとの短縮性収縮で生み出される力を最大化する。そのように力学的なメカニズムと神経生理学的なメカニズムを組み合わせることで、「スクワットジャンプ」などのプライオメトリック運動では、瞬時にたくさんの筋肉を活動させることが可能になる。プライオメトリックトレーニングには、次のような数々の生理的な適応を引き出す効果があることがわかっている。筋肉量の増加、筋力の強化、骨密度の増加、筋動作の効率を高める腱硬度の上昇とエネルギー散逸の減少、そして――おそらく最も重要な――主動筋の神経駆動の増加だ。

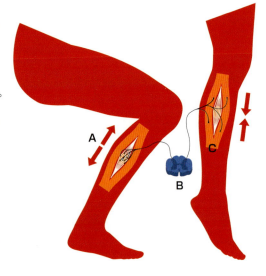

（A）伸張性収縮（エキセントリック収縮）局面
アスリートが腰を落として、ふくらはぎと腿の主動筋群が伸びる局面。弾性エネルギーが蓄えられて、筋紡錘が刺激され、伸張反射の一部として感覚ニューロンに神経インパルスが発生する。

（B）移行局面
伸張性収縮局面から短縮性局面へのすばやい移行が行われる局面。この局面で、感覚ニューロンの神経インパルスが脊髄のシナプスを通じて、運動ニューロンに伝わる。

（C）短縮性収縮（コンセントリック収縮）局面
地面を蹴って、上体が上方に持ち上げられる局面。アスリートの足が地面を離れるまで続く。運動ニューロンが主動筋の筋繊維を刺激して、すばやい収縮を引き起こす（神経生理学的メカニズム）とともに、弾性エネルギーが放出される（力学的メカニズム）。

最後にひとつ指摘しておくと、水泳選手のプライオメトリックトレーニングの効果を調べた研究の多くでは、コントロール群にほかの陸上トレーニングを行わせていない。もっと現実的な研究にするには、プライオメトリックトレーニングとほかの陸上トレーニングを比べるべきだし、複数のトレーニング方法の相互作用も調べるべきだろう。また、専門家によるこの分野の研究はたいてい、さまざまなレベルの思春期のスイマーを対象に行われていて、研究対象の年齢層の幅が狭い。

▼**ジャンプの効果** プライオメトリックトレーニングがクロール泳にどういう効果をもたらすかを調べた研究がある[*3]。その研究では、14歳のスイマーをコントロール群と実験群に分けて、水泳の練習を週5.5時間、6週間行わせた。実験群にはそれに加え、週2回、練習前に「スクワットジャンプ」と「カウンタームーブメントジャンプ」（下参照）を含むプライオメトリックトレーニングも課した。その結果、実験群の50mと400mのクロール泳の速度には、コントロール群との比較でわずかながら有意な向上が見られた。また、ジャンプ力の向上と50m泳の速度の向上の間にも有意な相関関係があった。この結果からは、プライオメトリックトレーニングには水泳のパフォーマンスを高める効果があるといえる。

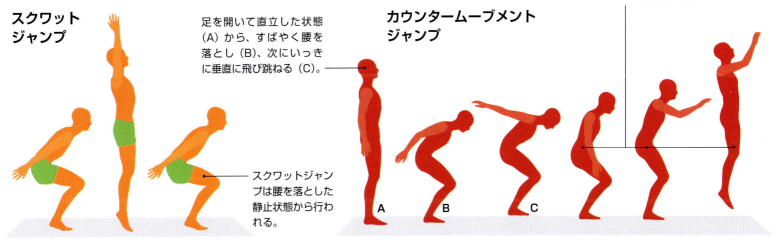

スクワットジャンプ
足を開いて直立した状態（A）から、すばやく腰を落とし（B）、次にいっきに垂直に飛び跳ねる（C）。
スクワットジャンプは腰を落とした静止状態から行われる。

カウンタームーブメントジャンプ
このジャンプでは短時間、主動筋と腱に前負荷がかかってから、筋肉の収縮が起こる。その分、スクワットジャンプよりもプライオメトリックの動作が大きい。

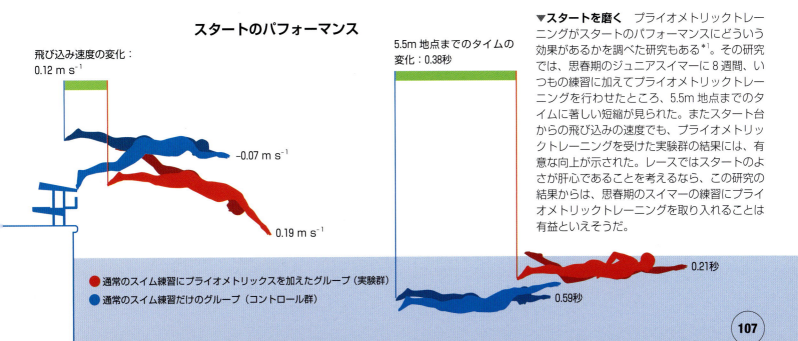

スタートのパフォーマンス

飛び込み速度の変化：0.12 m s^{-1}
-0.07 m s^{-1}
0.19 m s^{-1}

5.5m地点までのタイムの変化：0.38秒
0.21秒
0.59秒

● 通常のスイム練習にプライオメトリックスを加えたグループ（実験群）
● 通常のスイム練習だけのグループ（コントロール群）

▼**スタートを磨く** プライオメトリックトレーニングがスタートのパフォーマンスにどういう効果があるかを調べた研究もある[*1]。その研究では、思春期のジュニアスイマーに8週間、いつもの練習に加えてプライオメトリックトレーニングを行わせたところ、5.5m地点までのタイムに著しい短縮が見られた。またスタート台からの飛び込みの速度でも、プライオメトリックトレーニングを受けた実験群の結果には、有意な向上が示された。レースではスタートのよさが肝心であることを考えるなら、この研究の結果からは、思春期のスイマーの練習にプライオメトリックトレーニングを取り入れることは有益といえそうだ。

レジスタンストレーニングは子どもの成長に悪影響を及ぼすか？

筋トレは何歳から始められる？

レジスタンストレーニングには、体に抵抗（レジスタンス）をかける運動がすべて含まれる。ウエイトトレーニングの各種目はもちろんそうだが、自分の体重（自重）を使うだけでも抵抗を与えられる。腕立て伏せと懸垂などは自重によるレジスタンス運動の例だ。そういう自重を使ったレジスタンストレーニングは安全なだけでなく、子ども——スポーツをしている子も、そうでない子も——の体の健全な発達に必要だということは、ほぼ誰もが認めている。ふつうに駆け回って遊ぶだけでも、子どもたちはレジスタンストレーニングをしていることになる。

子どもたちの水泳の練習メニューには必ずといっていいほど自重トレーニングが取り入れられている。これは正しいことだ。負荷の大きい高校や大学の陸上トレーニングで初めてレジスタンストレーニングを経験するということにならないよう、小さいうちからレジスタンストレーニングに慣れておいたほうがいい。陸上トレーニングが水泳のパフォーマンスに直接効果があるかどうかはまだはっきりしていないが、子どものうちはどちらにしてもパフォーマンスは優先事項ではない。けがをしないことと、将来のために基礎を固めることが何より大切だ。設備がなくて、自重トレーニングしかできないとしても、ほかの子どもたちより不利なのではないかと心配する必要はまったくない。

問題は小さい子どもに自重以外の負荷を用いたトレーニングを行わせるべきかどうかだ。一般に、ウエイトトレーニングは子どもの体の成長を妨げると考えられているが、それには科学的な根拠があるわけではない[*1,2]。間違ったトレーニングの仕方をすれば、筋骨格を損傷する恐れがあるが、正しい仕方で行われたウエイトトレーニングによってけがをしたり、成長が妨げられたりするという証拠はない。むしろさまざまな事実には、適切なレジスタンストレーニングは年少の選手たちに数々のいい影響をもたらすことが示されている。例えば、体組成の改善、健全な自信の獲得、社会性を育む機会の増加、筋肉の発達、パワーの向上、競技者としての自覚、けがの予防などだ。さらに、まだ議論に決着はついていないが、レジスタンストレーニングによって水泳のパフォーマンスが高まることを示す研究結果もいくつか出ている[*3]。

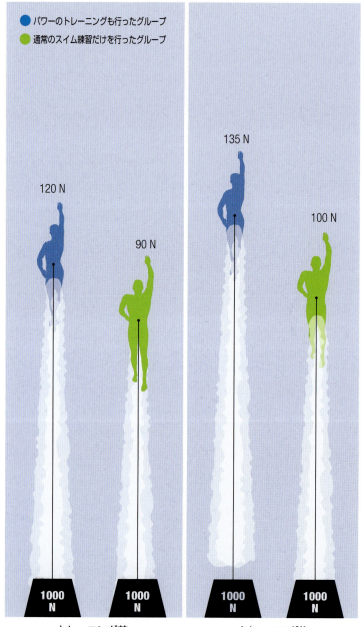

負荷泳テスト

- パワーのトレーニングも行ったグループ
- 通常のスイム練習だけを行ったグループ

トレーニング前 / トレーニング後

5-12歳のレジスタンストレーニング

◀▼ **始める年齢** 一概に何歳からレジスタンストレーニングを始めるべきだとはいえないが、目安はいくつかある。幼児期の子どもたちは基本的な運動の技能を身につけながら、動作の協調に必要な神経と筋肉の結びつきを築いている。この時期には単純なエクササイズが望ましい。運動を楽しく、社会的な経験を積めるものにすることが肝心だ。ふつうは5歳が、レジスタンストレーニングを始めていい最も早い年齢だと考えられている。この時期のレジスタンストレーニングは腕立て伏せや雲梯など、自重のものだけにしなくてはいけない。動作に抵抗（レジスタンス）がかかるものであれば、ふだんの遊びでも十分だ。「ベンチプレス」など器具を使った本格的なウエイトトレーニングはもっと将来に残しておいたほうがいいだろう。大事なのは、それぞれの子どもの発達の段階を踏まえることだ。同じ年齢の子どもであっても、身体的、精神的な成長段階はまったく違うことがある。12歳で本式のウエイトトレーニングを始められる子もいれば、12歳ではまだ自重トレーニングだけにしておいたほうが安全な子もいる。不安がある場合は、焦らず、慎重すぎるぐらいの選択をしたほうがいい。活躍している選手の中には思春期にウエイトトレーニングをしなかった選手もおおぜいいる。

13-20歳のレジスタンストレーニング

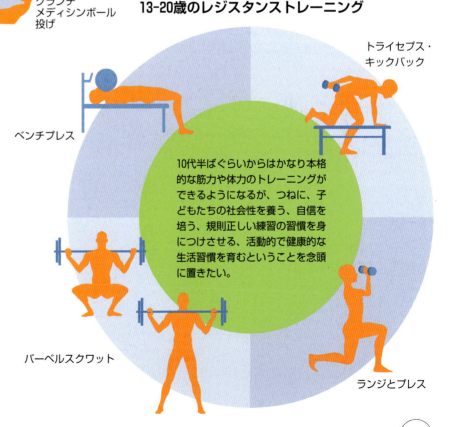

◀ **負荷泳** レジスタンストレーニングが水泳のパフォーマンスを高めることを示す強力な証拠は見つかっていないが、ジュニアスイマーを対象にしたある研究では、パワーのトレーニングも行った実験群と、水泳の練習だけを行ったコントロール群を比較したところ、実験群には6週間のトレーニング後、前進を伴わない負荷泳の推進力に統計的に有意な向上が見られたいっぽうで、コントロール群にはそれが見られなかった[*3]（前進を伴わない負荷泳の推進力の測定は、4個のひずみゲージのついた1000Nの負荷と被験者を市販のゴムチューブでつなぐことで行われた。測定時間は10秒）。

現場の科学　陸上のパフォーマンスを計測する

現代はスポーツ科学にもとづいた計測の時代だ。あらゆる生体力学的、生理学的な出力が計測されている。残念ながら、水泳はこの面でほかのスポーツに遅れを取っている。理由は計測機器に防水対策を施そうとすると余計にコストがかかるという単純な理由だ。それでも、陸上のテクノロジーはスイマーにもスイマー以外にも等しく利用できる。それらのテクノロジーを使って計測されることは、体調、筋出力、技術の3つに分けられる。

スイマーの体調を知るには、単純にその様子を観察するという方法がある。疲れている感じはないか？　急激に痩せてはいないか？　そのほか、なんらかの異常はないか？　陸上トレーニングでは、そういう選手の観察がプールの練習の時よりもしやすくなる。またもうひとつ、同じようにとても簡単な体調の計測方法として、質問調査もある。筆記または口頭でスイマーに質問をするだけの方法だ。もっと詳しく体調を知るには、血液検査という方法がある。血液検査からはスイマーのさまざまな生体指標を監視するうえできわめて有益なデータが得られる。

これまで陸上での筋出力を計測する時には、それぞれの種目のおもな目標が尺度にされてきた。例えば、どれほど重いものを持ち上げられるかとか、どれほど高く跳べるかというようにだ。最近はフォース・プレートや筋電図（p174-175）、バー・スピード・トラッカーなどの計測装置が登場し、今までよりも運動のパフォーマンスを深く分析できるようになった。フォース・プレートはふつう衝撃の強い運動に使われるが、止まったままのウエイトトレーニングでも、アスリートの力が地面にどのように加わっているかを計測するために使われる。スイマーは陸上では勝手がわからず戸惑うことも多いが、フォース・プレートのデータは陸上のトレーニングに早く慣れるのに役立つ。筋電図には、どの筋肉がどれぐらい活動しているかが示される。バー・スピード・トラッカーは、バーベルを持ち上げるエクササイズの時、バーベルの速度を測るのに用いられる。

陸上での技術を計測するのに最もよく使われているのは、ビデオカメラだ。最近のビデオカメラはかつてとは比べものにならないほど簡単に持ち運びができる。多くのアスリートはビデオ映像を見ると、たいていウエイトを持ち上げる自分の技術がいかに拙いかを思い知らされる。陸上でのウエイトトレーニングに慣れていない水泳選手の場合は特にそうだ。3次元動作解析を使えば、体の部位ごとに技術を分割でき、さらに詳しいフィードバックを得られる。

▶陸上トレーニング　フランスのアルプスにあるヴァル＝ディゼールでダンベルを使ったトレーニングに励むフランスの競泳選手ロール・マナドゥ。トレーニングがハードなことに変わりはないが、テクノロジーの利用で努力の見返りを大きくできる。

イメージトレーニングは神経回路網の発達を促すか？

頭の中でいい泳ぎを思い描くだけで上達できる？

　水泳のパフォーマンスに新しい地平を開くものとして期待されるのが、メンタルトレーニングだ。多くの人はメンタルトレーニングというと、厳しい練習や試合日程に耐え抜く精神的なタフさを鍛える手法と思っているが、それだけに留まるものではない。メンタルトレーニングはこれまで陸上トレーニングに取り入れるべきものとは認識されてこなかったが、プールの中でも外でも、身体的なトレーニングを補うきわめて効果的な手段になる可能性を持っている[1,2]。

　正しい動作をするためには、まず脳にその意図がなくてはならない。決まりきったことを繰り返す水泳の練習では、自分の思考をコントロールする能力が無視されやすい。しかし自分の意図する動きを意識的に考えたり、思い描いたりすることは、水泳の多くの場面できわめて重要だ。例えば、試合前にストロークの動きやレースの展開をあらかじめイメージするのとしないのとでは結果が大きく違ってくる。また、疲れた時に正しい技術を保つのにも、イメージは役立つ。正しいフォームを鮮明に思い描くことで、身体的な疲労によってフォームが崩れるのを防げる[3]。さらには、前十字靱帯のけがの治療中など、練習ができない時に神経回路を維持するうえでもイメージは有効だ。体を物理的に動かせなくても、イメージトレーニングで神経システムがプールへの復帰に備えていれば、最小限の後退でいつもの練習を再開できる。

　メンタルトレーニングで神経に変化が生じることは科学的な事実だ。競泳選手を対象にした研究でも、動作のイメージを思い描くだけで神経伝達物質の放出が増えることが示されている[4]。このことに秘められた可能性は計りしれないほど大きい。練習の成果を高められるというだけではなく、身体的な練習の代わりに頭の中で想像上の練習を行うことで、オーバートレーニングを防ぐこともできるかもしれない。つまり想像力を利用した、体を疲れさせない新しい練習方法が開発できるかもしれない。まだ、イメージトレーニングが神経システムのオーバートレーニングを招くのではないかという懸念が残っているが、現在のところ、その点についてはまったく研究が進んでいない。どちらにしても、最良の成果を上げるためには、想像による練習と身体による練習を組み合わせるべきであることは確かだ。実際に体を使って練習していないことをメンタルトレーニングだけで学ぶことはできない。しかしイメージを思い描くトレーニングを行えば、練習の質を高めて、プールで費やす時間をより有効なものにできる。

イメージトレーニングの効果

1000ヤード（914m）のタイム

被験者1	被験者2	被験者3	被験者4
631.5 / 630.9	729.4 / 685.8	756.5 / 747.2	781.0 / 767.0

● イメージトレーニング前
● イメージトレーニング後

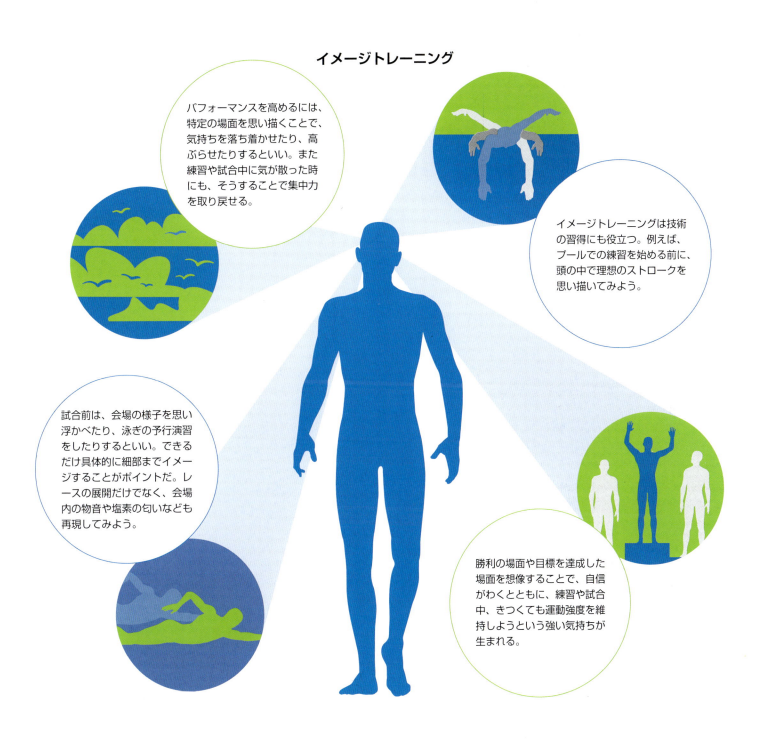

イメージトレーニング

パフォーマンスを高めるには、特定の場面を思い描くことで、気持ちを落ち着かせたり、高ぶらせたりするといい。また練習や試合中に気が散った時にも、そうすることで集中力を取り戻せる。

イメージトレーニングは技術の習得にも役立つ。例えば、プールでの練習を始める前に、頭の中で理想のストロークを思い描いてみよう。

試合前は、会場の様子を思い浮かべたり、泳ぎの予行演習をしたりするといい。できるだけ具体的に細部までイメージすることがポイントだ。レースの展開だけでなく、会場内の物音や塩素の匂いなども再現してみよう。

勝利の場面や目標を達成した場面を想像することで、自信がわくとともに、練習や試合中、きつくても運動強度を維持しようという強い気持ちが生まれる。

◀ **イメージの力** 想像には水泳のパフォーマンスを高める効果が確かにあるようだ。ある研究で、15週間にわたるシーズン前の練習期間中、4人の選手の1000ヤード（914m）のタイムが集計された[*2]。5週目から3週間は、練習にイメージトレーニングも取り入れられた。その結果、4人中3人の選手のタイムに、イメージトレーニング後、有意な向上が見られた。

▲ **想像するだけでいい** イメージトレーニングは成功をありありと思い描くだけのものではない。神経活動の予行演習をすることを通じて、実際のパフォーマンスを向上させる効果もある。水泳の大会では自分のレースまでに長い待ち時間があることがある。したがって集中力を維持するためにはメンタルな準備が欠かせない。特に試合で実力を発揮するのが苦手な選手にはそういうメンタルの準備が必要だ。また試合中の「不測の事態」に備えるのにも想像は役に立つ。試合前にあらかじめいろいろな場面を思い描いて、心の中で予行演習をしておけば、慌てずにすむ。

どういう柔軟性トレーニングをすれば、水泳で使う部位の可動域を最も広げられるか？

泳ぎのためにはどんなストレッチをすればいいの？

柔軟性トレーニングは目的に応じて行う必要がある。それぞれのスポーツに合わせ、ひとりひとりに適したものにしなくては効果がない。スイマーの場合には、水泳に必要な動作ができるよう、体の各部位の可動域を広げるために柔軟性トレーニングは行われる。したがって、腰、肩、胸椎、足首の関節の可動域を対象にしたエクササイズが中心になる。水泳ではそれらの部分の柔軟性が最も重要だからだ。柔軟性トレーニングはさまざまな種類のエクササイズで行うことができる。ストレッチは数ある柔軟性を高める方法のひとつにすぎない。

ストレッチには動的なものと静的なものがある。動的なストレッチとは、腕を回したり、脚を振ったりするエクササイズだ。それらのエクササイズでは筋肉と関節はひとつの位置に固定されず、一定の範囲内をフルに動かされる。練習前のウォームアップではふつう、この動的ストレッチを行う。動的ストレッチにはコアの体温を上げられるという効果のほかに、おもな動作を前もってするという意味もある。例えば、ストロークで使われる可動域いっぱいに肩を安全に動かせるよう、肩が回される。静的ストレッチでは筋肉や関節がほぼ最大限に伸ばされ、一定時間、その状態が保たれる。可動域を広げる効果があるストレッチだが、どんな時にも行っていいわけではない。例えば、ウォームアップの時には、静的ストレッチは望ましくない。運動前に静的ストレッチを行うと、筋力の出力が減ることが研究でわかっている。逆に、泳いだあと、まだ体が温まっているうちに静的ストレッチを行えば、柔軟性が高まり、けがの予防になる。静的ストレッチには練習後の体をクールダウンさせる効果もある。静的ストレッチでは20-60秒、伸ばした状態をキープすることがポイントだ。ただしそれ以上続けても効果は増さない。特定の部位のストレッチではないが、フォームローラーを使った筋膜ストレッチも、パワーを落とさずに柔軟性を改善するのに役立つ[*1]。

柔軟性トレーニングは広く推奨されている一般的なトレーニングだが、過去にけがをしている部位や身体的な特徴には十分注意しなくてはいけない。例えば、関節の可動域が異常に広く、膝や肘が後ろ側にも曲がってしまう関節過可動症の人がいる。関節過可動症のスイマーは肩にぐらつきが見られることが多く、ストレッチをすると、肩をさらに不安定にする恐れがある。そういう場合には、肩を安定させる筋力トレーニングに重点を置き、柔軟性はむしろ減らしたほうがいいだろう。関節の緩さとスイマーの肩の痛みには相関関係があることも示されている[*2]。

動的ストレッチ（練習前）

静的ストレッチ（練習後）

◀ **練習前後のストレッチ** 一般に、練習や試合前は動的ストレッチを行い、練習後は（もし行うなら）静的ストレッチを中心に行うことが推奨されている。スイマーの場合は肩、背中の上部、腰、足首の柔軟性に力点を置くといい。ただし、必ずそれぞれの体の特徴や状態を踏まえることが大切だ。

肩の内旋　　複合動的ストレッチ——肩の伸展と腰、膝、足首の屈曲

脚のストレッチ　　肩と背中の上部のストレッチ

肩の内旋の強化

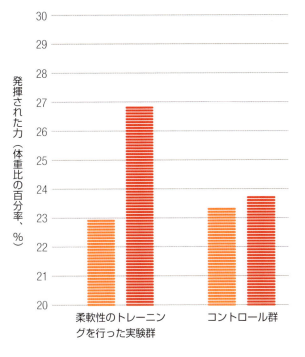
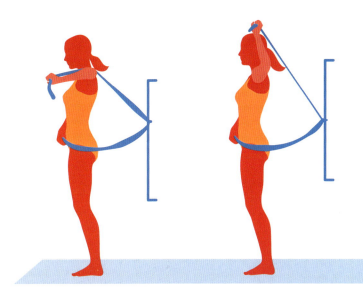

肩の伸展の強化

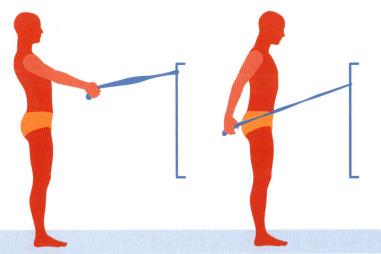
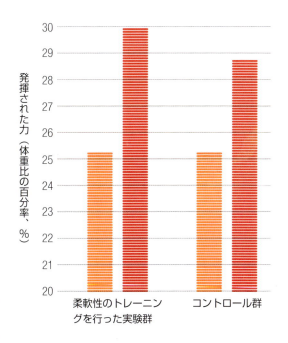

トレーニング前
トレーニング後

▲**柔軟性と筋力** ストレッチが水泳のパフォーマンスに及ぼす効果については数多くの研究が行われている。競技志向のスイマーを対象にした最近のある研究では、44人の大学生スイマーを被験者として、6週間の筋力トレーニングとストレッチが肩の筋力に及ぼす効果が調べられた[*3]。筋力トレーニングとストレッチは同じではないが、肩関節を安定させるローテーターカフ（回旋筋腱板）の筋力を強化すると柔軟性が高まると考えられることから、この研究では両方のエクササイズが取り入れられた。被験者は実験群とコントロール群に分けられ、実験群のスイマーは週3回、6週間、レジスタンスチューブを使った筋力トレーニングとストレッチを行った。その結果、多くの項目ではわずかな改善しか見られなかったが、肩の伸展と肩の内旋には有意な向上が見られた。

スイムベンチを使った陸上でのストロークの練習は水中での運動学習を促進するか？

→ スイムベンチを使って、陸上でもストロークの練習をするべき？

　スイムベンチは効果的な補助練習として定評があり、数多くのチームで陸上トレーニングの中心種目として取り入れられている。プールでの練習時間が限られているチームにとって、実際の泳ぎに近い動作を練習できるスイムベンチはとても便利だ。また水中ではなかなかすぐにはできない動作を学ぶこともできる。

　初心者の場合、プールでのチーム練習の時とは違って、コーチからその場ですぐにフィードバックを得られることが、スイムベンチの利点だ。正しいストロークの動作の中には、水泳に慣れていない人にはかなり不自然に感じられる関節の動かし方も含まれる。適切な使い方をすれば、スイムベンチによって学習プロセスを速め、プールでの練習時間をより有効なものにできる。中級以上のスイマーにとっては、スイムベンチを使う最大の利点は、水中よりも泳ぎの技術を磨く練習がしやすいことだ。またスイムベンチの練習で筋力が鍛えられることにより、苦しい局面でも正しいストロークを維持しやすくなるという効果もある。

　ただしそのような利点のいっぽうで、オーバートレーニングを招くリスクもある。スイマーはすでに毎週、とても長い距離を泳いでいる。そこへ陸上のスイムベンチの練習が加わったら、疲れのせいで練習の効率はかえって下がってしまう恐れがある。心肺機能にかかる負担は実際に泳ぐ時より少なくても、筋骨格には泳ぐ時と同等の負担がかかる[*1]。また、筋肉のアンバランスがある場合、矯正のためのエクササイズを別に行わないと、そのアンバランスが残ってしまうことにも注意したい[*2]。

　また、スイムベンチでの腕の動きは水中での動きにそっくりに見えるが、実際のストロークには、水中で適切なバランスや向きを維持するための目には見えない微調整がたくさん含まれている。加えて、スイムベンチはおもに腕の動きを練習するものではあるが、スイムベンチで練習する時の胴と下半身の状態は、水中とはまったく違う。水中で実際にクロールで泳ぐ時は、胴が目に見えて回転し、下半身がはっきりとバランスを取ったり、推進力を生み出したりする。しかしスイムベンチでは胴と下半身はベルトで固定され、等尺性収縮（アイソメトリック収縮）の状態に置かれる。

スイムベンチの長短
スイムベンチはたいへん効果的な練習法だが、注意するべき点もある。

利点	欠点
・コーチからアドバイスを受けやすい。	・オーバートレーニングを招くリスクがある。
・ストロークの特定の動作の練習ができる。	・水中と違い、胴と脚が固定されている。
・初心者が水を怖がらずに基本動作を学べる。	・水中で行われる微調整は練習できない。
・トレーニングの量を増やせる。	・矯正のトレーニングを別に行わないと、筋肉のアンバランスが残る。

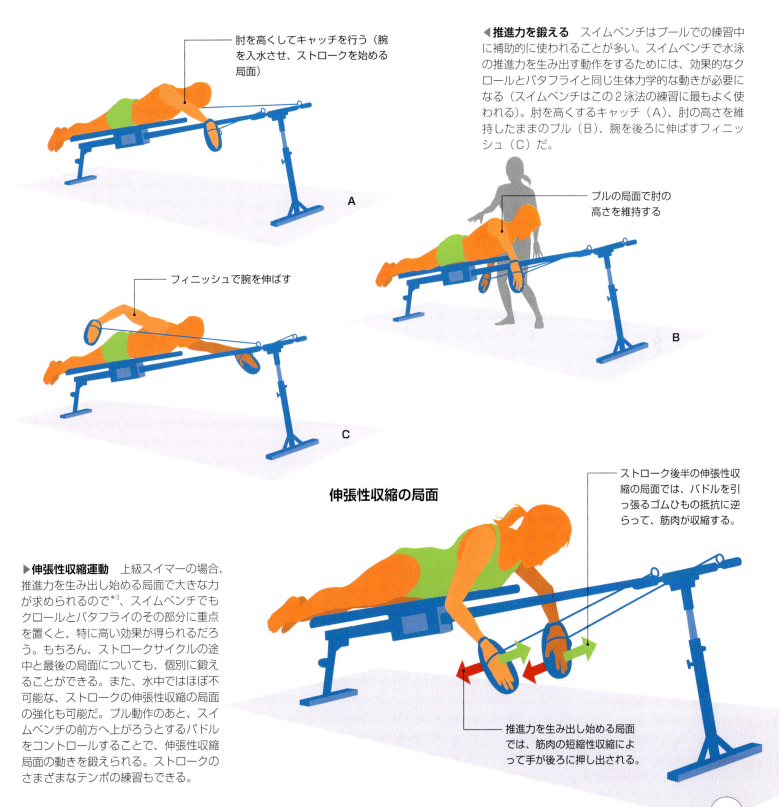

陸上で動的なウォームアップをする必要はあるか？

プールに入る前にウォームアップしたほうがいい？

スイマーは水中と陸上のどちらでもウォームアップを行える。一般的な練習メニューではたいていメイン練習の前にプールでのウォームアップが組まれているが、ウォームアップのほとんどを陸上ですませることも珍しくない。例えば、試合会場の練習用プールが混み合っていて、ぶつかりやすい場合は、陸上でウォームアップをすることになる。また、プールでウォームアップを行って、自分のレースまで長く時間が空くことがある。そういう時に体を温めて、緊張を解くためには、やはり陸上でのウォームアップしか選択肢がない。研究では、水中でのウォームアップからレースまでの待ち時間が10-15分程度であれば影響はないが、45分以上になると、パフォーマンスに悪影響が出ることが示されている[1,2]。待ち時間に陸上で行うウォームアップにどういう効果があるかについての本格的な研究はまだないが、悪影響が出る時間を遅らせる効果はあるだろう。

ウォームアップはできるだけ毎回同じルーティーンで行うのが理想だが、実際には状況しだいで大きく変えなくてはいけないことも多い。レース前の最適なウォームアップは練習時に最適なウォームアップとは必ずしも同じではない。練習では、コーチによってはウォームアップとメイン練習を区切らず、ウォームアップを続けながら少しずつメイン練習へ入る場合がある。しかし、ウォームアップの泳ぎは雑になりがちなので、悪い癖を強める原因になると考えるコーチもいる。そう考えるコーチは水中のウォームアップの一部を省略し、その分のエクササイズを陸上で行うこともある。ウォームアップの目的のひとつは単純にコアの体温を上げることなので、水泳独自の動作とは関係がなく、陸上の運動でも十分に果たせる。陸上で体温を上げておけば、水中でのウォームアップはもっと泳ぎの動作そのものにあてられる。

陸上のウォームアップが水泳選手にとって有益である理由はもうひとつある。それは水泳のレースが陸上で始まるということだ。レースに勝つには力強いスタートが欠かせない。特に短距離種目ではそうだ。したがってウォームアップもそれに合わせたものにする必要がある。そこで役に立つのが「活動後増強」と呼ばれる現象だ。前もってなんらかの動作で筋力を発揮しておくと、パフォーマンスが高まるという現象だ。

例えば、事前に「カウンタームーブメントジャンプ」を行うことで、水泳のスタートのパフォーマンスが高まることが研究で明らかになっている[3]。ただしこれは練習で十分に試してから、本番のウォームアップに取り入れたい。負荷が大きすぎると、痛みが出たり、パフォーマンスが損なわれたりしかねない。ほかのあらゆるウォームアップと同じように、各スイマーに合ったちょうどいい運動強度を見つけることが大切だ。

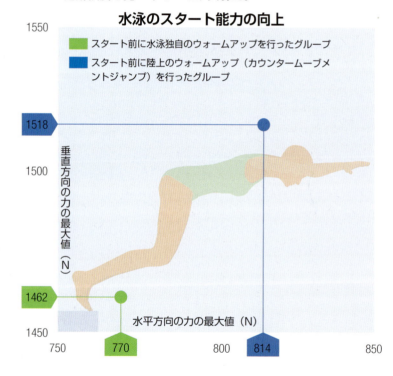

▲ジャンプで準備　「活動後増強」と呼ばれる現象を利用し、なんらかの動作によって筋肉を「臨戦態勢」にしておくと、実際のパフォーマンスを高めることができる。例えば、ある研究では、「カウンタームーブメントジャンプ」（p106-107参照）を含むウォームアップを行ったグループと、水泳独自のウォームアップを行ったグループのスタートのパフォーマンスを比較したところ、ウォームアップとスタートの間に十分な回復時間（約8分）を取るかぎり、前者のグループには水平方向の力にも、垂直方向の力にも有意な向上が見られた[4]。

陸上でのウォームアップ

コアのウォームアップ 軽い運動でコアの体温を上げる。例えば、ジャンピングジャック、足踏み、エアロバイクなど。

運動制御（モーター・コントロール） 運動制御のエクササイズを行う。例えば、軽めのレジスタンスチューブを使って、キャッチやプルの動作をする。

プライオメトリック運動 例えば、高強度のジャンプと着地、メディシンボールを使ったエクササイズ。

動的柔軟性ストレッチ 例えば、アーム・サークルやレッグ・スイング、ランニングのドリルなど。

▲ウォームアップの目的 ウォームアップには次のような目的がある。コアの体温を上げる。動作のパターンを予行演習する。精神面の準備をする。激しい練習やレースで受ける衝撃を最小限に抑えるため、有酸素と無酸素のそれぞれのエネルギーシステムに体を軽く慣らす。陸上で行うウォームアップには上のような運動を取り入れるといいだろう。

▼準備の効果は同じ スイムによるウォームアップと陸上のエクササイズによるウォームアップの効果にはほとんど差がないことが、大学生スイマーのスプリント泳に及ぼす影響を調べた研究で示されている。その研究では、ウォームアップを水中で行った時と陸上で行った時、それにまったく行わなかった時の効果が比較された[*4]。それによると、ウォームアップを陸上で行った時の100ヤード（91m）のクロール泳のタイムはまったく行わなかった時と比べると有意に短縮した。しかしウォームアップを陸上で行った時と水中で行った時のタイムにはわずかな差こそあれ、有意差は見られなかった。最近は、水中でのウォームアップをいっさいせず、もっぱら陸上だけでウォームアップを済ませるコーチもいる。まだこの分野の研究は十分に進んでいないが、陸上のみのウォームアップのほうが効果的であることを示す研究もある。

わずかな差

100ヤード（91m）のクロール泳の平均タイム

スイムによるウォームアップ　陸上でウォームアップ　ウォームアップなし

睡眠時間の増加は回復に役立つか？

もっと寝たら、パフォーマンスは高まる？

長年、水泳界では睡眠時間を削ることが賛美されてきた。過酷な生活に耐えられず挫折する選手がいるいっぽう、早朝の練習に何年も耐え抜くガッツがあることが、水泳を続ける選手たちの誇りにもなっている。しかし残念なことに、睡眠不足は疲れの回復を妨げるほか、けがや病気にもつながる。近年、睡眠の研究が進んで、睡眠の重要性がだいぶ明らかになったが、スポーツ界の慣習はなかなか変わらない。悪しき慣習を変えるには、指導者と選手、それに親たちが正しい知識を身につけ、科学的な事実にもとづいた判断を下せるようになる必要がある。

水泳選手が睡眠時間を削るいちばんの原因になっているのは、早朝練習だ。理想的には、日中に練習を行って、昼寝や栄養補給の時間をしっかり取るのがいい。実際、多くの大学のチームは早朝や夜遅くの練習による睡眠不足を避けるため、日中に練習を組んでいる。しかしジュニア選手の場合、ふつうは日中に学校の授業があるのでそうはいかない。多くのジュニア選手は十分な練習時間を確保しようとすると、おのずと夜明け前に練習しなくてはいけなくなる。ただでさえ忙しいのに、午前4時に目覚まし時計をセットしていたら、8時間眠ることはまず無理だろう。夜の練習が終わるのが遅かったら、なおさらだ。

練習計画は睡眠時間を減らしすぎないよう、早朝についても夜遅くについても、慎重に立てたい。また、計画に「寝だめ」を取り入れるという方法もある。睡眠を多く取る期間をあらかじめ設け、練習量の都合でどうしても睡眠時間を短くしなくてはならない期間の睡眠不足を埋め合わせる方法だ。軍人を対象にした研究では、睡眠時間を極端に削った7日間（1日の睡眠時間が3時間）の前後に、それぞれ7日間と5日間の「寝だめ」の期間を設けた結果、精神運動覚醒課題の全項目において改善が見られたという[*1]。もちろん水泳でそのようなサイクルの練習計画を組むことはできないだろうが、水泳選手にもあてはまる一般的な原則は導き出せる。それは眠れる時間がある時にはできるだけ眠って、「寝だめ」をしておくべきということだ。

睡眠不足の影響

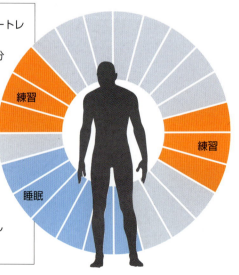

- 睡眠不足は自律神経の機能を狂わせ、オーバートレーニング症候群を引き起こすことがある。
- 成長ホルモンはふつう深い眠りの状態の時に分泌される。その時間が短いと、細胞の再生や成長が妨げられる恐れがある。
- 睡眠の質と量が低下すると、炎症を強める働きをする炎症性サイトカインが増え、免疫機能が弱まる恐れがある。
- 運動選手の1日の睡眠時間が8時間を下回ると、けがの発生率は1.7倍高まる。
- 注意や反応時間、記憶、判断における認知機能の低下は、睡眠不足と関係している。
- 練習による知覚学習と運動学習は睡眠中も続いている。したがって睡眠時間が短いと、新しい技術や手法は身につきにくくなる。

◀**睡眠不足** 水泳選手を含む運動選手の大半の睡眠時間は8時間以下だという。しかし睡眠不足の弊害はすでにいくつも明らかになっている。例えば、自律神経や免疫や認知機能の低下、オーバートレーニング症候群の発症、けがのリスクの増大などだ。神経系の回復も、筋骨格の再生も、免疫の活性化も、すべて、トレーニング間の回復の局面で自然に生じるふつうの生理的プロセスだが、睡眠不足の状態ではそれらが正常に行われなくなる。睡眠は最も安上がりで最も効果の高い回復の手段だといわれる。体の回復のためのサプリメントや用具にお金をかける水泳選手は多いが、睡眠であれば、誰もが生まれつきできることだ。

睡眠衛生

睡眠衛生は、おろそかにされがちだが、良質の睡眠に欠かせないことだ。眠りやすくするためには、暗さと涼しさが最も重要になる。また電子機器の影響にも注意したい。スマートフォンやタブレットなどの電子機器は正常な睡眠パターンを損ねうることが報告されている。現代の生活から電子機器を完全に取り除くのは不可能かもしれないが、最低限、寝室ではスマートフォンなどの機器は使わないようにしたい。

▲**寝だめ** 練習計画に「寝だめ」を組み込むことも、長時間の練習による睡眠不足の悪影響への対処法になる。上に紹介したのは、ジュニアの水泳チーム用に作成されたそのような練習計画の例だ。日曜日に睡眠時間が多く取られていることがわかるだろう。昼寝の時間も設けられている。選手によっては夜の練習後、興奮が冷めず、なかなか寝つけないことがある。次の日も朝早く起きるためには、寝つきのよさは大切だ。寝不足が何週間も続けば、体の回復が練習に追いつかない状態に陥る。したがって練習の終了時刻と就寝時刻の間にはできるかぎり十分に時間を空けたい。もし平日にも昼寝をする時間があれば、ぜひ昼寝をするべきだ。

陸上の有酸素運動で水泳のパフォーマンスは向上するか？

ランニングやサイクリングは水泳の役に立つ？

　陸上トレーニングのメニューに筋力トレーニングを取り入れることに異議を唱える人はいないだろう。しかし有酸素運動はどうか？　例えば、サイクリングや、ランニングや、ローイング（ボート漕ぎ）や、あるいはスイムベンチは（p116-117）？　水泳選手はすでにプールでかなりの量の有酸素運動を行っている。その量は最高のコンディションを保つために必要な量と、オーバートレーニングになる量の間のとても狭い範囲内にある。そこに陸上での有酸素トレーニングが加わったら、たちまちオーバートレーニングに陥る。プールで高いレベルの練習をしているチームであれば、選手たちの練習量はすでに許容限界いっぱいか、それに近いところに達していると考えるべきだろう。また、陸上のエクササイズには水泳に役立つかどうかがはっきりしていないものが多いので、クロストレーニング（多種目のトレーニングを組み合わせるトレーニング）から得られる効果は、思っているよりも小さいかもしれない。

　さらには、有酸素トレーニングのせいで、陸上での筋力トレーニングの効果が失われるリスクもある。適応の能力は個人によって違うし、トレーニングの影響も状況によって異なるので、有酸素トレーニングと筋力トレーニングにどういう関係があるかは（研究は進んでいるが）一概にいえない。とはいえ全体的に見るなら、水泳選手が陸上で行う有酸素トレーニングには、筋力トレーニングの効果を損ねるリスクを冒してまで行うほどの効果はないといっていいだろう。

　もうひとつ、陸上での有酸素トレーニングで考えなくてはならないのは、けがの心配だ。特に負荷が繰り返しかかる運動は注意しなくてはならない。例えば、陸上での有酸素トレーニングにはしばしばランニングが取り入れられる。ローイングやサイクリング、クロスカントリー・スキーと比べてはるかにお金がかからず、手軽だというのがそのひとつの理由だろう。しかし水泳選手がランニングをすると、反復運動の過多による負傷をしやすい。したがって面倒でも、陸上トレーニングの有酸素運動にはローイングやサイクリングなど、体への衝撃が少ない種目を選んだほうがよい。

　陸上での有酸素トレーニングがまったく役に立たないわけではない。例えば、プールでの練習時間が限られ、十分な量の練習ができない時は、陸上での有酸素運動でその埋め合わせができるだろう。オフシーズンやけがの治療中に有酸素能力を維持するのにも有効だ。また、プールの底の黒い線を見つめてばかりいることに飽きた時の気持ちのリフレッシュにもなる。

タイミングの影響

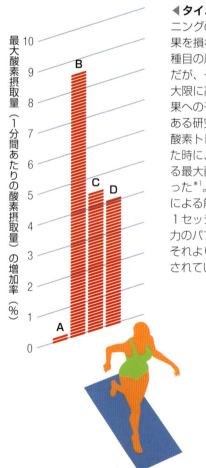

◀**タイミングがすべて**　有酸素トレーニングのせいで筋力トレーニングの効果を損ねないためには、トレーニング種目の順番やタイミングや頻度が重要だが、それらは有酸素運動の効果を最大限に高めるためにも重要になる。効果への干渉は双方向で生じるからだ。ある研究では、筋力トレーニングと有酸素トレーニングの間隔を24時間空けた時に、心肺機能の持久力の指標である最大酸素摂取量（VO_2）は最大になった[*1]。また別の研究では、最大筋力による筋力トレーニングの頻度が週に1セッションまでは、競泳選手の持久力のパフォーマンスに悪影響は出ず、それより多いと悪影響が出ることが示されている[*2]。

A　筋力トレーニングのみ
B　筋力トレーニングと有酸素トレーニングの間隔を24時間空けた
C　筋力トレーニングと有酸素トレーニングの間隔を6時間空けた
D　筋力トレーニングと有酸素トレーニングの間隔をまったく空けなかった

筋力トレーニングと有酸素トレーニングの計画を立てる

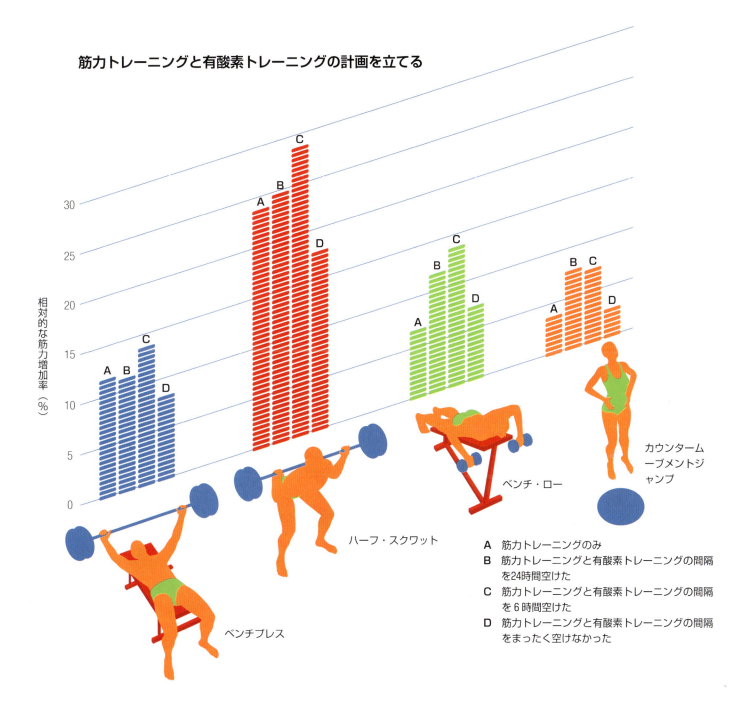

A 筋力トレーニングのみ
B 筋力トレーニングと有酸素トレーニングの間隔を24時間空けた
C 筋力トレーニングと有酸素トレーニングの間隔を6時間空けた
D 筋力トレーニングと有酸素トレーニングの間隔をまったく空けなかった

▲**間隔に注意** 有酸素トレーニングを行うことで筋力トレーニングの効果がどの程度損なわれるかは、いつ行うかに左右されるようだ。ただ有酸素トレーニングの前に筋力トレーニングを行うだけでは、影響を最小限にできない。筋力トレーニングのあとに休憩を挟まず、すぐ有酸素トレーニングを行うと、筋力トレーニングだけを行った時と比べ、筋力トレーニングの効果は薄れる。互いのトレーニングの効果に悪影響が出ないようにするためには、最低6時間の間隔を空ける必要がありそうだ。6時間空けると、有酸素トレーニングによって筋力トレーニングの効果が逆に高まるようだ[*1]。最大筋力を高める筋力トレーニングが水泳のパフォーマンスを向上させる有効な手段であることはわかっている[*2]。したがって有酸素トレーニングの計画——プール内外ともに——は慎重に立てて、筋力トレーニングの効果を損ねないようにしたい。一般的には、筋力トレーニングへの悪影響やオーバートレーニングを避けるためには、陸上の有酸素トレーニングの頻度は週に2セッションが限度になる。

　栄養状態は選手の健康や体組成、回復力にとって重要であることはもちろん、パフォーマンスやトレーニングにも直接影響する。選手の能力を最大限に引き出すためには、適切なカロリー摂取や、必要な栄養素の摂取、体液と電解質のバランス、サプリメントによる補給などについて、スポーツ栄養学の知見を取り入れることが欠かせない。また、個々の選手のさまざまな場面で、それらの知見を効果的に利用するためには、状況、選手の特質や好み、練習や試合日程の変更、あるいは精神状態などに応じて、適宜、栄養の摂取計画を修正する必要がある。

第 5 章

栄 養

ケヴィン・イワサ゠マッジ

水泳にはどの程度のカロリーが求められるか？

→ どれぐらい食べたら、もっとよく泳げる？

　水泳は広範囲の筋肉を動かすことを求められる運動だ。たくさんの筋肉を使うほかの種目同様、運動中の消費エネルギーは多い。『身体活動のメッツ（METs）表』では、水泳の代謝当量（メッツ）はストロークや泳ぎの強度によって変わり、6-11メッツとされる[*1]。これは体重1kgにつき1時間あたり6-11kcal消費することを意味する。体重およそ80kgの平均的なスイマーであれば、1時間の消費カロリーは450-900kcalになる（ただし長時間の練習では、いつも同じ強度で泳いでいるとは限らない）。

　このエネルギー消費率に一般的な水泳選手の練習量を加え、さらにトレーニングへの生理的な適応のために必要な代謝の増加を足すと、スイマーに求められるエネルギーはかなりの量に達する。このエネルギー消費や代謝要求を満たすためには、食事で相当多くのカロリーを摂取しなくてはいけない。「カロリー・イン」と「カロリー・アウト」という対のいい方をすることもよくある。カロリーの摂取を意味するのが「カロリー・イン」で、エネルギー消費や代謝要求を表すのが「カロリー・アウト」だ。

　冷たい水に入ると、安静時代謝が増える。これはコアの体温を上げようとして、代謝による熱生産が増えるからだ。安静時代謝はコア体温の低下に比例して増える。加えて、水温が低いほど、体内の酸素の運搬量は減るので、その分、エネルギーの相対的な消費量も増える[*2,3]。

　これらの水泳特有のエネルギー消費は、基本的にはすべてカロリー摂取を増やすことで対処しなくてはいけない。

▼**食欲旺盛**　スイマーはあまり体を動かさない一般の人たちに比べて、必要とするエネルギーが多く、その分、食欲も旺盛のようだ。しかし今のところ、そのような事実を科学的に根拠づけた研究は乏しい。理論上は、プールの水温が関係すると考えられる。冷たい水の中で練習すると、飢餓ホルモンの分泌で食欲が増しうる（ただし研究で有意に増すことは示されていない）。また、単純にエネルギー消費が増えた結果、体温が下がることへの体の反応として、食欲が生じる可能性もある。メカニズムはどうであれ、スイマーが多くのエネルギーを必要とし、水泳後、食欲が増すことは間違いない[*4]。

必要なエネルギー

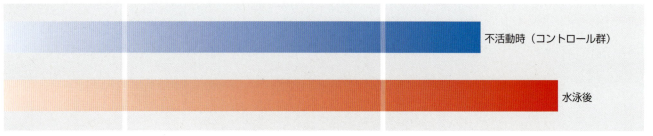

摂取エネルギー（kcal）　1500　　　　2000　　　　2500

不活動時（コントロール群）
水泳後

カロリーの摂取と消費

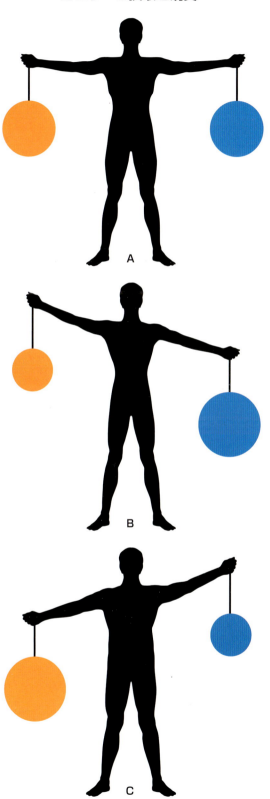

▶ **バランスが大事** カロリーの摂取と消費の相対的な割合を調節することで、短期的にはエネルギー補給を、長期的には体重を最適にできる。体組成を改善――脂肪の減少と筋肉の増加でも、あるいは脂肪の減少と筋肉量の維持でも――すれば、減量の効果でパフォーマンスはやがて向上するだろう。しかし減量には長い時間がかかり、それまではエネルギー補給が減るので、短期的にはパフォーマンスは低下することがある。したがって体組成の改善に取り組むならば、カロリー不足の期間は大きな大会の何カ月も前に設ける必要がある。試合が近づく時期には減量を実現した上で、カロリー摂取を増やしていき、エネルギー補給も十分にできるようにしたい。

A カロリーの摂取と消費が等しい時、実質的な体重の増減はない。しかしだからといって脂肪の増減がないわけではないし、筋組織の増減がないわけでもない。

B カロリーの摂取が消費を下回る時、スイマーの体重は実質的に減る。脂肪と筋肉のどちらかが減る場合もあれば、両方が減る場合もある。体重が実質的に減りながら、筋肉や脂肪が増えることもありうる（例えば、1kg 筋肉が増え、2kg 脂肪が減れば、体重は実質的に1kg 減る）。カロリーの摂取不足はふつう、エネルギー補給や適応を妨げることによって、パフォーマンスの急な低下を招く。しかし長期的なパフォーマンスの向上のためには、カロリーの摂取を減らす時期を設けなくてはいけないこともある。体組成が最適なものになっていなければ、パフォーマンスを最大限に高められないからだ。

C カロリーの摂取が消費を上回る時、スイマーの体重は実質的に増える。これもやはり、脂肪と筋肉のどちらかが増える場合もあれば、両方が増える場合もある。また、ある部位の量が増えるいっぽうで、別の部位が減ることもある。このケースでは、エネルギー補給が改善されることにより、パフォーマンスは短期的に向上することが多い。ただし、長期的に体組成が変化しないようチェックが必要だ。

🟠 カロリー摂取＝飲食物
🔵 カロリー消費＝代謝率とエネルギー消費

基礎知識

カロリー
カロリーはエネルギーの単位で、1gの水の温度を1℃上げるのに必要なエネルギー量と定義される。1000m が1km、1000g が1kg であるのと同じように、1000cal は1kcal（キロカロリー）となる。上述の定義に従うと、1kcal は1kg の水の温度を1℃上昇させるのに必要なエネルギー量を意味する。

代謝当量（METs、メッツ）
メッツは身体活動のエネルギーコストを比較する時の単位として使われる。本書では、椅子にじっと座っている時のエネルギーコストを1メッツとしている。もし3メッツの活動をしたとすると、それは椅子にじっと座っている時の3倍のエネルギーコストの活動をしたこと（いい換えるなら、カロリーを3倍多く消費したこと）を意味する。

食習慣は筋肉合成率に影響するか？

蛋白質はどれぐらい摂ればいい？

　蛋白質は多量栄養素のひとつで、炭水化物、脂肪と合わせて3大栄養素とされる。3大栄養素のほかの2つと同様、高分子物質であり、アミノ酸の結合でできている。水泳などの運動に欠かせない筋肉の主要成分であり、体に大量に必要とされるきわめて大事な栄養素だ。

　一般人の場合、「健康的」といえる1日の蛋白質の摂取量は体重1kgあたり0.7-1.1gだが、運動選手はもっと多くの蛋白質を摂らなくてはいけない。水泳を含むほとんどの競技では、激しい練習による筋肉のダメージを修復するとともに、トレーニングの刺激に対する体の適応が十分に生じるようにするためには、1日に体重1kgあたり1.1-1.8gの蛋白質の摂取が必要になる。つまりトレーニング後の疲れた体を回復させるとともに、より優れたスイマーになることをめざすには、それだけの蛋白質が欠かせないということだ。例えば、体重が約80kgの大人のスイマーなら、毎日およそ140gの蛋白質の摂取が目標になる[*1]。その量はかなり多く、Lサイズの鶏卵約23個分、または小さな鶏の胸肉6羽分に相当する。

　平均的な体格の運動選手の場合、トレーニング後2、3時間の筋肉の合成率（筋肉の発達と適応）を最大にするためには、1回の食事で最低20g前後の蛋白質の摂取が必要になるようだ。逆にいえば、1回の食事に含まれる蛋白質の量がそれ以下だと、体が筋肉を修復したり、トレーニングの刺激に適応したりする効率が低下してしまう。したがって、スイマーは毎食、20gの蛋白質の摂取を目安にするといい。ただ興味深いことに、食事に含まれる蛋白質の量がそれより増えても、筋肉合成率はほとんど上昇しないようだ[*2]。

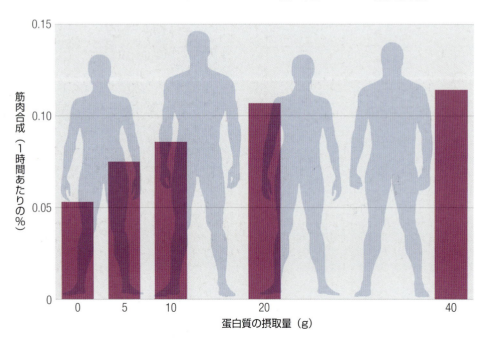

レジスタンストレーニングで引き起こされる筋肉合成

（縦軸：筋肉合成（1時間あたりの％）／横軸：蛋白質の摂取量（g））

◀**ボディ・ビルディング**　左の棒グラフには、レジスタンストレーニング後の筋肉合成率を調べた研究の結果の一部が示されている[*3]。この研究では、被験者に高強度のレジスタンストレーニング後すぐ、蛋白質を一定量（0、5、10、20、40g）含んだドリンクを飲ませて、1時間後と4時間後、生体組織を採取し、筋肉合成が計測された。若い男性アスリートのサンプルでは、蛋白質の摂取量が増えるほど、トレーニング後の筋肉合成率は高まった。ただ摂取量が20gを超えると、筋肉合成率と蛋白質の摂取量の相関関係は頭打ちになった。つまりそれ以上摂取量を増やしても、筋肉合成率はさほど高まらなくなった。食事に含まれる蛋白質の量が多いほど、最大の筋肉合成率の持続時間はいくらか長くなるようだ。ただし、それにも限度がある。

食生活のパターンと筋肉合成

▶**少しずつ頻繁に** 右の図は、食生活の違いによって平均的なスイマー（体重約80kg）の筋肉合成がどう変わるかを示したものである[4]。灰色の部分では、摂取された蛋白質に対して同化作用（筋肉を合成する反応）が起こり、青色の部分では食事間の異化作用（エネルギーを得る反応）が起こっている。縦軸は筋肉合成の相対的な尺度を表し、＋1は同化作用が最大であること、－1は異化作用が最大であることを示す。この図を見ると、適切な量の蛋白質を適切なタイミングで摂取できる食生活のパターンは何通りもあることがわかる。ただし1食で140gの蛋白質を摂取するのは、筋肉の回復や適応にとっては効果的ではない。1日分の蛋白質が含まれた食事をしたからといって、筋肉合成は1日中持続しないからだ。1日に必要な蛋白質の摂取は少なくとも3回以上に分け、食事の量や、体重や、トレーニングの種類と量や、好みのエネルギー補給方法などに応じて、計画的に行いたい。

基礎知識

同化作用とは、組織を成長させる代謝の過程のことである（筋肉の同化作用は運動選手にとって望ましいが、脂肪の同化作用はふつう望ましくない）。
異化作用とは、逆に、組織を分解する代謝の過程である。

A
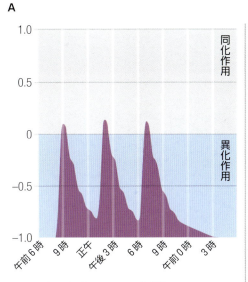
1日3食、毎食10-15g 蛋白質摂取
同化作用ないし筋肉合成を最大化するためには、1食に10-15gの蛋白質の摂取では足りない。

B
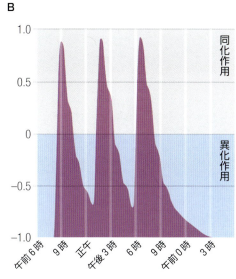
1日3食、毎食20-30g 蛋白質摂取
1食に20-30gの蛋白質を摂取すれば、短い時間内においては、同化作用ないし筋肉合成を最大化できる。ただし24時間にわたって筋肉の回復と適応を最大化するためには、3食では足りない。

C
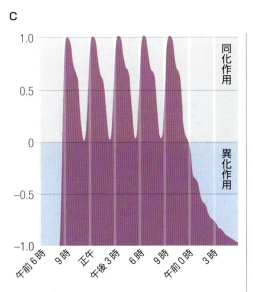
1日5食、毎食20-30g 蛋白質摂取
これだけの頻度で20-30gの蛋白質を摂取すれば、1日に必要な量の蛋白質を摂取でき、毎回の食事でも、同化作用ないし筋肉合成を最大化するのに必要な最低限の量の蛋白質を摂取できる。

D
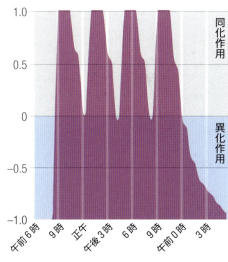
1日4食、毎食30-40g 蛋白質摂取
食事の回数を減らして、1回の蛋白質の摂取量を増やすこのような食事のパターンでも、Cと同じように1日に必要な蛋白質を摂取できる。

炭水化物と脂肪の摂取は基質利用にどう影響するか？

炭水化物と脂肪のどちらからエネルギーを得たらいい？

スイマーが泳いだり、トレーニングをしたりする時のエネルギー源、専門的な言葉でいうと基質は、おもに2つある。炭水化物と脂肪だ。このエネルギー源はさらに2つ、内的なもの（内生基質）と外的なもの（外生基質）に分けられる。炭水化物の内的なエネルギー源は血中のグルコースとグリコーゲンであり、脂肪の内的なエネルギー源は体脂肪だ。外的なエネルギー源は、炭水化物、脂肪どちらにおいても、食事から得られる。炭水化物をどれだけエネルギーに利用できるかは、体内に蓄えられている炭水化物の量で決まり、脂肪をどれだけ利用できるかは、脂肪の燃焼率で決まる。

消費エネルギーと同じカロリーを摂取するとすると、それらのカロリーの中でこの2つの多量栄養素の配分をどうするかを考える必要がある（1日に必要な蛋白質のカロリーも計算に入れた上で）。その時にまず考えなくてはならないのは、目的がパフォーマンス面にあるのか、それとも体重管理面にあるのか、だ。つまり、レースのために泳ぐのか、それとも体重を減らすために泳ぐのかで適切な配分は変わってくる。

泳ぎの強度が増すにつれて、エネルギー源として炭水化物に頼る割合は増す。したがって運動の強度が高くなるほど、いつまでばてずに運動を続けられるかは、利用可能な炭水化物（この場合にはグリコーゲン）の量に左右されるようになる。いい換えるなら、健康なスイマーなら、体内に蓄えられた炭水化物が尽きるまではいつまでも泳ぎ続けられるということだ。

体内の炭水化物の蓄えは1日に体重1kgあたり7-11gの炭水

▶ **高性能燃料** 最大酸素摂取量の70%以上の比較的高強度（レース時の一般的な泳ぎの強度）で、パフォーマンスを高めたい場合、炭水化物の蓄えを十分にしておくことが重要になる*2。炭水化物の蓄えは、1日に体重1kgあたり7-11gの炭水化物を摂取する高炭水化物の食事で最大限に増やせる（ただし実際にいつまで体力が持つかは、その時の体調など、さまざまな要因で変わってくる）。

化物を摂取する高炭水化物食で、最大限に増やせる。低炭水化物・高脂肪の食事では、摂取カロリーが同じでも、炭水化物の蓄えは最大には増えない。また、1日を通じて炭水化物を摂ることに加え、練習前と練習中に炭水化物を摂取することでも、エネルギー源として利用可能な炭水化物の量を増やして、ばてるのを遅らせ、パフォーマンスを高められる。

ただしそのように炭水化物を燃料にする方法では、練習量が比較的少ない場合、脂肪の燃焼は減る。もしパフォーマンスの向上より脂肪を減らすことが第一の目的ならば、炭水化物を燃料にする方法は逆効果になるかもしれない。逆に同カロリーの高脂肪食にすれば、「脂肪適応」の代謝が生じて、脂肪の燃焼率を高めることができる*1。

炭水化物の効果

最大酸素摂取量の70%で泳いだ時のばてるまでの時間（分）

低強度と高強度の運動に適した栄養

▶ **どんどん燃やす** 右の棒グラフは、20分間の比較的高強度（最大酸素摂取量の70％）の練習の前と最中に炭水化物を摂取（1時間につき50-100g）した場合としなかった場合で、基質燃焼率がどう違うかを比較したものである。炭水化物を補給すると、炭水化物の利用率が高まるいっぽう、脂肪の燃焼率は下がることがこの結果に示されている（ただし、これについても実際の利用率は体調などのさまざまな要因で変化する）。

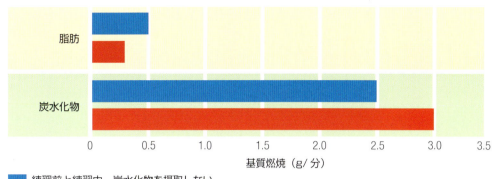

▶ **ゆっくり燃やす** こちらの棒グラフは、6時間の練習後の基質の燃焼率を比較したものだ。脂肪は高強度の運動（最大酸素摂取量の70％以上）ではエネルギー源として利用されないが、低強度の運動では利用される。長時間の水泳で炭水化物の蓄えが尽き、泳ぎの強度が比較的低い（最大酸素摂取量の60％以下）時には、脂肪がスイマーの第一のエネルギー源になる[1,2]。比較的低強度の運動の場合、燃料切れのせいでパフォーマンスが低下することはめったにない。蓄えに限りがある炭水化物（グリコーゲン）と違って、エネルギーに使える脂肪（体脂肪）はいくらでもあるからだ（この場合も実際の燃焼率はさまざまな要因によって変化する）。

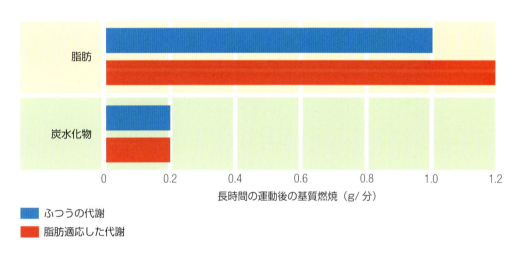

基礎知識

基質──体内でエネルギーを生み出すために使われる物質。
運動強度──泳ぎやトレーニングの程度がどれほど激しいか。最大酸素摂取量（1分間に摂取される酸素の最大値）を尺度にすることが多い。
運動量──泳ぎやトレーニングの継続時間。

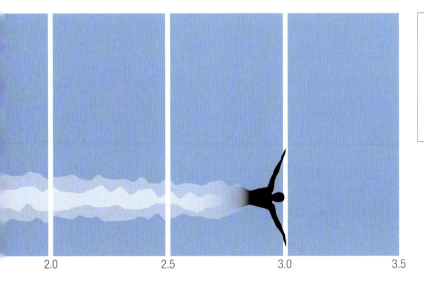

用具　鉄サプリメントと調理器具

アスリートの間では今、鉄不足が問題になっている。厳しい食事制限や、必要摂取量の男女差、溶血、血尿、汗といっしょに流れ出る鉄、ヘプシジン値の上昇などをはじめ、鉄不足の原因と考えられる要素はたくさんある。鉄は体内でヘモグロビンの主要成分になる。ヘモグロビンは酸素運搬の役割を担う赤血球の色素だ。したがって、鉄が不足すれば、体内の酸素の循環が悪くなり、各組織に酸素が行き渡りにくくなる。それは運動のパフォーマンスにも影響を及ぼす。幸い、水泳選手に必要とされる鉄の量は、長距離走の選手などのように極端に多いわけではない。それは第一には水泳が衝撃のないスポーツであるおかげだ。それでも多くのスイマー——とりわけ絶対菜食主義などで食事の制限をしている女子選手——は鉄不足に陥らないよう、つねに体内の鉄分量を保つ努力をする必要がある。そこで頼りになるのが鉄サプリメントと鉄製の調理器具だ。これらを上手に活用すれば、鉄の摂取を大幅に増やせて、鉄不足を解消できる。

食事摂取基準委員会によると1日の鉄の推奨摂取量は、14-18歳で男性が11mg、女性が15mg、19-50歳で男性が8mg、女性が18mgとされる[*1]。運動選手の場合、もっと多くの鉄が必要になる。ひとつには身体活動でヘプシジン値が一時的に上昇すると、運動後、鉄の吸収が制限されるからだ。また身体に衝撃（地面に接する時の衝撃）が加わると（スイマーの場合、おもに陸上トレーニング中に生じる）、赤血球が溶解する。つまり衝撃で赤血球が「割れ」て、赤血球の細胞といっしょにその中の鉄も失われてしまう。これらの影響を埋め合わせるためには、女子選手は1日に20mg以上、男子選手は10mg以上の鉄を摂取する必要がある。50歳以上の男性の1日の鉄の推奨摂取量は50歳以下と同じ8mgだが、女性の場合、50歳を超えるとその量は8mgまで減る（閉経のため）。したがってシニアの女性スイマーに関しては、月経による損失がない分、鉄不足は問題になりにくいといえそうだが、運動によって鉄の吸収が悪くなることに変わりはないので、やはり気をつけなくてはいけない。

鉄不足の心配がある運動選手は鉄に富んだ食事を心がけたい。鉄を多く含む食品には肉や豆、葉野菜、栄養補助食品などがある。植物性の非ヘム鉄は動物性のヘム鉄に比べると、吸収が悪い（「ヘム」は赤血球の成分である「ヘモグロビン」を意味する）。したがって菜食主義の人は肉を食べる人よりももっと意識的に鉄を摂取しなくてはいけない。とはいえ鉄の豊富な食事をしても、多くの場合、1日に必要な鉄は摂取できない。例えば、鉄に富んだ食べ物の代表格であるステーキには、85g中、鉄は2、3mgしか含まれていない。これはもし女子スイマーがステーキだけで1日に必要な鉄の摂取量を満たそうとすると、毎日赤身肉のステーキを570g以上食べなくてはならないことを意味する。運動選手が食事だけで必要な鉄を摂取しようとするのはあまり現実的ではない。そこで、食事のほかにこつこつと鉄を摂取することが大事になる。そのひとつの有効な方法が、実際に広く行われている鉄サプリメントと鉄製の調理器具を使うという方法だ。

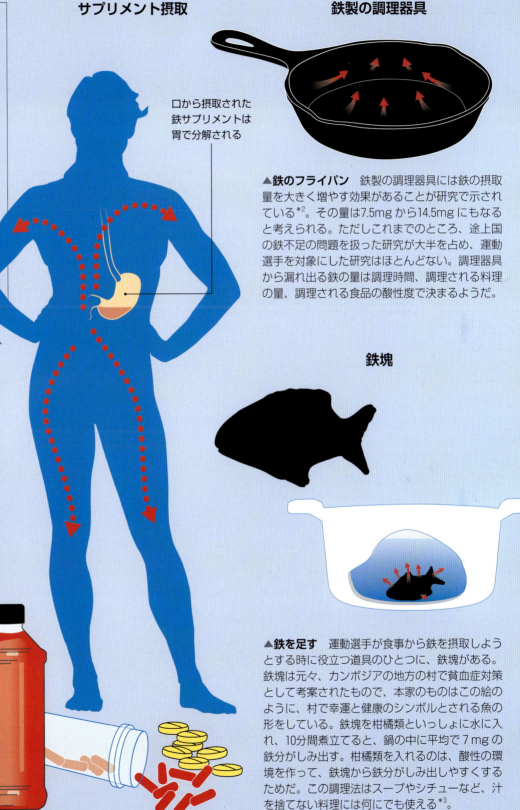

基礎知識

鉄サプリメント——鉄剤はふつう医師に処方してもらう必要がある（したがってサプリメントというより治療薬と見なされる）。栄養士や医師の指導のもとに服用するのが望ましい。

ヘプシジン——体内の鉄の吸収を制御しているホルモン。運動後は、このヘプシジン値が上昇して、鉄の吸収が悪くなる。したがって鉄の豊富な食品やサプリメント、鉄製の調理器具を使った料理を食べるのは、練習の数時間後にしたほうがよい。

サプリメント摂取

口から摂取された鉄サプリメントは胃で分解される

▶**鉄を送り届ける**　鉄サプリメントには液や、カプセルや、錠剤や、グミなどさまざまな形状がある。含まれている鉄の種類もサプリメントによって違い、鉄の生物学的利用能に差がある。つまり、実際に鉄が体に吸収されて利用される割合はサプリメントによって異なる。例えば、第一鉄（Fe^{2+}）は第二鉄（Fe^{3+}）より生物学的利用能が高い。金属イオンはそれぞれに異なる電荷を持っているので、化合物に対して異なる反応を示し、その反応の違いが体循環液に吸収される割合に影響する。また鉄化合物の種類が異なると、含まれる元素鉄の量も異なる。例えば、フマル酸第一鉄と硫酸鉄はどちらも鉄サプリメントに使われる鉄化合物だが、フマル酸第一鉄には元素鉄が33%含まれるいっぽう、硫酸鉄には元素鉄は20%しか含まれていない（硫酸鉄は水分子と結合しているせい）。女性用のマルチサプリメントには一般に18mgの鉄分が含まれている。男性用のものだと、その量はもっと少なくなる。医療用の鉄剤はしばしば最大で100mgの元素鉄を含み、1日に複数回服用されることもある（例えば、300mgのフマル酸第一鉄を1日に2回など）。ただし摂取量が多いと、胃腸を壊すこともある。鉄サプリメントの摂取は食事や医療の専門家の指導のもとに行うのが望ましい。

鉄製の調理器具

▲**鉄のフライパン**　鉄製の調理器具には鉄の摂取量を大きく増やす効果があることが研究で示されている[*2]。その量は7.5mgから14.5mgにもなると考えられる。ただしこれまでのところ、途上国の鉄不足の問題を扱った研究が大半を占め、運動選手を対象にした研究はほとんどない。調理器具から漏れ出る鉄の量は調理時間、調理される料理の量、調理される食品の酸性度で決まるようだ。

鉄塊

▲**鉄を足す**　運動選手が食事から鉄を摂取しようとする時に役立つ道具のひとつに、鉄塊がある。鉄塊は元々、カンボジアの地方の村で貧血症対策として考案されたもので、本家のものはこの絵のように、村で幸運と健康のシンボルとされる魚の形をしている。鉄塊を柑橘類といっしょに水に入れ、10分間煮立てると、鍋の中に平均で7 mgの鉄分がしみ出す。柑橘類を入れるのは、酸性の環境を作って、鉄塊から鉄分がしみ出しやすくするためだ。この調理法はスープやシチューなど、汁を捨てない料理には何にでも使える[*3]。

スイマーの適切な体液バランスはどのようにして保たれるか？

どれぐらい水を飲んだらいい？

水は体内のさまざまなメカニズムで重要な役割を果たしている。中でも水泳のパフォーマンスに大きく影響するのは、体温調節と、酸素と基質（食べ物の分子）の循環の2つだ。体温調節では発汗がメカニズムの中心をなす。汗という形で体液が失われると、血液量に変調を来して、体内の水分量が不足し、パフォーマンスが低下する。体内の水分量が2％以上不足した状態で練習を続けると、統計的に有意なパフォーマンスの低下が起こることが研究で明らかになっている。多くの選手にとって、2％といえば、たった1kg——500mlのペットボトル2本——程度だ。それどころか、2％以下の微々たる水分不足でも、わずかとはいえ、パフォーマンスに悪影響が出る[*1]。また水分不足は認知能力を損ねることも示唆されている[*2]。これは練習でコーチの指示を理解しづらくなることや、試合で適切な戦術の判断を下しにくくなることを意味する。

水泳の場合、体が水に浸かっているので、練習中、ほかのスポーツほどには体温調節のメカニズムは働かなそうだが、それでも体液は失われる。興味深いことに、思春期のスイマーの約3分の2が水分不足の状態で毎回の練習を始めていることが最近の研究で示された[*3]。研究の対象になったスイマーは、練習中は各自の判断で水分を補給して、体重を維持していた。いい換えるなら、喉が渇いた時に飲み物を口にすることで、汗で失われたのと同じ量の水分を補っていた（練習前とあとの体重を比較することで、そのことが確かめられた）。この結果からは、さらなる水分不足を防ぐには喉の渇きに従うだけの水分補給で十分だが、練習開始時に水分不足の状態を避けるにはそれでは不十分だということがいえる。

練習の開始1、2時間前に0.5-1ℓの水分を摂取すれば、体内に水分が十分にある状態で練習を始められるだろう。その後の練習中、水分不足を防いだり、少なく抑えたりするためには、適宜、汗で失われた水分の補給を心がければいい。その量はだいたい1時間あたり125-500mlの範囲だろう。水分補給は練習後にも行ったほうがいいほか、次の練習前に水分不足が生じないよう、1日を通じて行うのが望ましい。

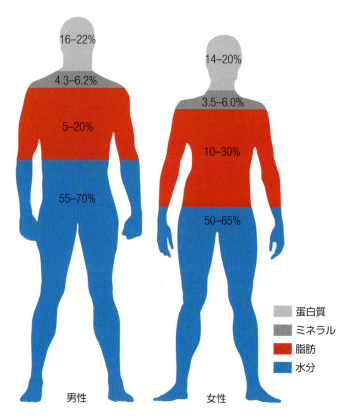

体重に占める水の割合

男性: 16-22%、4.3-6.2%、5-20%、55-70%
女性: 14-20%、3.5-6.0%、10-30%、50-65%

凡例: 蛋白質／ミネラル／脂肪／水分

▲**大半が水分** 人間の体を構成する最大の成分である水は、体重のおよそ60％を占める。体重約80kgの健康なスイマーの場合、その量は約48ℓになる。水泳の練習のように長時間にわたって運動を続けると、汗でかなりの水分が失われ、パフォーマンスに悪影響が出ることがある。

水分状態をチェック

▶**濃い色の意味** 尿の色が濃いことが、水分不足を起こしているひとつの目安になる。体内の水分が不足すると、血液量の維持のために血中の水分を保とうとして、腎臓が尿として排出する水分を制限するからだ。そのようにして排出された尿は、量が少なく、濃い色をしている（尿素やナトリウム、クレアチニンなどの溶質の濃度が高まっている状態）。したがって尿の色を見れば、体内の水分状態を推測できる。尿の色に影響するのは体内の水分状態だけではない（ビタミンのサプリメントや病気なども影響する）が、尿の色による判定法には自分で簡単に判断できる非侵襲性の方法だという利点がある。また尿の色であれば、1日中、頻繁にチェックできる。

屈折計

▶**正確に判定** もっと正確に尿濃度を知りたい時には、屈折計という器具を用いる。この器具を使うと、サンプルの「尿比重」が測定できる。ただし、正確さが格段に増す反面、この方法ではサンプルの採取の仕方を一定にする必要がある（例えば、1日の最初の尿を採取するなど）。また目で色を見るだけよりも、分析に時間がかかる。

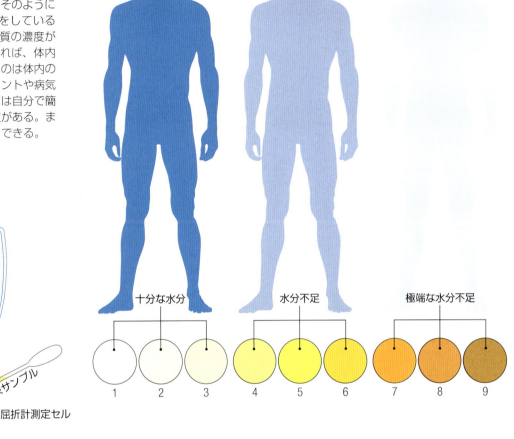

水分不足とパフォーマンス

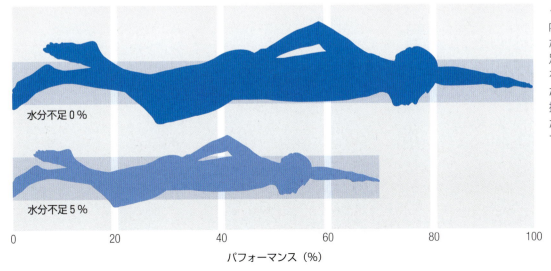

◀**枯渇** 長時間にわたる運動では、体内の水分不足のせいでパフォーマンスが著しく低下することがある。水分不足は燃料切れと同じぐらい大きな影響を及ぼす。体重のわずか2％の水分が不足するだけで、パフォーマンスは損なわれる。体重の5％以上の水分が失われれば、作業能力は30％も落ちる[*4]。

練習前の栄養補給で大事なことは何か？

練習前に何を食べればいい？

　練習前に何を食べるかを決める時には考慮すべきことがいくつかある。ひとつは、その食事が1日の栄養摂取目標に関係するものか、それとも単にカロリー源として食べるものかという点だ。場合によっては、長距離種目のスイマーであれば、大量の炭水化物の必要摂取量を満たすために、毎回食事をしたいかもしれない（p130-131）。あるいは、1日に必要な蛋白質の摂取のために、その食事の時間を利用したいこともあるかもしれない（p128-129）。しかし、練習前の食事はふつう、空腹感をなくし、必要なカロリーを補給するために行うことが多い。

　もうひとつ、練習前の食事に関して考慮しなくてはいけないのは、その練習の運動強度と時間だ。練習の時間が長いほど、出力を維持するのに必要なエネルギーは多くなる。また、運動強度が高ければ、それだけ胃排出率（胃に入った食べ物が十二指腸へ排出される速さ）は低下する。加えて、練習前の栄養摂取目標は、その前にも練習を行っている場合、練習後の栄養摂取目標と混ざり合うことが多い。そうすると栄養摂取は次の練習より前の練習の内容に左右されることになる。

　さらにもうひとつ、練習前に何を食べるかを決める時は、スイマーの1日のスケジュールも考慮する必要がある。練習のどれぐらい前に食事を取るべきという時間の決まりはないが、練習前の特定の時間には食べないほうがいいものはある。食事の時間が1日のスケジュールによって制約を受ける場合――例えば、学校の授業のすぐあとに練習があり、授業中の飲食を認められていない時など――は、練習に支障をきたさないよう、その時間にふさわしい食べ物を選ばなくてはいけない。しかし、決められた1日の栄養摂取量を満たす上ではどうしてもその時間にそのための食事をしなくてはいけない場合もあるだろう。そういう時は、食事と練習の間に空けるべき時間を正しく計算して、消化の時間を取るべきだ。

▶シンプルに　3大栄養素の中で最も消化が速いのが炭水化物だ。したがって、食事後、消化のための時間を最低限しか取れない時（つまり練習の直前に食事をする時）には、3大栄養素のなかではもっぱら炭水化物だけを摂取することになる。練習の運動強度と時間のほか、さまざまな要因によって変わりうるが、スイマーはふつう練習の1時間前に体重1kgあたりおよそ1gの炭水化物を摂取する*1。この時の炭水化物は、ジュースやビスケット、スナック、果物によって摂られることが多い。練習の1時間以上前であれば、たいていの選手は蛋白質を多く含んだものを食べても支障はない。トップ選手――20歳、体重82kg、身長180cm――の典型的な1日の練習スケジュール（午前9時から10時まで1時間、高強度のスイム練習、午後3時から5時まで2時間、中強度のスイム練習、午後5時半から6時半まで1時間、ウエイトトレーニング）に従って、練習前の食事例を見てみよう。

1時間のスイム練習（午前9時-10時）

朝食（午前7時30分）
ブラックコーヒー2杯
チョコレートミルク250ml
チーズ21g
ベーグル（バター）

最適な睡眠時間を確保するため、準備に時間がかからない食事にする。コーヒーには水分のほかにカフェインも含まれており、朝の練習のパフォーマンスを高める効果がある。

カロリー　617kcal
炭水化物　75g
蛋白質　23g
脂肪　25g
水分　約550ml
カフェイン　300mg

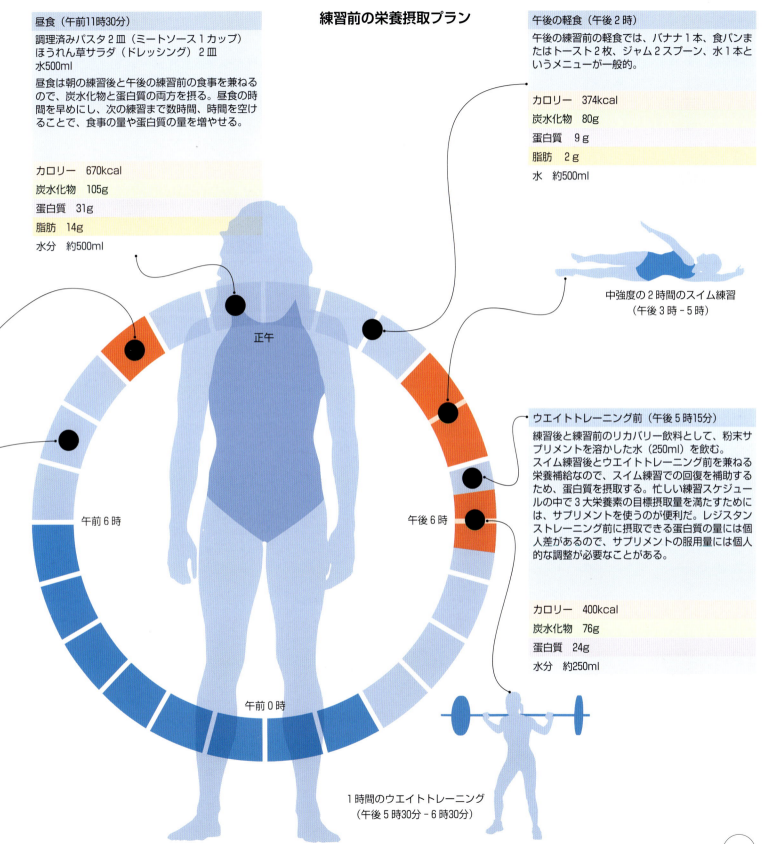

練習中、どういう栄養素を摂取すれば、パフォーマンスを高められるか？

水筒には何を入れればいい？

　練習中に特定の栄養素を摂取することで、パフォーマンスを高めたり、高いパフォーマンスを長く持続したりできる。長時間の練習を行う時には、食べることでエネルギーや栄養を補充できるが、食べ物の選び方や選手の体質によっては消化が問題になることもある。水泳の練習の場合、栄養補給は水分不足を防ぐためにいつもそばに置いてある水筒を使って行うといい。練習中の栄養補給でまず気をつけなくてはならないのは、その水分不足だ（p134-135）。胃排出率と腸管吸収率（胃内の摂取物が十二指腸に排出される速さと、その栄養が血液に吸収される速さ）が正常であれば、胃腸に不快感を覚えることなく、人間は1時間に最大で1ℓの水を摂取できる[*1]。これがパフォーマンスを維持するための水分補給の理想の量になる。汗をかきやすい環境で練習をする時（例えば、暑い日に屋外プールで泳ぐ場合など）は、電解質のバランスを保つため、水筒の水に塩をひとつまみ溶かしておくといい（p150-151）。

　また水泳の練習中には、体内のグリコーゲン切れにも気をつける必要がある。グリコーゲンが切れるのを防ぐには炭水化物を摂取すればよい。ただし、水に含まれる炭水化物の濃度が8％以上になると、胃排出率が低下する[*2]。どれほど低下するかは炭水化物の種類やほかの溶質の種類（例えば、電解質やアミノ酸など）によって変わるが、ふつう、不快感を覚えることなく1時間に飲める量は、水だけの場合や炭水化物濃度の低い水の場合に比べて、少なくなる。

　場合によっては、蛋白質もいっしょに摂取するといい。水に適量の蛋白質を添加して飲むと、炭水化物が入っている場合もいない場合も、胃腸に不快感を催すことなく、実質的な蛋白質のバランスを保てることが研究で示されている[*3]。この効果は、長時間の低強度の練習中、炭水化物に代わるエネルギー源として筋組織の代謝が行われる時に限って見られるようだ。蛋白質を摂取することで、筋組織がエネルギー源に費やされることから守られるのだろう。

　運動強度が最も高い練習（例えば、レースペースの泳ぎやレジスタンストレーニングなど）では、もっぱら炭水化物がエネルギー源に使われ、蛋白質の摂取がパフォーマンスに直接的な効果をもたらすことはほとんどなくなる。とはいえ、適量を水に添加する分には胃腸に不快感をもたらすことはなく、パフォーマンスの妨げにならないので、1日に必要な蛋白質の摂取量を満たす一助として、高強度の練習中に摂取することもできる（p128-129）。

▶パーフェクトドリンク　単純炭水化物（糖）を使う場合、濃度は約6％にするのが最適のようだ。そうすると最も炭水化物を吸収しやすく、胃腸に不快感を生じさせない炭水化物水ができる。水1ℓに対して60gの炭水化物を溶かしたこのドリンクなら、1時間ごとに1ℓ飲める。練習中、炭水化物といっしょに蛋白質も摂取する場合には、体重1kgあたり0.20-0.25gの蛋白質を水に混ぜるのが一般的だ。体重80kg前後の選手であれば、その量はだいたい水1ℓに対して10-20g（濃度1-2％の蛋白質水）になる。

▶**疲れない体** 練習中、炭水化物を十分に摂取すると、練習の強度を維持したまま、グリコーゲンの利用を少なくでき、疲労を軽くできる。これは1時間以上の長い練習では重要なことだ（1時間以下の練習では、ふつう、グリコーゲンは問題になるほど減少せず、炭水化物を摂取してもそれほど効果はない）。なお、最初のグリコーゲン濃度や、その減少の速さは一様ではなく、さまざまな要因で変化する。

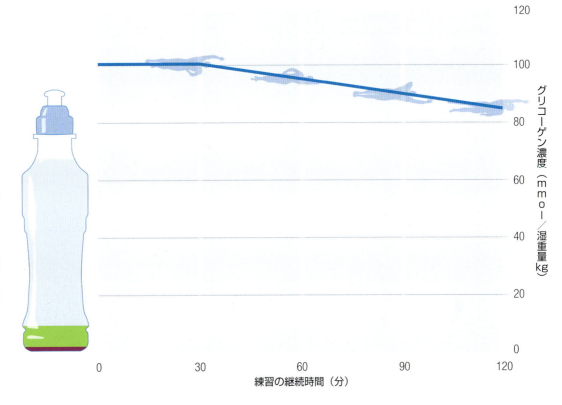

練習中に炭水化物を摂取した場合

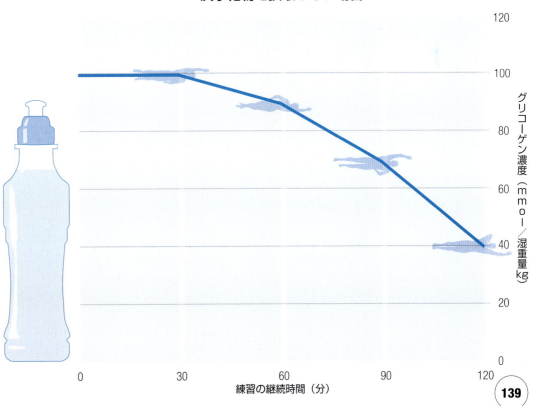

炭水化物を摂取しない場合

筋肉と代謝の適応を促進するためには何を摂取するべきか？

練習のあとは何を食べたらいい？

水泳はさまざまな面で体を酷使するスポーツだ。体液や電解質が失われ（p150-151）、体内のさまざまな機能が疲労し、関節に力が加わる。しかし水泳で最も負担がかかるのは、水中を前へ進むために使われる筋肉だ。またその筋肉によって多大なエネルギーも消費される。練習後の栄養摂取では、この筋肉への負担とエネルギーの消費という両方のダメージに対処する必要がある。

練習中、筋肉への負担によって引き起こされることのひとつは、骨格筋の分解だ。この分解した筋肉を修復することで、筋肉を練習に適応させ、ひいてはパフォーマンスを高められる。練習後2時間以内に体重1kgあたり0.2-0.4gの良質の蛋白質を摂取すると、筋肉を最もよく修復できる[*1]。良質の蛋白質源になるのはふつう、動物性のもの（牛乳、卵、鶏肉、牛肉、魚など）だが、豆など、植物性の蛋白質にも良質のものがある。良質の蛋白質とは、骨格筋に取り入れられやすいアミノ酸を含んだものをいう。練習後の筋肉の修復のために行うこの蛋白質の摂取も、蛋白質の1日の総摂取量にカウントできる（p128-129）。

また、長時間のスイム練習で大量のエネルギーを消費したあとは、グリコーゲンの貯蔵量が底をついていることが多い。したがって適切な炭水化物の摂取によってグリコーゲンを十分に補給し、次の練習のセッションで使うエネルギーをしっかり蓄えておくようにしたい。練習で体内のグリコーゲンが枯渇した場合、24時間以内に合計で体重1kgあたり9-11gの炭水化物を摂取すれば、最も効果的にグリコーゲンを補充できる[*2]。

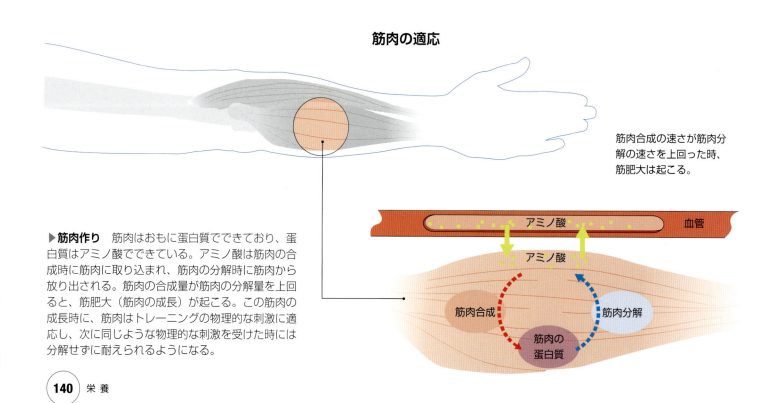

筋肉の適応

筋肉合成の速さが筋肉分解の速さを上回った時、筋肥大は起こる。

▶**筋肉作り** 筋肉はおもに蛋白質でできており、蛋白質はアミノ酸でできている。アミノ酸は筋肉の合成時に筋肉に取り込まれ、筋肉の分解時に筋肉から放り出される。筋肉の合成量が筋肉の分解量を上回ると、筋肥大（筋肉の成長）が起こる。この筋肉の成長時に、筋肉はトレーニングの物理的な刺激に適応し、次に同じような物理的な刺激を受けた時には分解せずに耐えられるようになる。

▶**回復のための栄養補給**　練習後にしっかりグリコーゲンを補給することは、次の練習のセッションに備える上で最も大切なことのひとつだ。右の棒グラフは、運動選手を2グループに分けて、筋肉のグリコーゲンが減る運動をさせ、24時間後に筋肉のグリコーゲン量を計測した結果である。両グループとも、24時間の回復時間後に摂取した炭水化物の量は体重1kgあたり10g（4回の食事で摂取）だったが、いっぽうのグループはグリセミック指数の高い食事（スポーツ飲料、ジュース、精白パン、精白米など）を与えられ、もういっぽうのグループはグリセミック指数の低い食事（全粒穀物、オーツ、ブラウンブレッド、野菜など）を与えられた。24時間の回復時間後、筋肉のグリコーゲンの増加量が多かったのは、グリセミック指数の高い食事をしたグループのほうだった。この結果からは、練習で減ったグリコーゲンの貯蔵量の回復には、グリセミック指数の低い炭水化物より高い炭水化物のほうが適しているといえる[*3]。

■ グリセミック指数の低い食事
■ グリセミック指数の高い食事

運動の24時間後に計測した筋肉のグリコーゲン貯蔵量の平均増加量（mmol／湿重量kg）

71.5
106

カフェインのパフォーマンス向上効果は泳ぎにどういう影響をもたらすか？

カフェインを摂ると、速く泳げる？

カフェインは水泳界の内外で広く利用され、エルゴジェニック（パフォーマンス向上）剤としての服用は社会的にも、倫理的にも認められている。エナジードリンクとして飲まれることもあれば、錠剤や粉末の形で摂取されることもある。乾燥させたもののほうがコーヒーよりやや効きやすいことが研究で示されてもいる。とはいえ、最も一般的なカフェインの摂取方法は今でもおそらくコーヒーを飲むことだろう。

カフェインのエルゴジェニック効果に関してはすでに数々の研究が行われており、さまざまなパフォーマンスの向上効果があるといわれている。中でも最も強力な証拠が得られているのは、中枢神経系を刺激する効果だ。カフェインはたいへん腸に吸収されやすく、血液によって体中に運ばれる。血液脳関門もたやすく通り抜けることができ、そこで中枢神経系に刺激を与えて、脳が疲れを感じるのを遅らせる[*1]。また、脂肪の燃焼を増やして、基質の利用効率を高め、グリコーゲンの消費を「節約」するという効果もカフェインにはあると考えられている。高強度の泳ぎをどこまで続けられるかは、たいていグリコーゲンの貯蔵量で決まるので、この効果はスイマーにとって有益だ。そのほかには、神経筋機能を改善する、βエンドルフィンを増やす、体内の熱発生を促進する、偽薬効果をもたらすといった効果があることが示唆されている。

カフェインにエルゴジェニック効果があることはもはや常識になっているが、研究によると、その効果を生かすには相応の水泳のトレーニングが必要なようだ。訓練を積んだスイマーとときどきしか泳がない（訓練を積んでいない）スイマーのそれぞれの泳ぎがカフェインの摂取でどう変わるかを調べた研究がある。どちらのグループにも、最大努力による100mのクロール泳を2本、20分の間隔で行わせた。1本めの前には250mgのカフェインを摂取させ、2本めの前には250mgの偽薬を飲ませた。その結果、訓練を積んでいるスイマーのグループにだけ、カフェイン摂取後にパフォーマンスの向上が見られた。これの結果にはカフェインには上級スイマーの泳ぎをさらに速くする効果しかないことが示されている[*2]。また、少量のカフェインを常飲していると、耐性ができ、急性摂取時のエルゴジェニック効果が薄れるという研究結果があるいっぽう[*3]、多量のカフェインを常飲していても、急性摂取時のエルゴジェニック効果に影響はないという研究結果もある[*4]。さらに、ふだんカフェインを摂取していない人がカフェインを摂取すると、気持ちがざわざわするという報告は多い[*1]。この報告に示されているのもやはり、カフェイン摂取の刺激を有効に使って、パフォーマンスの向上に結びつけるためには、ふだんからカフェインに慣れておくとともに、パフォーマンスを高めたい活動の訓練を積んでおくことが前提になるということだ。「カフェイン中毒」の人は、日常の摂取量を減らして、ある特定の活動のためだけにカフェインを利用すると、効果が高まる可能性もある。

▶**分子の競合** カフェインが中枢神経系に働いて、エルゴジェニック効果をもたらすのは、おもにその分子構造によるものだ。カフェインの分子構造は鎮静効果をもたらすアデノシンという神経修飾物質の分子構造にとてもよく似ている。アデノシンは脳のニューロン（神経細胞）の表面にあるアデノシン受容体を活性化させることで、鎮静作用を生み出す。しかしそこにアデノシンの「受容体アンタゴニスト」になるカフェインの分子があると、アデノシン受容体を活性化させられない。アデノシンの分子にとてもよく似た形をしたカフェイン分子がアデノシン受容体と結合して、アデノシンとアデノシン受容体との結合を阻むからだ。そうするとカフェイン自体はアデノシン受容体を活性化しないので、アデノシン受容体の活性化によって疲労感が生じるのを避けられる。

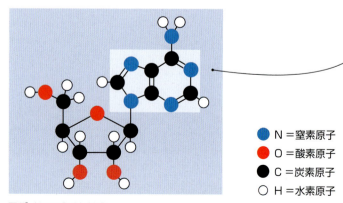

アデノシン $C_{10}H_{13}N_5O_4$

● N＝窒素原子
● O＝酸素原子
● C＝炭素原子
○ H＝水素原子

▶**カフェイン効果** 体重1kgあたり6mgのカフェインを摂取すると、それから30分の間に血中カフェイン濃度が急上昇する。血中カフェイン濃度は摂取後90分までにピークに達したあと、3時間以上、ほとんど低下しない[*5]。実際、一般的な摂取量である体重1kgあたり3mgほどの摂取でも、パフォーマンスを高める効果があることが示されている。平均的な競泳選手の体重で計算すると、その量はだいたい150-300mgになり、カップ1、2杯分のコーヒーで摂取できる。このカフェインによるパフォーマンスの向上効果は最長6時間続くことがある[*6]。

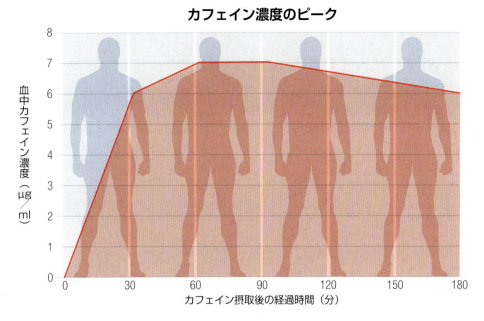

カフェインと神経系

- アデノシン
- カフェイン
- 脳神経細胞表面の受容体

基礎知識

米国の保健福祉省と農務省による最新の栄養摂取基準では、1日のカフェインの摂取量は400mg──マグカップでコーヒー約3杯──以下にするべきだとされている。

カフェイン $C_8H_{10}N_4O_2$

クレアチンサプリメントの摂取でホスファゲン機構の持続を長くできるか？

クレアチンを摂取すると、泳ぎはよくなるの？

クレアチンはパフォーマンスを向上させるために使われているポピュラーなサプリメントのひとつだ。ほとんどのスポーツ協会や世界アンチ・ドーピング機関（WADA）などの反ドーピング機関でも利用を認められている。パワーリフティングやアメリカンフットボールなどの筋力・パワー系の種目で使われるのが一般的だが、効果が期待できる種目は水泳をはじめ、とても幅広い範囲に及ぶ。クレアチンのサプリメントにどういうパフォーマンス向上効果があるか、またはないかを理解するには生体エネルギー学の基礎的な知識が必要になる。

人体のエネルギーのいちばんの大本になっているのは、3つのリン酸基からなるアデノシン3リン酸（ATP）という化合物だ。ATPからリン酸基が1個外れると、アデノシン2リン酸（ADP）が生じ、エネルギーが放出される。このエネルギーが水泳時の筋肉の動作をはじめ、ありとあらゆる生命活動のために細胞内で使われている。このエネルギーを生み出す仕組みのことをホスファゲン機構と呼ぶ。ホスファゲン機構では身体活動に必要なエネルギーがすばやく供給されるが、ATPの蓄えは短時間しか持たない。ATPの蓄えが尽きた時には、ATPを作るため、ADPへの「再装塡」が必要になる。

ADPからATPを再合成する最も手早い方法は、クレアチンリン酸（CP）を使う方法だ。クレアチンリン酸中のクレアチン分子にはリン酸が結合しており、クレアチンリン酸はいわばリン酸の貯蔵庫の役割をしている。ATPが減り、ADP濃度が高まると、クレアチンリン酸からADPにリン酸が「再装塡」されて、ATPが合成される。そうするとまたそのATPが分解してADPになることで、身体活動に必要なエネルギーが生み出される。クレアチンリン酸の化学反応はとても速く、エネルギーの最大出力を保つことができる（解糖系などの無酸素のエネルギー生産方法や、ミトコンドリアを使う有酸素のエネルギー生産方法では出力は減る）。ただ、クレアチンリン酸は尽きるのも速く、数秒しか持たない。

クレアチンリン酸はサプリメントを摂取しなくても、体内に自然に蓄えられている。赤身の肉など、多くの動物性の食品には少量のクレアチンが含まれているので、ふだんの食事を通じて筋肉内のクレアチン量を増やすことは可能だ。そうすればリン酸の蓄えが増え、最大強度の運動の持続時間を長くできる。しかし、パフォーマンスを高めるほどの効果を得るためにはふつう食事だけでは足りず、クレアチンサプリメントの摂取が必要になる。サプリメントを摂取すると、5-30秒間の高強度の泳ぎのパフォーマンスを高められる[*1]。これはレースでのタイムの短縮につながることを意味するだけでなく、スイム練習や陸上トレーニングでも適応を促進できることを意味する。

> **基礎知識**
>
> サプリメントに禁止物質が含まれていないかどうかを検査している機関には、NSFインターナショナルとインフォームドチョイスの2機関がある。アスリートがサプリメントを選ぶ時は、そのような機関に認証された商品を選ぶのがよい。
>
> 注意：サプリメントのガイドラインは成人スイマーを対象にしたものである。

▶**満タンに** クレアチンのサプリメントには2種類の標準的な摂取方法がある。両方法とも科学的な裏づけがあり、筋肉内のクレアチン量を筋肉の乾燥重量1kgあたり132mmolから「飽和状態」と見なされる160mmolまで約20%増やせる。ひとつは1日3-5gの摂取を4週間続けることで、徐々にクレアチン濃度を「飽和状態」まで高めるゆるやかな方法で、もうひとつは1日に4回、クレアチンを5gずつ摂取し、もっといっきにクレアチン濃度を高める方法だ。後者の方法では5日で、筋肉内のクレアチン濃度は「飽和状態」に達する。どちらの方法でもその後は1日に3-5gの摂取を続けることで、「飽和状態」を維持できる[*1]。

▶ **ATPの再合成** ATPは荷重によってエネルギーを蓄えたばねに譬えられる。リン酸基をひとつ失って、そのエネルギーを放出すれば、いわば荷重を取り払われた状態のばねであるADPになる。ADPからATPを作って、ふたたびエネルギーを生み出すためには、ADPにリン酸基を加えて、ばねに荷重をかけ直さなくてはいけない。この荷重のかけ直しはクレアチンの助けで行われる。ATPの再合成が可能になるのは、クレアチンキナーゼという酵素の働きのおかげだ。クレアチンキナーゼが触媒として仲立ちすることで、クレアチンリン酸からリン酸がADPに渡され、ADPがATPに戻る。加えて、クレアチンキナーゼは安静時に生じる逆反応の触媒になるほか、クレアチンとリン酸からクレアチンリン酸を再形成するのにも必要になる。クレアチンリン酸が再形成されるのは、ATPから「空の」クレアチン分子にリン酸基が渡される時だ。同時に、クレアチンリン酸の再形成に使われたATP分子自身は、別のエネルギーシステムによって一定の時間をかけて回復を果たす。なお、クレアチン水和物サプリメントは全員に効果があるわけではなく、運動選手の80%にしか効かないようだ。残りの20%は「非応答者」だと考えられる。このサプリメントを摂取すると、体重が水分によって増えることがあるが、害はない。

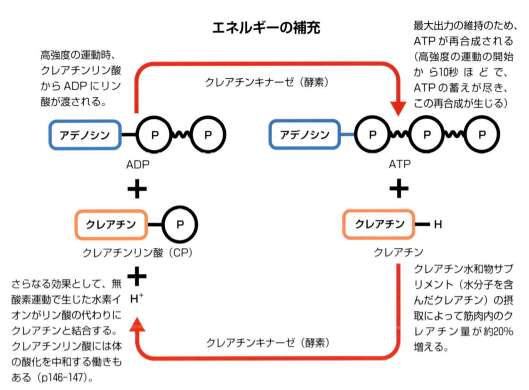

エネルギーの補充

高強度の運動時、クレアチンリン酸からADPにリン酸が渡される。

クレアチンキナーゼ（酵素）

ADP + クレアチンリン酸（CP）

最大出力の維持のため、ATPが再合成される（高強度の運動の開始から10秒ほどで、ATPの蓄えが尽き、この再合成が生じる）

ATP + クレアチン

クレアチン水和物サプリメント（水分子を含んだクレアチン）の摂取によって筋肉内のクレアチン量が約20%増える。

さらなる効果として、無酸素運動で生じた水素イオンがリン酸の代わりにクレアチンと結合する。クレアチンリン酸には体の酸化を中和する働きもある（p146-147）。

H^+

クレアチンキナーゼ（酵素）

体内のクレアチン量

サプリメント非摂取

サプリメント摂取でクレアチン量は約20%増え、もうそれ以上増えない「飽和状態」に達する。

体の酸化を抑えられる物質は何か？

> 泳ぐスピードを維持するにはどんなサプリを摂ったらいいの？

運動をしていると、エネルギーを生み出す複雑なメカニズムの過程で水素イオンが副産物として発生する。この水素イオンは物質を酸性にする成分なので、パフォーマンスを低下させる原因になる。水素イオンによって体が酸性の側に傾くと、筋肉の収縮が妨げられ、エネルギーの生産に必要な酵素がダメージを受ける。低強度の運動であれば、水素イオンは自然に除去されるので、パフォーマンスを損ねるほどに蓄積することはない。しかし、運動の強度が上がると、筋肉や血中から水素イオンを取り除くスピードがその発生のスピードに追いつかず、しだいに体内に水素イオンが溜まっていく。高強度の泳ぎの最中に焼けるような感覚が生じるのは、乳酸のせいだと誤解している人が多いが、この水素イオンの蓄積が真の原因だ（乳酸は筋肉中で発生とほぼ同時に乳酸イオンと水素イオンに分解していく）。水素イオンの中和バッファーになる物質は、体内に水素イオンが蓄積するのを抑制し、体が酸化によって疲れるのを遅らせることができる。

そういう物質のひとつに、カルノシンと呼ばれるジペプチドがある。ジペプチドとは2種のアミノ酸の結合でできた分子のことで、カルノシンの場合は、βアラニンとヒスチジンからなる。

βアラニンとヒスチジンの結合によって体内に生成されたカルノシンは、筋肉細胞の中に蓄積し、水素イオンを抑制する働きをする。βアラニンを摂取することでこのカルノシンの生成は促せるが、パフォーマンスを高めるほどの効果を得るには、ふつう、1日に1.6g×4回の摂取が必要になる。また摂取を数週間以上続けて、カルノシン濃度を一定レベルまで高めておかなくてはいけない[*1]。人によっては皮膚がちくちくすることがあって、不快さを感じるが、体に害はない。

重炭酸ソーダ（重曹）としてよく知られる重炭酸塩も、同じように水素イオンによる酸化を中和する働きを持つ。高強度の泳ぎを続けると、しだいに細胞の内側とその周りの液体部分の両方が、水素イオンによって酸化してくる。重炭酸塩が作用するのは、この細胞の周りの液体部分だ。重炭酸塩のエルゴジェニック効果を得るには、ふつう、体重1kgあたり290mgを運動の1-2時間前に摂取する必要がある[*2]。胃腸に不快感を生じることが珍しくなく、かえってパフォーマンスの低下を招くこともあり、その有効性には疑問が残るかもしれない。それでも、パフォーマンスの向上のために重炭酸塩やβアラニンを摂取することは、ほとんどのスポーツ協会や、世界アンチ・ドーピング機関（WADA）などの反ドーピング機関で、スポーツ倫理に照らして妥当だと認められている。

カルノシンの生成

ヒスチジン $C_6H_9N_3O_2$（アミノ酸）

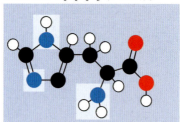

βアラニン $C_3H_7NO_2$（アミノ酸）

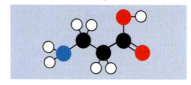

分子のこの部分が水素イオンをすくい取る。するとH^+イオンは N と結びついて、NH^+に変わる。このようにしてカルノシンは水素イオンによる酸化を中和する働きをする。

カルノシン合成酵素

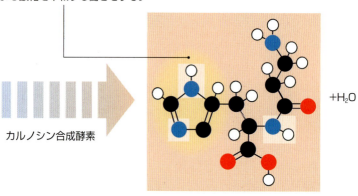

$+H_2O$

カルノシン $C_9H_{14}N_4O_3$（ジペプチド）

- ● N ＝窒素原子
- ● O ＝酸素原子
- ● C ＝炭素原子
- ○ H ＝水素イオン

▶**式から酸を取り除く** 体内に摂取された重炭酸塩はすぐにナトリウムイオンと重炭酸イオンに分解する。すると重炭酸イオンは水素イオンと結びついて、炭酸を形成し、さらにその炭酸が二酸化炭素と水に分かれる。二酸化炭素と水はどちらも肺の呼気によって排出され、それでも残った水は腎臓によって除去される。これが体内で重炭酸によって自然に行われている中和のシステムの一部だ。このシステムによって血液の酸度は、運動以外のさまざまな目的で制御されている。しかし、重炭酸塩の摂取によって体外から重炭酸イオンを追加すれば、運動中に発生する水素イオンも抑制できる。

水素イオンとパフォーマンス

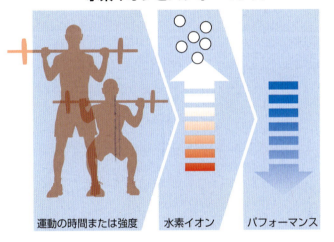

▲**酸性化の影響** 高強度の運動を続けると、しだいに細胞内外の水素イオンが増える。サプリメントを摂取して、水素イオンの増加を抑えなければ、パフォーマンスの低下は避けられない。

◀**中和** アミノ酸の1種であるβアラニンとヒスチジンが結合して、カルノシンと呼ばれるジペプチドができる。この結合はカルノシン合成酵素という酵素を触媒にして行われる（触媒は他の物質の化学反応を助けるが、自身は変化しない）。ヒスチジンは体内に豊富にある一方、βアラニンはそれほどないので、自然の状態ではヒスチジンとβアラニンの結合のペースにはおのずから限度がある。しかしサプリメントでβアラニンを摂取して、その量を増やせば、カルノシンの生成のペースを速められる。カルノシンが生成されると、その分子構造の「輪」の部分に水素イオンが縛りつけられ、細胞内から取り除かれる。H^+はそこで窒素原子Nと結びついてNH^+を形成する。筋肉内のカルノシンの量がある一定レベルに達すると、カルノシンの生成によって水素イオン濃度を大きく抑制できるようになる。

重炭酸による中和のシステム

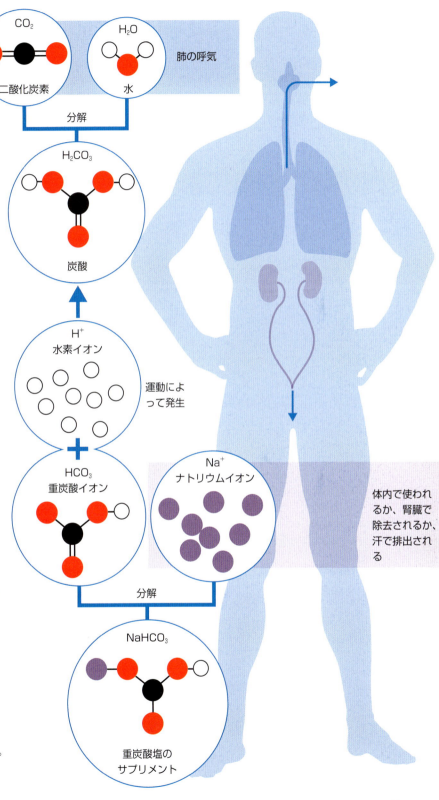

現場の科学　一流選手の食事

　体重約80kgの一流選手の典型的な1週間のトレーニングは、18時間のプールでのトレーニングと4時間の陸上トレーニングからなる。今日のトレーニングは、午前9時から10時まで1時間、高強度のスイム練習、午後3時から5時まで2時間、中強度のスイム練習、午後5時30分から6時30分まで1時間、ウエイトトレーニングというスケジュールだ。

　朝食のメニューは、ブラックのコーヒーにチョコレートミルク、少量のチーズ、それにバターを塗ったベーグル。このようなメニューなら、準備に時間がかからず、睡眠時間を確保しやすい。コーヒーには水分のほかにカフェインが含まれているので、パフォーマンスを高める効果もある。午前の練習中は水を飲む。練習後はストロベリーとスキムミルクのスムージーを飲む。この時に固形を食べると、昼食時の食欲が抑えられてしまう。ランチには、残り物のミートソースパスタと、ドレッシングをかけたほうれん草サラダを食べる。このようにあらかじめ1回の調理で何食分かの量を作っておけば、忙しい練習スケジュールの中で調理の時間を節約できる。午後の軽食時には、午後の長い練習に備えるためと定時の蛋白質の摂取のため、ブラックのコーヒーとともに、バニラ味のギリシャヨーグルトと、ジャムを塗ったトースト2枚を食べる。

　午後の練習に必要なエネルギー補給は、練習中、粉末の炭水化物を溶かした水を飲むことで行う。炭水化物の濃度を6％にすると、胃排出率を最もよくでき、胃に負担をかけないですむ。練習後は、練習後とウエイトトレーニング前のリカバリー飲料として、蛋白質と炭水化物の粉末を溶かした水を飲む。トレーニングで忙しい選手にとって、サプリメントは3大栄養素の摂取目標を満たすための切り札になる。ウエイトトレーニング中は水を飲み、トレーニング後には、水とともに市販のピーナツバターとジャムのサンドイッチを1個、グラノーラバーを2本食べる。トレーニング後、家に着くまでに長い時間がかかると、食事のタイミングを逸してしまうことがあるが、夜の食事をこのように2回（この食事と夕食）に分けることで、それを避けられる。夕食はバーベキューソースの鶏胸肉ソテー、ご飯、蒸したブロッコリー、とろけたチーズ。就寝前にボリュームのある食事を取ることで、寝ている間の回復とトレーニングへの適応を促進できる。

　このようにして摂取された1日のカロリーの合計は4125kcalになる。栄養素の内訳は、炭水化物644g、蛋白質196g、脂肪85g、水分4.5ℓ、カフェイン600mgだ。

▶パフォーマンスを引き出す栄養摂取　正しい食生活は誰にとっても大切だ。スイマーも例外ではない。炭水化物、蛋白質、脂肪、水分、ビタミン、ミネラル、電解質、そして場合によってはサプリメントをバランスよく、適切なタイミングで摂取することが、パフォーマンスの向上や体組成の改善、トレーニングへの適応に欠かせない。

電解質とはいかなるもので、パフォーマンスにいかに影響するか？

塩分はどれぐらい摂るべき？

電解質とは分子内に電荷を持つか、持ちうる物質だ。生理学の分野で重要な電解質にはナトリウム、カリウム、カルシウム、マグネシウム、塩化物、リン酸、重炭酸がある。これらは体内でさまざまな役割を担っている電解質で、その中には水泳のパフォーマンスに影響するものも多い。そのいくつかは本章のほかの箇所でも取り上げているが、パフォーマンスを高める食事について考えるなら、ナトリウムに注目しなくてはいけない。

ナトリウムは体内の水分バランスを保つ役割を果たし、水分の減少を防いでいる。人によっては、ナトリウムが循環血液量の過度な増加を引き起こし、それによって高血圧を招くこともある。しかしスイマーのように体を活発に動かしている人にはふつうそういう心配はない。むしろ、多くのスポーツでは、水分を保つ働きをするナトリウムの摂取を増やすことは、最高のパフォーマンスを発揮するのに必要な血液量を維持することに役立つ。これは水泳にもあてはまることだ。屋外で行う持久系の種目に比べたら、発汗量は少ないとはいえ、軽い脱水を起こすことや水分不足でパフォーマンスが低下することはある。

競泳選手にとって、適量のナトリウムを摂取して、汗で失われた分を補給することは、練習やレース中に必要な水分を保持する上で欠かせないことだ。「国民健康栄養調査2009-2012年」によると、米国の成人の1日のナトリウムの平均摂取量は4gという結果が出ている。これは「米国人のための食生活指針」で推奨されている「1日に2.3g以下」よりだいぶ多い。しかし、競泳選手の場合、ふつうはそれぐらい多めでちょうどいい。汗で失われた分を補給して、パフォーマンスを落とさないよう適切な水分を保持するためには、それぐらいの摂取が必要になる。競泳選手は「米国人のための食生活指針」どおりにはナトリウムの摂取量を減らさないほうがいいだろう。

▶ **塩分の摂取** 汗で失われたナトリウムは食べ物の摂取でしっかり取り戻す必要がある。幸い、塩にナトリウムが豊富に含まれているので、簡単に塩で体内のナトリウム量を回復できる。塩は多くの料理の味つけや保存に用いられている。したがって、ふだんの食事だけで適量を摂取できるだろう。食事以外に摂取する必要はない。電解質のスポーツ飲料にも塩は少量含まれている。長距離走のランナーなど、発汗量の多い競技の選手にはそういう飲料の摂取が有効だ。そのような競技では、その場でただちにナトリウムを補給する必要があり、食事の時間まで待つことができない。しかし水泳の場合、それほど急いでナトリウムを摂取しなくてはいけないほど大量に汗はかかない。食品のパッケージにはナトリウムの含有量が記されているはずだ。それを見て、摂取量を調整するといい。記載がない食品——例えば、果物など——には、おそらくナトリウムはさほど含まれていない。

食事によるナトリウム摂取

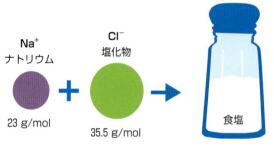

Na^+ ナトリウム 23 g/mol

Cl^- 塩化物 35.5 g/mol

食塩

NaCl 塩化ナトリウム、または塩 58.5 g/mol

これらの数字は各物質のモル質量、つまり1モルあたりの質量を示している（「モル」は物質量を表す単位）。

食塩はナトリウムと塩化物からなる。質量の約39％がナトリウム。

塩1モルは約60g、ティースプーン10杯分に相当する。ティースプーン1杯の塩（約6g）にはナトリウムが2.3g含まれている。

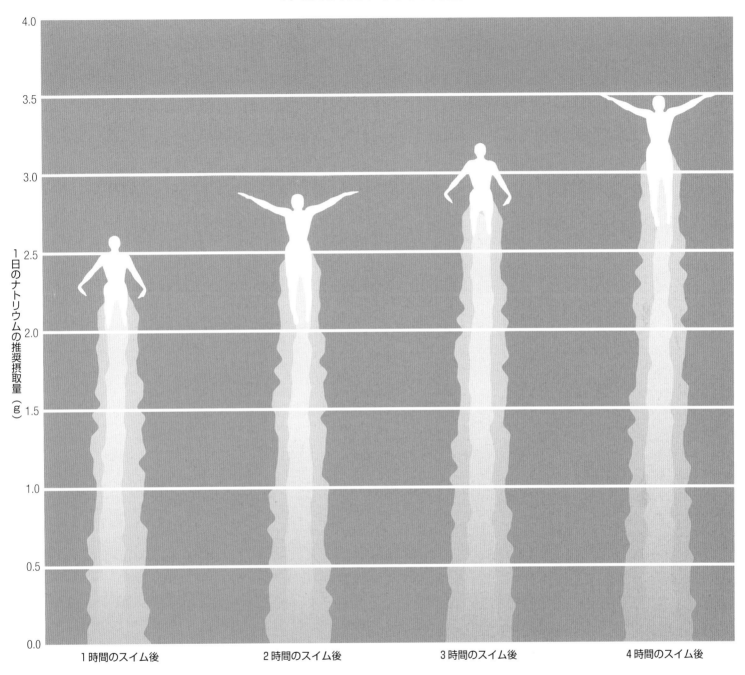

▲**汗で流れ出るナトリウム** ある研究では、訓練を積んだスイマーの汗のナトリウム濃度は平均約1.1mg/g、発汗量は1時間あたり平均約280gであることが示されている[*1]。これは1時間泳ぐごとに約300mgのナトリウムが体から流れ出る計算になる。したがって1時間泳ぐと、ナトリウムの推奨摂取量は13%増える。数時間の練習なら、さらに多くのナトリウムが失われる。失われたナトリウムはすべて食事で取り戻す必要がある。

　どんなスポーツも体に負担をかける。競技レベルではなおさらだ。水泳も例外ではない。パフォーマンスを最大限に高めるためには相当な量のトレーニングと反復を求められ、それらの練習によって体の特定の部位に負担をかけることになる。負担が積み重なれば、その部位は損傷し、けがをする。したがって、けがを防ぐには、それらの負担をよく理解しなくてはならない。どういう体の動きが負担になるのか、どうすればその負担を減らせるのかを、水泳のトレーニングに関わる人は全員、知っておきたい。それでも、けがをすることはある。したがって、けがの影響を最小限に抑え、できるだけ早くプールに戻れるよう、けがの初期段階での対処方法を知ることも大切だ。

第6章

けがの予防とリハビリ

G・ジョン・マレン

けがをした時には生理学的に何が起こっているか？

→ けがかどうかはどう判断すればいい？

　水泳では単なる痛みとけがの区別がつきづらく、けがの程度も見きわめにくい。ほかのスポーツの選手と違って、水泳選手には特定の部位の使いすぎによるけがが多い。つまり過負荷の蓄積で生じるけがだ。けがをした時にはまず最初に、傷ついた組織が炎症を起こす（「炎症期」）。炎症は数秒で生じるものだが、けがの明らかな兆候であり、程度がひどかったり、処置が悪かったりすると、何カ月も続くこともある。

　炎症の代表的な兆候や症状は、腫れ（腫脹）、赤み（発赤）、発熱、疼痛で、時に機能障害を伴うこともある。赤みや発熱が生じるのは、局部的に血管が拡張して、その部位に流れ込む血流が増えるせいだ。また血管の透過性が高まって、損傷した組織に血漿がしみ出すと、腫れが生じる。損傷した組織には、まず好中球と呼ばれる白血球が最初の6-24時間で送り込まれ、さらに単球と呼ばれる白血球が24-48時間の間に送り込まれる。単球は食作用といわれるプロセスによって、組織内の傷ついたり、死んだりした細胞を、病原菌やほかの異物といっしょに取り込んで、分解する。2日ほどするとそれらの単球はマクロファージに成長して、筋肉の再生を促す化学物質を分泌し始める。ただし、水泳選手に多い使いすぎによるけがの場合、マクロファージの働きが長期間続くせいで、線維化と呼ばれる傷が生じ、筋組織がダメージを受けることがある。

　けがの回復が始まる次の段階は「増殖期」と呼ばれ、この段階で新しい組織の成長が始まる。増殖期には炎症が消え、体がみずからを修復し始める。特殊な細胞によって新しい組織が形成されるとともに、損傷箇所の修復の材料になるコラーゲンという蛋白質が体内で生み出される。ただしこの段階ではコラーゲンはまだばらばらで、まとまった構造をなしていない。この段階で注意しなくてはいけないのは、けがの修復は進んでいても、まだ完全に治ったわけではないということだ。回復を妨げないよう気をつけなければならない。

　回復の最終段階は「成熟期」または「再構築期」と呼ばれ、2カ月から4カ月またはそれ以上続くこともある。この段階でコラーゲン繊維がまとまった構造をなし、筋力と機能が完全に取り戻され始める。ただしまだ正常時よりは同じけがをしやすい状態にある。

回復の3段階

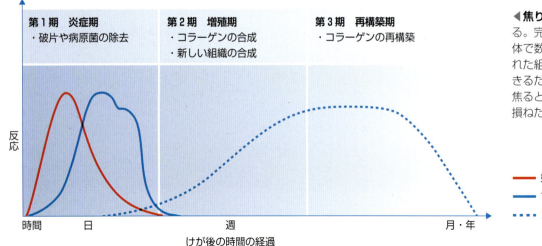

◀ **焦りは禁物** けがの治癒過程は3段階からなる。完全に筋力や機能が回復するまでには、全体で数カ月から数年かかる。その間は、再生された組織は損傷しやすい状態にある。選手はできるだけ早くプールに戻りたいと思うものだが、焦ると同じけがを繰り返したり、けがの回復を損ねたりする危険性が大きく増す。

けがと回復の過程

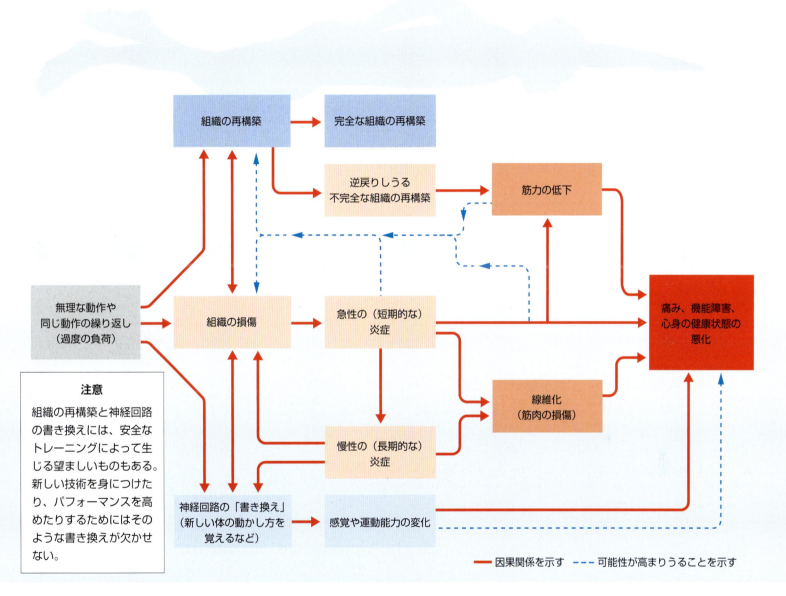

▲**痛み以外の影響** けがは単純な肉体的な痛みのほかにも、スイマーにいろいろな問題をもたらす。組織の損傷によって痛みが発生すると、得てしてその痛みを避けようとして、体の動きが変わってしまう。そのようにして体の動きが変わることはパフォーマンスにも、けがの回復にも多大な悪影響を及ぼす。例えば、1年間、痛みを抱えて泳いでいると、体の動きが変わることで、神経回路の「書き換え」が生じる。その「書き換え」られた神経回路を「上書き」し正しい技術を取り戻すのに、何年もかかることがある。また精神的な影響も非常に大きい。けがをした選手がふたたびトップレベルのパフォーマンスを発揮するためには、リハビリにじっくり取り組む精神力が要求される。筋繊維に微小損傷を負う程度の軽いけがでも、少しずつ過負荷を高めながら、ゆっくりと練習の量と強度を元に戻していかなくてはいけない。そうしないと痛みやけがを繰り返すことになりかねない。

泳ぐ時に肩が痛むのはどうして？

水泳時に肩の痛みを引き起こすストレス要因は何か？

どんなスポーツにも特にストレスのかかる体の部位がある。水泳の場合、肩がひたすら回され続けるという過酷なストレスに耐えている。人間の肩は年間で何百万回も回すように進化したものではない。

水泳部に所属する高校生を対象にした最近の研究では、12カ月の間に軽い肩の痛みを訴える者が85%、中程度の肩の痛みを訴える者が61%、強い肩の痛みを訴える者が21%いた。そのうち病院で診察を受けた者は14%しかいなかった[*1]。また、鎮痛剤を週に1回以上服用している者は73%にのぼった。肩を痛めることが多いのは、ジュニアスイマーだけではない。別の研究では、2008年のオリンピックに出場した米国人選手の66%が過去に肩を痛めていることが明らかになっている[*2]。

長時間泳ぐ練習を長期間にわたって続けることが、当然考えられる肩の痛みの原因のひとつだ。医療の専門家の多くが指摘しているように、過剰な練習量は使いすぎによるけがを招く。ある研究によると、大学の女子水泳選手のけがの44%が、陸上トレーニングなどではなく、水泳そのものによって起きており、そのほとんどが肩や上半身のけがだという[*3]。また、練習の強度も関係している。強度が上がれば、体への負担は増す。体に過度の負担をかけない範囲で練習をするためには、それぞれの選手に合った練習の量と強度を見つけることが必要だ。

泳ぎ方も肩の痛みの大きな原因になる。泳ぎ方が悪いと、肩へのストレスが増し、肩がその負担に耐えられなくなることがある（p66-67）。理想的な泳ぎ方は人によっても、練習の強度によっても違う。肩への負担を減らせるよう、個々に練習メニューを立てるのがいいだろう。

また、スイマーの身体的な特徴の影響も小さくない。身体的な特徴の中には改善できるもの——筋力や可動性など——とできないものがある。もしスイマーが練習に耐えられるだけの筋力の強さを持っていなければ、練習の途中でフォームを崩し、肩への負担は増すだろう。「肩甲骨の運動異常」と呼ばれる肩の異常が、練習の最初の4分の1の時点でスイマーの37%に、半分の時点では68%に、4分の3の時点では73%に発生する。さらに練習の終了までには、実にスイマーの82%が「肩甲骨の運動異常」を起こす。これは肩甲骨を支える筋力に十分な持久力がないことを示している[*4]。また可動性に難がある場合にも、肩へのストレスは増す。例えば、胸筋が硬いと、肩甲骨の上方回旋の動きが制限され[*5]、肩峰下の隙間が狭まってしまう（p66-67）。

▼**肩の中**　下の図は、前から見た肩の解剖学的な構造である（鎖骨靭帯と肋骨は省かれている）。人によっては肩がけがをしやすい構造をしていることがある。例えば、肩峰が大きかったり、曲がったりしている人は肩を痛めやすい。そういう生まれつきの特質を改善するには、外科的な処置に頼るしかない。

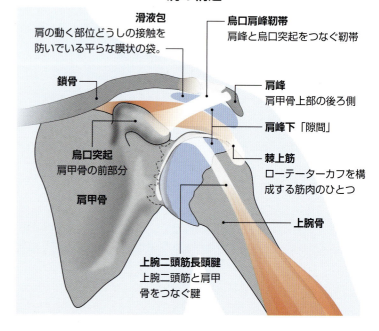

肩の構造

加えられた負荷

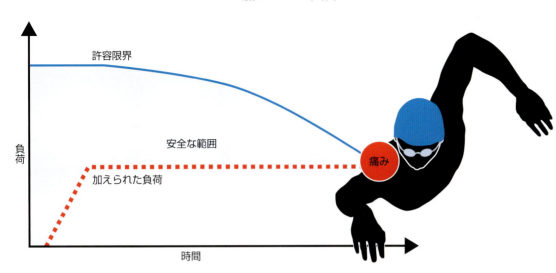

◀ **痛みの閾値** スイマーの肩が損傷するのは、許容限界を超える負荷が長時間、肩に加わった時だ。許容限界を超える負荷がかかっているかどうかは、その瞬間に痛みが発生するので、すぐにわかる。ところが水泳界では、痛みに適切な対応が取られないことが多い。痛みの我慢を強いる水泳界の風潮は、多くの選手の進歩を妨げているだけでなく、水泳自体の発展を阻んでいる。痛みについて指導者と相談できないせいで、多くの選手が水泳をやめたり、痛みを抱えたまま泳ぎ続けたりしている。痛みのあるまま泳ぎ続ければ、痛みは慢性化する。その結果、けがが悪化したり、痛みが心理的な負担になったりする。肩へのストレスになる要素はできるかぎり減らすべきだ。そうすることが肩の故障の予防にも、上達の促進にもつながる。

肩へのストレスになる要素

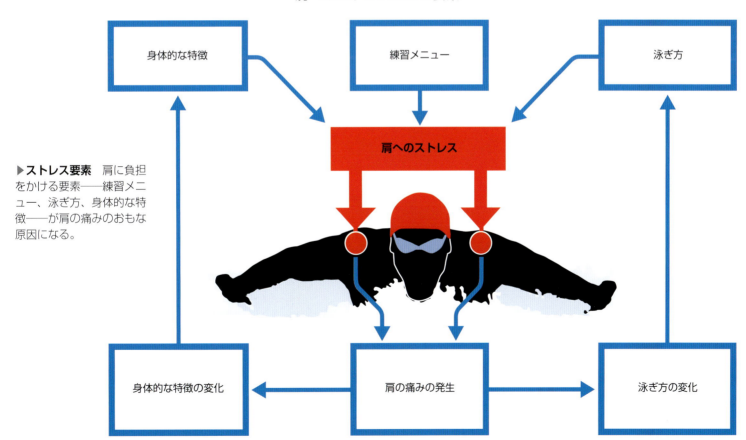

▶ **ストレス要素** 肩に負担をかける要素——練習メニュー、泳ぎ方、身体的な特徴——が肩の痛みのおもな原因になる。

肩の痛みの緩和や けがの予防にはどういう リハビリ方法が有効か？

> 肩の痛みを和らげるには どうしたらいい？ 完全に解消できるもの？

けがの回復や予防のために第一にしなくてはいけないのは、体のそれぞれの部位にかかる負荷を減らすことだ。ただし、リハビリや予防に関わる要素は練習の負荷だけではない。肩のけがを治すには、肩のどの部分に過剰な負荷がかかり、どのような故障が生じたのかを理解することが必要だ。したがって肩の構造と動力学（特に生体力学的に不適切な動きを研究するパソキネティクス）の知識が欠かせない。そして、どこに過剰な負荷がかかっているかがわかったら、次はそこへかかる負荷をいかに減らすかが重要になる。

負荷の減らし方はいろいろある。例えば、練習の量を少なくするか、強度を下げるかして、動作の回数そのものを減らす方法もあれば、泳ぎ方に適切な修正を施して、その部位へのストレスを減らす方法もある。どちらも効果的な方法だ。過負荷がかかる部位や、けがをした部位の周りの筋力を鍛えたり、可動性を高めたりすることでも、負荷を和らげられるだろう。また、陸上での負荷も減らせるよう、水泳以外の活動時の姿勢や体の動かし方も改善するといい。以上のようなことはどれも簡単そうだが、実際はなかなか難しい。そもそもけがをした部分を正確に突き止めることが容易ではない。したがってトップレベルでは、リハビリやバイオメカニクスの専門家と相談しながら取り組むことが必要になる。

肩のけがの予防のために考えるべきことは、リハビリの場合とおおむね似ている。ただ、ひとつはっきり違うのは、すでに過剰な負荷がかかった部位を見つける代わりに、体をどのように動かすとけがをしやすいかを知って、過剰な負荷が体にかかるのをはじめから避けるという点だ。例えば、多くのスイマーはストロークのキャッチ局面で、早めに前腕を垂直に曲げようとして、肩の関節を内旋させることで、ローテーターカフの後ろ側に大きなストレスをかけている。

過剰な負荷でローテーターカフの後ろ側の筋肉を痛めるのを避けるには、それらの部分へのストレスを減らせる、生体力学的に適切な動きをつねに心がける必要がある。例えば、ローテーターカフと肩、それに体全体の筋肉の協調や連動をよくすることがそのためには欠かせない。ローテーターカフの後ろ側とその周りの筋力や動きを鍛えること、また体全体の運動連鎖をよくすることでも、肩全体にかかるストレスを軽減できる。練習の最初は、準備のできていない部位に急に大きな負荷がかからないよう、ゆっくりと負荷を高めていくことが大切だ。もちろん軟組織の頻繁なマッサージや、十分な睡眠と栄養、休息にも回復を早める効果がある。

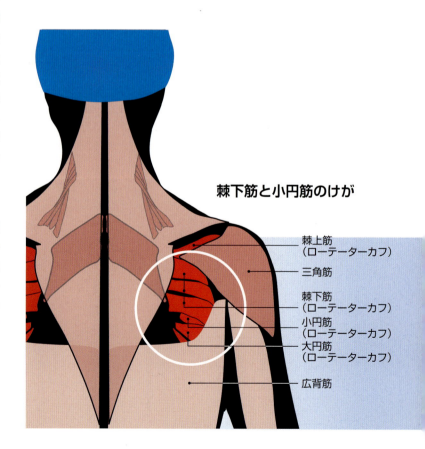

棘下筋と小円筋のけが

- 棘上筋（ローテーターカフ）
- 三角筋
- 棘下筋（ローテーターカフ）
- 小円筋（ローテーターカフ）
- 大円筋（ローテーターカフ）
- 広背筋

複数の分野によるサポート

▶**チームで取り組む**　肩をけがした選手が最良の形で復帰を果たすには、複数の分野によるサポートが欠かせない。生体力学とリハビリの専門家、水泳のコーチ、それに場合によってはスポーツ心理学者も入れて、サポートチームを組むことが必要だ。それらの各分野の専門家たちが密に話し合って、選手の安全なリハビリの方法と、けがの再発予防策を講じたい。

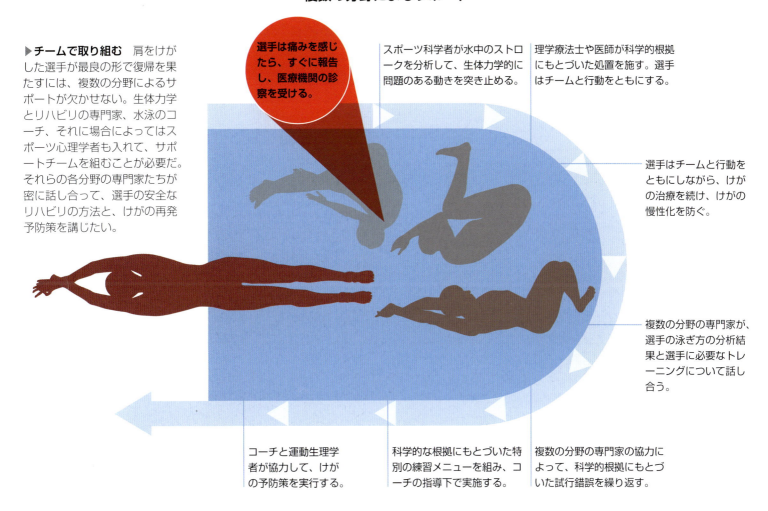

選手は痛みを感じたら、すぐに報告し、医療機関の診察を受ける。

スポーツ科学者が水中のストロークを分析して、生体力学的に問題のある動きを突き止める。

理学療法士や医師が科学的根拠にもとづいた処置を施す。選手はチームと行動をともにする。

選手はチームと行動をともにしながら、けがの治療を続け、けがの慢性化を防ぐ。

複数の分野の専門家が、選手の泳ぎ方の分析結果と選手に必要なトレーニングについて話し合う。

コーチと運動生理学者が協力して、けがの予防策を実行する。

科学的な根拠にもとづいた特別の練習メニューを組み、コーチの指導下で実施する。

複数の分野の専門家の協力によって、科学的根拠にもとづいた試行錯誤を繰り返す。

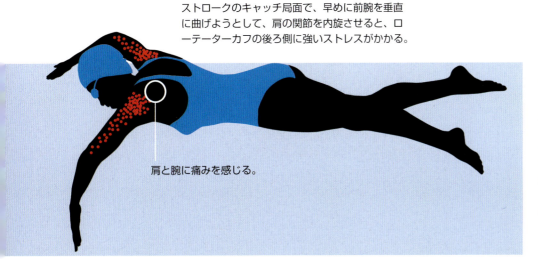

ストロークのキャッチ局面で、早めに前腕を垂直に曲げようとして、肩の関節を内旋させると、ローテーターカフの後ろ側に強いストレスがかかる。

肩と腕に痛みを感じる。

◀**難しい識別**　スイマーの多くは肩全体に痛みを感じるが、ほとんどの場合、その痛みはローテーターカフの後ろ側の筋肉、特に棘下筋と小円筋で発生している。この2つの筋肉はキャッチ局面で勢いよく伸ばされ、その動作によってしだいにダメージを受ける。痛みは肩の後ろ側に直接出やすいが、腕の外側や、三角筋付近、腕の前側（上腕二頭筋の腱のつけ根付近）に出ることもある。これには医師やコーチも惑わされることが多い。

ビート板を使うと、肩や背中にかかるストレスは増すか？

ビート板を使うのは体によくないの？

　脚力を鍛える目的で、練習にビート板を取り入れているスイマーは多い。おそらくビート板は、最もよく使われている水泳の練習用具だろう。初めて登場したのは1940年代で、もとはキック動作を教える道具として考案された。しかしビート板で泳ぐ時の脚の動きは、実際に泳ぐ時の脚の動きを模したものにはなっていない。脚だけを動かす反復運動によって持久力は鍛えられるが、肩や腰にかかる負担が大きく、それらを痛める危険が高まる。

　ビート板を持って泳ぐ時には、両腕を前に伸ばすことにより、肩は屈曲する。そうすると棘上筋腱が持ち上がって、肩峰や烏口肩峰靭帯と衝突し、肩のインピンジメントを起こしやすくなる。またこのような姿勢では、肩の後ろ側の筋肉——小円筋や棘下筋、菱形筋、そのほかの肩甲骨の筋肉——が長く伸ばされる（p158-159）。その結果、肩を痛める代表的な原因である肩の不安定さも増す。

　ビート板は腰にもよくない。特に変則的な持ち方をすると腰に大きなストレスがかかる。肩へのストレスを和らげようとして、ビート板を胸の下に置いて泳ぐスイマーをよく見かける。しかしそうするとビート板の浮力で胸が持ち上がって、腰は伸展する。静止した状態で腰を伸展させると、腰方形筋などの腰の筋肉が過剰に収縮してしまい、腰の筋肉を損傷したり、場合によっては椎間関節症候群を招いたりする恐れがある（p162-163）。

　加えて、オーソドックスなビート板の持ち方では首が伸展する。短い時間なら平気だが、長時間、首を伸展させていると、首へのストレスが強まり、痛みやけがのリスクが高まる。ビート板の練習時間は減らしたほうがいいだろう。その分、ふつうに泳ぐ時にいつもよりキックに重点を置いたり、または単純にストリームライン姿勢でバタ足をしたりするほうが、ビート板を使うより安全で、なおかつ技術も上達しやすい。

キックの生体力学

ビート板を持ってキック
膝の屈曲が大きくなる

ビート板を持ったときの姿勢

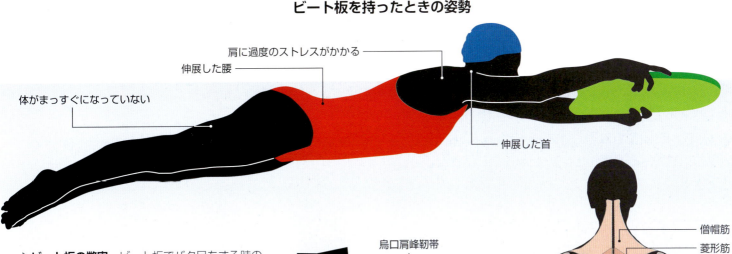

- 体がまっすぐになっていない
- 伸展した腰
- 肩に過度のストレスがかかる
- 伸展した首

▶**ビート板の弊害** ビート板でバタ足をする時の姿勢はストリームライン姿勢ではなく、可動域いっぱいに屈曲させられた肩に大きなストレスをかける。そういう姿勢が長く続くと、関節唇へのストレスは増大する。関節唇はふだんから強いストレスにさらされ、しばしばスイマーがけがをする肩の部位だ。肩の後ろ側の筋肉──小円筋や棘下筋、菱形筋、そのほかの肩甲骨の筋肉──が過度に伸ばされることもある。さらに、ビート板の浮力のせいで、脊柱が前方に湾曲した姿勢(腰が伸展した状態)になってしまうスイマーも多い。そうすると腰方形筋などの腰の筋肉にかかるストレスが増大し、腰を痛める危険性が高まる。

▼**習慣を絶つ** ビート板は水泳のトレーニングの定番になっているが、下に示したとおり、ビート板を使う時とふつうに泳ぐ時とではキック動作に生体力学的な違いがある。ビート板を使ったドリルはやめて、代わりに、腕の動きを軽くして、強いキックを打つことに重点を置いたスイム練習か、またはストリームライン姿勢のバタ足を取り入れたほうがいい。そのほうがもっと効果的に水泳の技術を身につけられ、体へのストレスも大幅に減らせる。

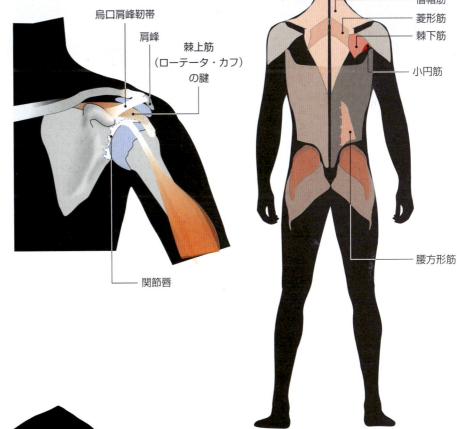

- 烏口肩峰靭帯
- 肩峰
- 棘上筋(ローテータ・カフ)の腱
- 関節唇
- 僧帽筋
- 菱形筋
- 棘下筋
- 小円筋
- 腰方形筋

ビート板を使わないキック
股関節の屈曲が大きくなる

水泳時に腰の痛みを引き起こす ストレス要因は何か？

> 泳ぐ時に腰が痛むのはどうして？

　水泳で最も痛めやすいのは肩だが、その次に痛めやすいのが腰だ。最近の研究では、さまざまな程度の椎間板変性症を発症している人の割合が、一般のスイマーでは29%であるのに対し、トップ選手では68%に跳ね上がることが示されている[*1]。トップ選手のグループを見ると、L5（第5腰椎）とS1（第1仙骨）の間の椎間板に変性が生じている例が最も多い。しかしおそらく意外に思われるだろうが、腰痛の症状と椎間板の変性の間にははっきりした相関関係が見られない。これはつまり、ある部位を損傷したからといって必ずしもその部位が痛みの原因にはならないということだ。したがってスイマーの腰痛に対処するにあたっては、どの構造から痛みが生まれるのか、何によってそこに過度の力学的な負荷がかかるのかを正しく理解することが欠かせない。

▼**原因究明**　腰痛を解消したり、その再発を防いだりするためには、まず腰痛の原因を突き止める必要がある。腰痛は治せないとか、予期できないとか、しばしばいわれる。確かに、脊柱の仕組みが複雑なことに加え、腰があらゆる動作に関わるせいで、腰痛の解消や治療が難しいことは間違いない。しかし根本的な原因を突き止めれば、痛みを引き起こす刺激を取り除き、症状を解消することは可能だ。腰の筋肉は水中で背骨をまっすぐ伸ばし、ストリームライン姿勢を維持する時に積極的に使われる。背骨の伸展（背を反らす動作）時に収縮する筋肉であり、上体を後方に大きく反らすと、過剰な負荷がかかってしまう。例えば、バタフライのアップキック（蹴り上げ）の時などがそうだ。腰痛の予防のためには、スイム練習でもトレーニングでも、なるべく背筋をまっすぐ伸ばした姿勢を保つようにしたい。特に椎間板変性症を経験している人や座骨神経痛がある人はそうするべきだ。

腰痛の原因

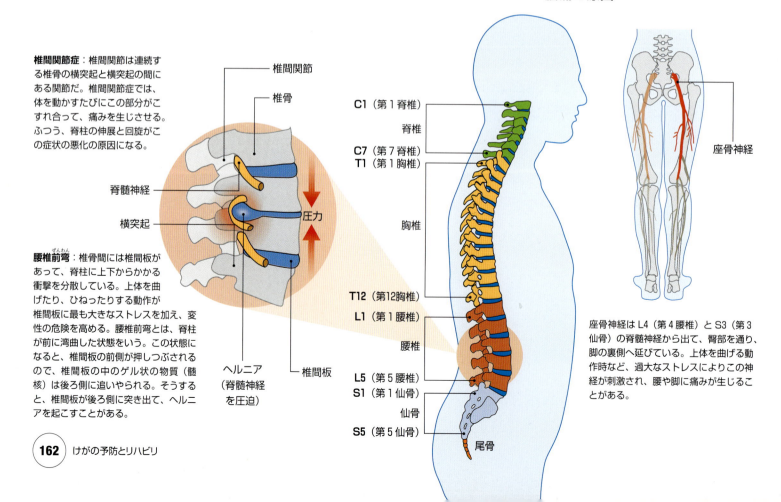

椎間関節症：椎間関節は連続する椎骨の横突起と横突起の間にある関節だ。椎間関節症では、体を動かすたびにこの部分がこすれ合って、痛みを生じさせる。ふつう、脊柱の伸展と回旋がこの症状の悪化の原因になる。

腰椎前弯（ぜんわん）：椎骨間には椎間板があって、脊柱に上下からかかる衝撃を分散している。上体を曲げたり、ひねったりする動作が椎間板に最も大きなストレスを加え、変性の危険を高める。腰椎前弯とは、脊柱が前に湾曲した状態をいう。この状態になると、椎間板の前側が押しつぶされるので、椎間板の中のゲル状の物質（髄核）は後ろ側に追いやられる。そうすると、椎間板が後ろ側に突き出て、ヘルニアを起こすことがある。

座骨神経はL4（第4腰椎）とS3（第3仙骨）の脊髄神経から出て、臀部を通り、脚の裏側へ延びている。上体を曲げる動作時など、過大なストレスによりこの神経が刺激され、腰や脚に痛みが生じることがある。

よく見られる間違った泳ぎ方

▼**泳ぎ方を修正**　泳ぐ時に痛みが出るのであれば、泳ぎ方を見直すことが第一の腰痛対策になる。以下は、腰への負担を大きくする典型的な泳ぎ方だ。

体が斜めになっている
胸が持ち上がった斜めの姿勢で泳いでいる人はとても多い。肺が浮き袋の働きをして、上体を浮き上がらせるせいだ。このような姿勢は腰に負担をかける。

バタフライで胸を高く上げる
息継ぎの時に胸を高く上げすぎると、腰の筋肉を痛めるリスクが増す（p50-51）。

前を向いて呼吸する
クロールの息継ぎは滑らかに、水平方向に行うのが正しい。しかし、前向きに頭を上げて呼吸をしようとする人が多い。そのような息継ぎは腰へのストレスも大きくする。

平泳ぎで腰を伸ばす
平泳ぎの息継ぎの時、腰の位置が低く、上体を反らすように頭を上げる人も多い。このような息継ぎも腰に大きな負担をかける原因になる（p50-51）。

ドルフィンキックで過度に体をうねらせる
過度に体をうねらせることは、生体力学的にスピードの妨げになるだけでなく、腰の屈曲と伸展が大きくなるせいで、腰にも余計な負担をかける。

背中を前に曲げてターンする
フリップターンではどうしても前屈みの格好になる。ターンの時に腰が痛む場合は、背中ではなく腰を前に曲げるようにすると、腰への負担を軽くできる。

腰の痛みの緩和やけがの予防にはどういうリハビリ方法が有効か？

> 腰の痛みを和らげるにはどうしたらいい？完全に解消できるもの？

腰を痛めた人は基本的には医師の診察を受けたほうがよい。個々のけがにはいろいろな違いがあるので、一般的な知識で判断するのは危険だ。それでも、自分で対処できることがないわけではない。まず最初にするべきは、けがの根本的な原因を正しく見きわめることだ（p162-163）。原因を突き止めて、どういう動作が痛みを引き起こすかがわかったら、次は、その動作を避けることが何より大事になる。腰痛の場合、痛みを引き起こす動作をしないのは容易ではないだろう。腰はほとんどあらゆる動作に関わるのだから。しかしそれでも、そうすることがとても大切だ。けがを火にたとえるなら、痛みを伴う動作は火に注ぐ油のようなものだといえる。そういう動作をするたび、けがを悪化させる。逆にしばらくそっとしておけば、火はしだいに消えていく。また、痛みを和らげることをすれば、それは火に水をかけることになる。しだいにけがを悪化させない新しい動きや、回復を促進する動きを体が覚えるだろう。

水泳の場合、水中で体を曲げたり、ひねったりする動作によって、腰椎の椎間板とコアの筋肉などに強いストレスがかかりやすい。過剰な負荷をかけてそれらの部位を痛めるのを避けるには、つねに生体力学的に腰への負担が少ない動きを心がける必要がある。例えば、コアと腰と体全体の筋肉をうまく協調させることもそうだし、体が斜めにならないよう上体を低く保つこともそうだ（p163）。また、コアや臀筋やその周りの部位を鍛えて、安定性を高め、動きをよくすることや、体全体の運動連鎖を強化することは、腰全体にかかる負担の軽減につながり、腰のけがの予防には欠かせない。練習は毎回、軽い運動から始めて、準備のできていない部位に急に大きな負荷がかからないようにしたい。腰の軟組織の頻繁なマッサージや、十分な睡眠と栄養、休息も、回復の役に立つ。

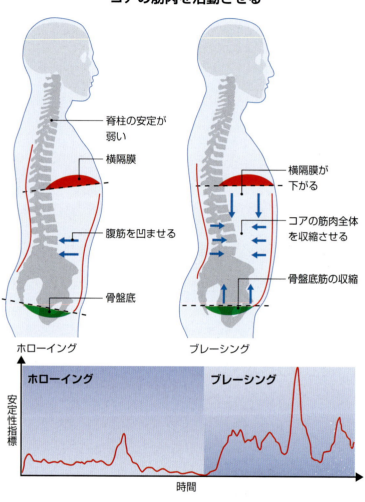

コアの筋肉を活動させる

▲ブレーシング　横隔膜、腹部、骨盤底、腰のコアの筋肉を意識的に収縮させるブレーシングが、腰痛の予防や回復にはたいへん有効だ。ブレーシングはまだあまり知られていない手法だが、ぜひそのやり方に習熟し、頻繁に実践したい。ほかの腹筋の使い方と比べ、著しく脊柱の安定性を高められる[*1]。例えば、腹筋のホローイング（お腹を凹ませる）では、活動する筋肉がブレーシングよりはるかに少ない。いっぽう、ブレーシングではコアの多くの筋肉を働かせることで、腹部全体を取り囲むように、上は横隔膜から下は骨盤底まで、「樽」のような上体の支えができる。

▼**コアの強化**　腰痛の予防や回復には脊柱の周り全体の筋持久力が欠かせない。周り全体でしっかり支えることで、動作時に脊柱に無理な力が加わるのを防げる。また、水泳特有の特殊な体の動かし方をする時にも、コアが安定していると、うまく動きを制御できる。コアの安定性や筋持久力を鍛えるには、体幹の伸展運動（グルートブリッジ）、バード・ドッグ、サイドブリッジ（サイドプランク）などのエクササイズが特に効果的だ。右の表は、21歳のアスリートのグループによる伸展運動、屈曲運動、サイドブリッジの平均持続時間を示したものである。これらの数字は一般の人の場合の平均以上の値になる。

平均持続時間（秒）		
種目	男子	女子
体幹伸展	161	185
体幹屈曲	136	134
右側のサイドブリッジ	95	75
左側のサイドブリッジ	99	78

バード・ドッグ
はじめに手と膝を床についた姿勢になり、臀筋を引き締めるとともに、腹部などのコアの筋肉に力を入れてブレーシングを行う。その姿勢から、対角の片手と片足を同時に上げる動作を交互に行う（最初に右手と左足を上げたら、次は左手と右足を上げるというように）。上げた手足と背中は水平に一直線になるように伸ばす。また、バランスボールの上でこの動作を行うという高度な方法もある。その方法では土台が不安定になるので、体のバランスを保つためにコアの筋肉をさらに強く働かせることが求められる。

バード・ドッグ

グルートブリッジ

グルートブリッジ
最初に仰向けに寝た姿勢で、両脚を肩幅に開き、膝を立てる。そこから踵で床を押すようにして腰を浮かし、背中が反らない程度に、股関節をできるだけ高く突き上げる（コアの筋肉を使うことを意識）。そうすることで股関節の屈筋を伸ばし、臀部を収縮させる。

サイドブリッジ

サイドブリッジ（サイドプランク）
横向きに寝た状態から肘を支えにして、上体を持ち上げ、頭から足先までが一直線になった姿勢を作る。肩は上体を支える肘の真上に来るようにする。この姿勢を30-45秒間保つ。筋力がついたら、10-15秒、時間を延ばす。左右両方の側で行う。

精神状態が身体的なパフォーマンスに多大な影響を与えることは、今日では常識になっている。水泳選手の場合も、ほかのあらゆる競技の選手同様、けがをした時にはいろいろな思いが心に渦巻く。とりわけトレーニングができないとあれこれと考えてしまいやすい。そういう時に最も一般的に見られる心理的な反応は、恐れ、不安、孤独感の3つだ。

けがをした時に恐れを覚えるのは自然な反応だ。そのおかげで、慌てて練習を再開せずにじっくり治そうという気持ちになれ、回復の遅れや同じけがの繰り返しを避けられる。けがが完治し、痛みをもたらす刺激を取り除けたら、自信を取り戻すために脳を再トレーニングすることが必要だ。これにはポジティブな言葉や自分を鼓舞する言葉を繰り返す方法がたいへん効果がある。例えば、ウォームアップの5-10分間、心の中で「もう大丈夫。体調は万全だ。泳ぐ準備はできている」などという短いフレーズを繰り返すといい。イメージトレーニングも、けが後の自信の回復に役立つ。自分の泳ぎをイメージすることで、プールの練習に戻る前から、泳ぎの神経回路を築いたり、維持したりできる。

けがをすると、体の状態のことや、痛みを感じずにまた泳げるようになるかということが不安になる。このような心理的な反応に対処するには、綿密に練られた計画にもとづいて、少しずつ練習の量や強度をもとに戻していくといい。そうすることで完全な復帰までの見通しが立ち、安心できる。

けがをした時には、友人やチームメートと顔を合わせなくなったり、大好きなスポーツや運動そのものから離れたりすることで、孤独感にさいなまれることがある。なんらかの方法でそのような孤独感を和らげることは、けがのせいで意欲が低下したり、気が滅入ったりするのを防ぐうえでとても重要だ。例えば、もし可能なら、チームの練習に参加しながら、よく考えられた計画のもとに軽いトレーニングを続けるのがいちばんいい。そうすることで、自分は水泳選手だという意識を保てる。あるいはそれが無理なら、サイクリングやジョギング、またはボクシングなど、なんらかの陸上トレーニングに参加するという方法もある。

▶心のケア けがの回復後にふたたび本来の力を発揮できるようにするには、リハビリの時から簡単なメンタルトレーニングを行って、思考をコントロールし、自信をつけることが必要だ。

水泳時に股関節と膝の痛みを引き起こすストレス要因は何か？

> 泳ぐ時に膝や股関節が痛むのはどうして？

　水泳でストレスがかかる部位は泳法ごとに違う。平泳ぎでは膝と股関節に特に強いストレスがかかる。理由は容易に察しがつくとおり、第一には、ほかの泳法と違って腕ではなく、脚がおもな動力源になるからであり、第二には、ほかのスポーツではしない特殊な脚の動かし方をするからだ。

　平泳ぎをするためには、膝の大きな屈曲（130°近く）と股関節の大きな内旋（約40°）が必要になる。この膝の屈曲と股関節の内旋のおかげで、体の中心線からいちばん遠いところまで足が動かされ、そこから股関節の内転によって両脚で水を挟み込むようにキックが行われる（「ウィップキック」の場合）。

　この股関節の動きの際、骨盤の寛骨のくぼみ（臼蓋窩）にはまっている大腿骨の上端が回転し、くぼみの縁を取り囲んでいる組織（関節唇）を圧迫する。また、股関節の内旋をコントロールする臀筋と大腿筋膜張筋や、股関節前面の複数の筋や腱、特に股関節屈筋にもストレスがかかる。さらに、股関節を安定させている周囲の多くの靭帯にも、無理な力が加わる。

　膝の内側も、平泳ぎの複雑なキック動作によって長く伸ばされる。ある調査では平泳ぎを専門にする選手の86%が過去に1度以上膝の痛みを経験し、47.2%が常時、膝の痛みを抱えているという結果が出ている[*1]。膝内側側副靭帯（大腿骨と脛骨を結んで、膝の左右のぶれを防いでいる靭帯）などの膝の内側部分を伸ばすことには危険が伴う。水泳選手の膝の痛みもその部分に発生することが最も多い[*2]。膝関節を包む膝関節包と、大腿骨と脛骨の間にあってクッションの役目をする半月板も、平泳ぎで特別なストレスがかかる部位だ。

　平泳ぎ以外の泳法でも、股関節や膝を痛めることはある。例えば、バタ足やドルフィンキックのしすぎは股関節屈筋に負担をかける。特にビート板の利用時は負担が大きく、そのせいで股関節屈筋をけがする人は多い。またバタ足やドルフィンキックをすると、膝蓋腱など、膝にもストレスがかかる。

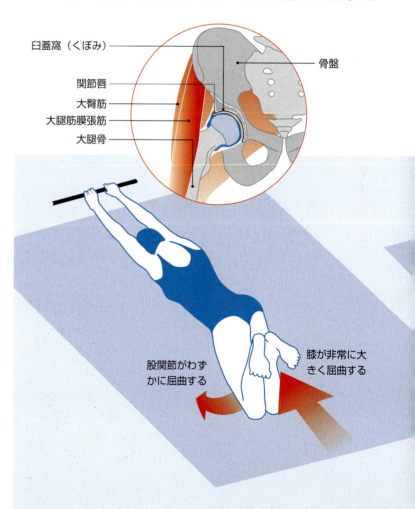

▼**ウィップキックのストレス**　平泳ぎでは、大きな膝の屈曲と股関節の内旋が必要になるのに加え、両脚で水を挟み込む「ウィップキック」の時に股関節が内転され、膝内側の側副靭帯に強いストレスがかかる。平泳ぎを専門にする選手は、膝のその部分を痛めることが多い。

臼蓋窩（くぼみ）
骨盤
関節唇
大臀筋
大腿筋膜張筋
大腿骨

股関節がわずかに屈曲する
膝が非常に大きく屈曲する

狭くなったキック

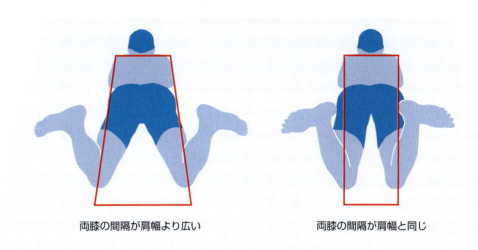

▶**より狭く** 平泳ぎの技術は進化しており、最近は、足を大きく開かず、速いテンポでキックする選手が増えている。股関節への負担はそれによって軽減する。ただし、両膝の間隔を狭くしても、膝には同程度のストレスがかかりうる。

両膝の間隔が肩幅より広い　　両膝の間隔が肩幅と同じ

平泳ぎの膝の屈曲

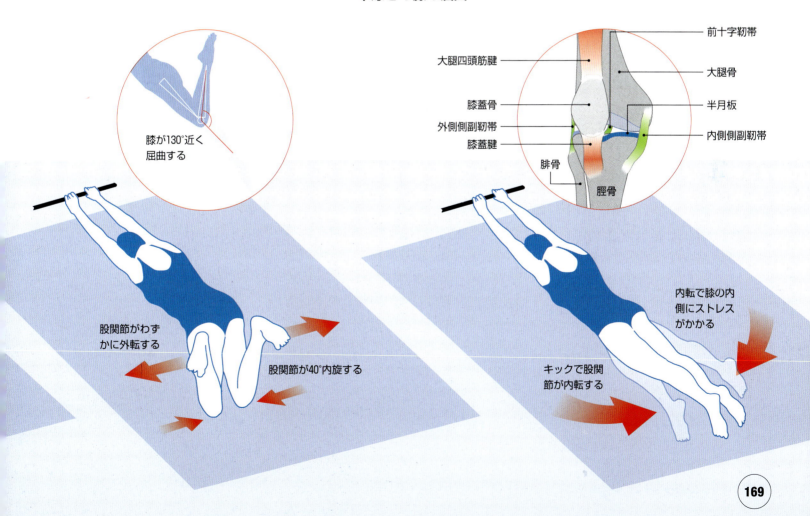

股関節と膝の痛みの緩和やけがの予防にはどういうリハビリ方法が有効か？

> 股関節と膝の痛みを和らげるにはどうしたらいい？完全に解消できるもの？

　股関節の痛みの原因はたいてい屈筋腱障害か、関節唇のインピンジメントか、内転筋の損傷の3つのどれかだ。屈筋腱障害は、クロールのダウンキックの時のように、股関節の屈筋を繰り返し動かすことで起こる。股関節の前側が痛むのが特徴だ。それに対し、関節唇のインピンジメントでは、股関節の深い部分に痛みが生じる（関節唇は球関節のくぼみの縁を取り囲む組織）。内転筋を使いすぎによって損傷した場合は、内腿か、腿のつけ根、あるいはそれほど多くはないが骨盤に痛みが出る。

　したがって、股関節屈筋、関節唇、内転筋になるべくストレスをかけずに泳ぐ技術を身につけられれば、股関節の痛みやけがを減らせる。屈筋腱障害を避けるためには、まずはクロールのキック時に股関節の屈曲の幅を小さくすることが第一歩になる。平泳ぎのキックの際、両膝の間隔を狭くすれば、関節唇と内転筋の組織へのストレスを軽減できる。また臀筋を鍛えることでも、それらの組織にかかるストレスを和らげられる。臀筋は屈筋や内転筋と反対の動作をする筋肉（拮抗筋）だからだ。拮抗筋に適切な筋力が備わっていると、関節の動きを安定させられるので、関節にかかるストレスを減らせる。

　筋肉をおおう筋膜などの軟組織の機能を正常に保つことも、それらの痛みの防止につながる。筋肉の使いすぎによって筋肉と筋膜が癒着すると、筋肉は柔軟性を失って、疲れやすく、損傷しやすくなる。股関節の周りの筋肉群が硬くなれば、股関節にかかる圧力が強まって、関節唇に加わるストレスは増す。

　ほかのスポーツと違って、水泳の膝の痛みのほとんどは、膝の内側の構造に横方向の力が繰り返しかかって生じるものだ。そのような力を減らす方法を見つけることが、膝のけがの回復と予防の第一歩になる。ただ残念ながら、水泳ではそれが難しい。例えば、平泳ぎの場合、どうしてもそういう膝の動きを繰り返さなくてはならないので、膝の内側に横方向から力が加わるのを完全になくそうとするのは非現実的だ。それでも股関節とコアの筋力を鍛えたり、股関節の可動域を広げたりすることで、ストレスを分散して、膝の内側にかかる力を少なくできる。

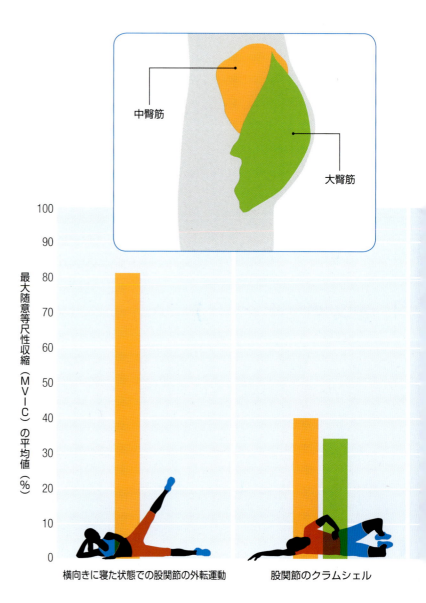

▼▶**筋肉のケア** 筋膜リリースなどの軟組織のケアを行うことで、軟組織の機能を改善して、筋膜の癒着を減らしたり、股関節のこわばった筋肉をほぐしたり、関節唇に加わるストレスを和らげたりできる。そのようなケアの中には自分でできるものもある。例えば、ローラーやマッサージボールを使ったものがそうだ。効果を上げるためには、目的の筋肉の場所を正しく見きわめられることと、適切な道具を使うことが条件になる。筋肉のケアを行う時は、必ず弱い力で始めることと、けがの炎症期にある部位は絶対にいじらないことが鉄則だ。水泳で生じやすい膝や股関節の痛みを改善するには、股関節の屈筋（腸腰筋、縫工筋、大腿直筋）、大腿筋膜張筋、内転筋、腸脛靭帯、臀筋、大腿四頭筋のケアを行うのがよい。

▼**臀筋の強化** スイマーの膝や股関節の痛みの予防策では、臀筋の強化も忘れないようにしたい。臀筋が弱いと、水泳の主要動作である股関節の屈曲と内旋の動きが制限されてしまうからだ。スイマーにはこの臀筋の発達が不十分な人が多い。したがって継続的にこの筋力を高めていく努力が必要になる。その際には、単になんらかの動作を行うだけでなく、臀筋の筋活動に重点を置くことが大切だ。さまざまなエクササイズの大臀筋と中臀筋の筋活動を計測して、どのエクササイズが最も効果的にそれらの筋肉を活動させられるかを調べた研究では、中臀筋については横向きに寝た状態での股関節の外転運動が、大臀筋については片脚スクワットと片脚デッドリフトが最適なトレーニングであることがわかっている[*1]。選手やコーチが適切な筋力トレーニングの計画を立てる際は、このような情報の収集が欠かせない。

股関節と膝の筋肉

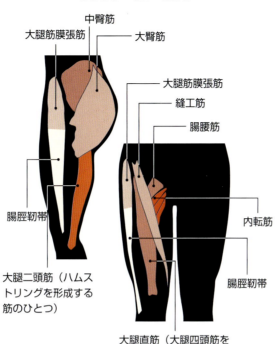

臀筋を鍛える運動

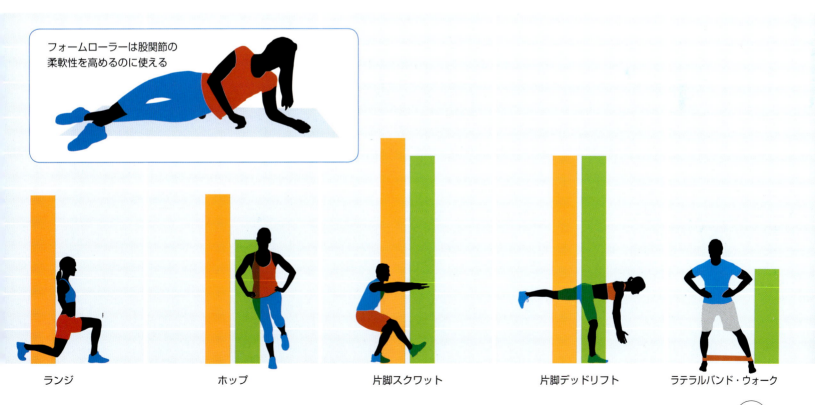

水泳は骨粗鬆症のリスクを高めるか？

> 泳ぐと骨がもろくなるってほんとう？

　骨は生きた成長する組織でできていて、皮質骨と呼ばれる硬くて緻密な外側（表面）の部分と、網目状の組織が詰まった内側の海綿骨と呼ばれる部分から成り立っている。筋肉と同じように、骨の組織も破壊と再生を繰り返している。骨の再生はとても遅いが、丈夫で健康な骨を作るためには破壊と再生が欠かせない。骨粗鬆症は、骨密度が低下し、骨組織の構造が劣化する――スポンジ状をした海綿骨の隙間が無数に増えて、広がる――病気だ。骨粗鬆症を発症すると、骨がもろく、折れやすくなる。

　骨密度に影響する要因はいくつかり、その中には年齢も含まれる。骨密度は思春期にピークに達したあと、35歳頃、骨の破壊の速さが再生の速さを上回ることで低下し始める。性差やホルモンも影響する。一般に、男性は女性より骨密度が高く（一説にはテストステロンが骨密度を増大させるといわれる）、女性は閉経後、エストロゲンが失われることで、骨粗鬆症のリスクが高まると考えられている。また、遺伝的に骨密度が高い人や低い人も見られる。

　骨密度に影響する要因の中でいちばん簡単に改善できるのは、骨への物理的な刺激と栄養の2つだ。したがって運動選手もこの2つに特に注目したい。栄養面では、カルシウムとマグネシウムの摂取が重要な意味を持っており、成人の場合、骨の健康のためにはカルシウムを1日1000-1300mg〔訳注＝厚労省「日本人の食事摂取基準（2015年版）」では日本人の推奨量は成人1日約650-800mg〕、マグネシウムを1日100mg〔訳注＝同 約270-370mg〕摂取することが推奨される。また骨に物理的な刺激を与える運動は、骨の再生を促進し、骨密度の改善につながる。例えば、地面から大きな反作用（地面反力）を受けるジャンプなどのプライオメトリック運動には、骨の健康を保つ大きな効果がある。

　水泳では当然ながら、ほかの多くのスポーツと違って、体が地

骨密度の計測

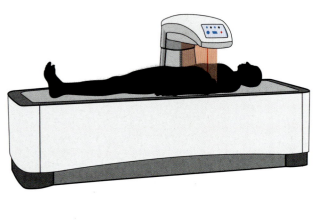
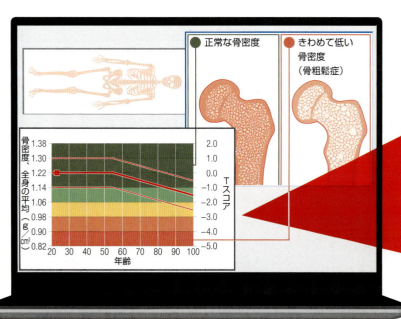

面から反作用を受けることはない。筋収縮が骨にいくらか刺激を与えることはあるが、バスケットボールなど陸上で行われるほかの競技の選手と骨密度を比べると、やはり水泳選手のほうがふつうは低い。ただ、運動をしていない人と比べた場合は低くはないようなので、水泳が骨密度にマイナスの影響を与えていることはなさそうだ。それでも、一生涯にわたって長く骨の健康を保つためには、水泳選手は筋力トレーニングやパワートレーニングをしたほうがよい。とりわけ骨密度が最も高まる思春期にはするべきだ。その時期に骨密度が正常に成長すれば、後年、骨粗鬆症を発症するリスクを下げられる。そのためには体ができあがる時期に、必要な栄養素の摂取と合わせて、適切な筋力トレーニングとパワートレーニングを行うことが欠かせない。

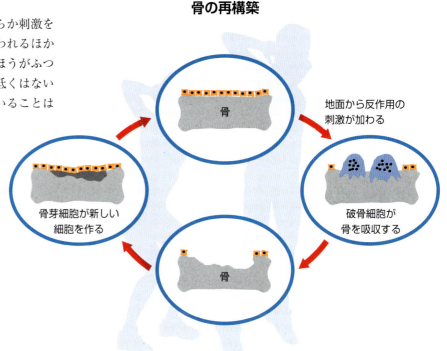

骨の再構築

▲**骨の形成** 骨の健康は破骨細胞と骨芽細胞の共同作業で維持されている。破骨細胞が骨を吸収すると（骨が地面から強い反作用を受けた時などに起こる反応）、骨芽細胞がその吸収された部分に、蛋白質の合成によって新しい骨を形成し、骨のリモデリング（再構築）を行う。骨の再生が骨の破壊に追いつかない場合（破骨細胞が骨芽細胞より優勢な時）、骨密度が減って、骨量減少が起こることがある。地面から受ける反作用を増やして、骨の再生とリモデリングを促すには、スクワットジャンプなどのプライオメトリック運動を行うのが最もいい方法だ。残念なことに、スイマーの陸上トレーニングでは間違ったやり方でスクワットジャンプが行われているケースが多く見受けられる。コーチは必ず、適切なプログレッション（負荷の増やし方）とバイオメカニクス（体の動かし方）に従って、トレーニングが行われるようにしなくてはいけない。間違ったトレーニングをすると、けがをする恐れがある。骨の形成を促進できても、けがをしては意味がない（p106-107）。

男性、24歳、身長178cm、体重74kg

部位	骨密度（g/cm³）	Tスコア（若年層との比較）	Zスコア（同年代との比較）
頭	2.112		
腕	0.974	−0.1	−0.1
脚	1.332	−0.5	−0.5
胸骨	1.001	0.0	0.2
肋骨	0.791		
骨盤	1.263		
背骨	1.030		
全身の平均	1.210	−0.1	0.00

◀**体のスキャン** 骨密度が低いほうが体重を減らせるので速く泳げるのではないかと、考える人もいるかもしれない。しかし骨密度の違いによる体重差では、速さに実質的な影響は出ない。いっぽう、高い骨密度が健康やパフォーマンスに与える恩恵は大きく、また長く続く。したがって、スイマーは自分の骨密度を把握しておいたほうがいい。骨密度の尺度には非脂肪量や脂肪量や体脂肪率が使われることもあるが、最も代表的な骨密度の測定方法はDEXA法（二重エネルギーX線吸収測定法）だ。DEXA法では、弱いX線を照射する大きなアームで、横になった選手の調べたい部位をスキャンし、骨密度を測定する。骨密度にはTスコアとZスコアという指標がある。左の表のTスコアは30歳の健康な人の平均値との差を示し、Zスコアは同年代、同体格の人の平均値との差を示している。グラフの赤い線は、加齢による骨密度の変化を予測したものだ。

用具　運動学と筋電図

　動作や筋活動の計測はほかのスポーツではふつうに行われているが、水泳ではこれまで水に阻まれてなかなかできなかった。しかし最近、技術の進歩により、水中での運動学的な分析（動作の計測）や筋電図分析（筋活動の計測）がはるかに容易になり、パフォーマンスの向上やけがの予防に役立てられるようになってきた。

　運動学的な分析では、活動時の体の動きが計測され、筋電図では、活動時の個々の筋肉の電気的な活動が計測される。水泳の分析に筋電図を取り入れる試みは、1980年代までさかのぼる。当時はスイマーに計測用のワイヤを装着していた。しかし最近は、表面筋電図が開発されたおかげで、防水タイプの電極をスイマーの皮膚に貼りつければ、無線で筋活動のデータをコンピュータに送信できる。運動学的な分析には、水中カメラとセンサーをスイマーに取りつけて、体の各部位の動きを計測するという手法が用いられる。その計測データはすべて無線接続でコンピュータに送られる。

　コーチや理学療法士が筋電図を使って、適切ではないタイミングで発生している筋電位を見つけられれば、選手は泳ぎ方を修正したり、筋力トレーニングを行ったりして、筋活動のパターンを改善できる。同じように、スイマーの動きを運動学的に分析できれば、生体力学的な変化（例えば、疲れなどによって）が生じた瞬間を捉えることで、選手にどこを修正すればいいかをフィードバックでき、ひいてはけがや組織の損傷を未然に防げる。

　ここで大事なのは、ふだんの練習の中にこのテクノロジーを取り入れるということだ。そうすることで選手が計測に慣れるとともに、日々の変化に気づけるようになる。1回計測しただけで、その結果を一般化してはいけない。選手の泳ぎ方のデータから筋活動や動作のパターンに関する有意義なフィードバックを得るためには、決まった方法を用いて、継続的にデータを収集する必要がある。また、ビデオ映像や運動学的なデータはセンサーの角度や位置によって変化することも忘れてはいけない。したがってコーチや理学療法士にはデータを正しく解釈することが求められる。誤った解釈をして、悪い影響が出ないようにしたい。

　もちろん、運動学や筋電図ですべての問題を解決できるわけでも、すべてのけがを予防できるわけでもない。テクノロジーを利用したせいで、練習が滞ったり、練習の目的が果たせなくなったりしたら、本末転倒だ。しかし、そういうことに十分気をつけ、チームのスタッフ全員の協力のもとにテクノロジーを導入するなら、水泳というスポーツについての理解がいっそう深まり、けがの発生も大きく減らせるだろう。

▶配線不要　このスイマーには、筋電図と運動学的な分析に必要なデータを得るための、防水性のワイヤレスの電極とセンサーが皮膚に取りつけられている。表面筋電図という新しい技術のおかげで、ワイヤなどの装着物がスイマーの泳ぎをじゃますることが以前に比べて格段に減った。その結果、より実態に即した、より意味のあるデータの分析が可能になった。スイマーは計測の最初にわずかの時間、筋肉を最大限に収縮させて、計測する筋肉の筋活動を正常化し、そのあとはふつうに泳ぐ。計測された筋電位のデータは、無線接続でコンピュータに送られる。

テクノロジーを駆使した分析

▼**あらゆる角度から** ここに紹介した分析システムでは、スイマーの酸素摂取量、手力、運動学的データ（ビデオカメラと牽引式のスピードメーターを利用）、筋活動（筋電図を利用）が計測されている。計測されたデータはワイヤレスでコンピュータに送られるので、スイマーにワイヤはいっさいつけられていない。ただし、牽引式のスピードメーターと酸素摂取量の計測器が泳者のストロークや泳ぎ方を変えてしまう可能性はある。したがってこのシステムはふだんの練習中に選手にフィードバックを与えるためより、理論や研究の利用に向いている。

運動学的データ：カメラで動作を記録

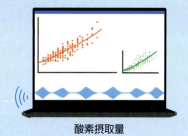
酸素摂取量

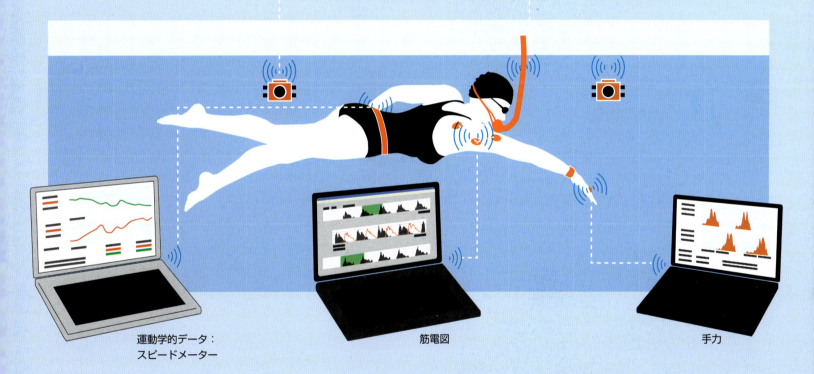

運動学的データ：スピードメーター

筋電図

手力

ワイヤレスのデータ送信

筋痙攣は栄養不足で生じるか、それとも生体力学的な理由で生じるか？

泳いでいる時に足がつるのはどうして？

　水泳では筋痙攣（一般に「（足などが）つる」といわれる現象。専門用語では「運動誘発性筋痙攣」という）がしばしば起こる。特にフィンの利用時やキックのドリル中に発生しやすい。これまで栄養不足や脱水が原因だといわれることが多かったが、科学の論文ではその説は疑わしいことが指摘されている[1,2]。ほかの多くの現象と同じように、筋痙攣にもさまざまな原因があるのだろう。複数の要因が重なって起こっている可能性もある。

　筋痙攣が起こるのはたいてい、きつい練習のあとやシーズンの初頭など、疲れている時だ。疲れは複雑で、筋肉に由来するもの（末梢性疲労）と、脳や脊髄に由来するもの（中枢性疲労）がある。筋痙攣のメカニズムははっきり解明されていないが、疲労時の中枢や末梢の過負荷によって神経が「ショート」し、筋肉の制御に変化が起こるせいだと考えられる。

　最近、栄養不足や脱水が筋痙攣の一因であることを否定しない研究も現れている。しかし、栄養不足や脱水が主要な原因だという説はどの研究でも支持されていない。例えば、ある研究では、水分が足りている人と足りていない人にそれぞれ筋痙攣を起こさせる実験が行われ、脱水によって筋痙攣のリスクは高まらないという結果が出ている[3]。また、アイアンマンレースに出場したトライアスロンの選手210人を調べた研究でも、水分やナトリウム（電解質）の不足は筋痙攣の引き金にならないことが示されている。それよりも過去に筋痙攣を起こした経験があることや、スピードが上昇すること（つまり運動強度が高まること）のほうが、筋痙攣の起こしやすさに関係していた[2]。

　筋痙攣の経験があることで筋痙攣の発生リスクが高まるのは、心理的な影響によるものかもしれない。自分が筋痙攣を起こしやすいと知っている選手は、筋痙攣を怖がるあまり、かえって筋肉を過度に活動させてしまい、みずから筋痙攣を招いている可能性がある。あるいは、遺伝的に筋痙攣に見舞われやすい人もいるかもしれない。例えば、1300人のマラソンランナーを対象にした横断調査では、家族に運動誘発性筋痙攣の経験者がいることが筋痙攣の起こしやすさに関係することが示されている[4]。

　要するに、筋痙攣を起こすスイマーはおおぜいいるが、原因はほとんどわかっていないというのが現状だ。筋痙攣のメカニズムを解明し、将来的にこの問題をなくしていくためには、まだ数多くの研究を必要とする。

セルフマッサージ

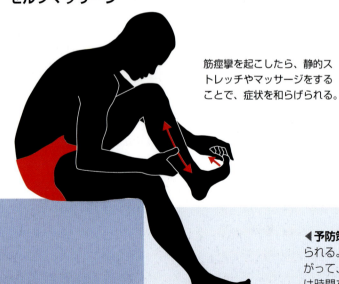

筋痙攣を起こしたら、静的ストレッチやマッサージをすることで、症状を和らげられる。

◀予防策　最高の泳ぎのためには限界まで力を出しきることが求められる。しかしその疲労のせいで筋痙攣を起こすことがある。したがって、しっかりと予防策を講じることが欠かせない。練習の負荷は時間をかけて段階的に増やし、湿度の高い環境での練習はなるべく避けるようにしたい。栄養不足や脱水のせいで筋痙攣が生じやすくなることを示す明白な証拠はないが、十分に栄養と水分を摂って、良好な健康状態を保つことは筋痙攣の予防につながる。

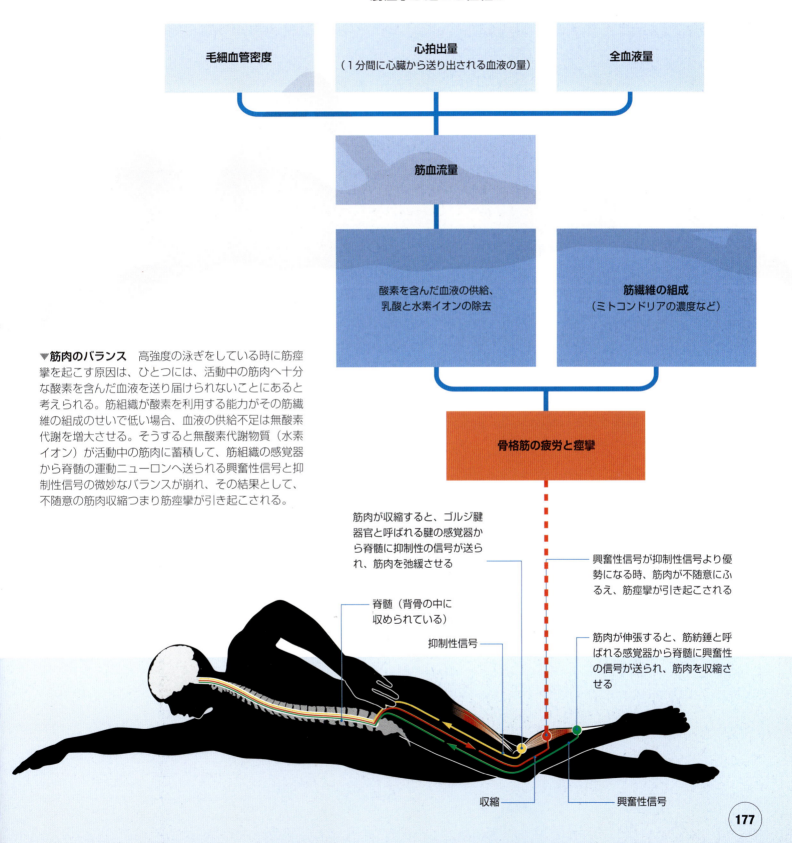

テーピングをすると、生理学的、生体力学的にどういう適応が生じるか？

テーピングにはどんな効果があるの？

　テーピングは昔からリハビリにはごくふつうに使われているが、2012年のロンドンオリンピックで、バレーボールの金メダルチームの選手たちが色つきのキネシオテープをらせん状に貼っていたことから、広く世の注目を浴びるようになった。以来、スポーツ界ではテーピングを利用する人がいっきに増えた。ただし、それが理にかなっているのか、どれほどの効き目があるのかは、完全には明らかになっていない。

　テーピングに関する最近の論文には、けがをしていない健康な選手のパフォーマンスがテーピングで向上することを示したものはほとんどない。また個別のけがに対してどういう効果があるかについての研究もまだ行われていない。そのいっぽう、科学的な裏づけは乏しくても、テーピングを使うとけがの回復が早まり、パフォーマンスもよくなると感じているスイマーは多い（ただし試合での使用は禁止されている）。

　水泳に役立つと考えられているテーピングの使い方はいろいろある。例えば、水泳では、筋肉の緊張のしすぎを防ぐためにテーピングが使われている。筋肉が緊張しすぎると、正しい静止位置を維持できず、発揮できる筋力が弱まってしまう。筋肉が緊張し、収縮しすぎる時は、テーピングで筋組織を固定したり、伸ばしたりすることで、本来の運動制御や筋力を取り戻せるといわれる。

　また、筋を動かす神経の活動パターンをテーピングで改善することで、スイマーが適切な筋肉を使って、目的の動作を正しく行えるようにするという手法も理論化されている。ある動作を行う能力が筋肉に備わっていても、さまざまな理由（けがや、痛みや、別の部分の筋力の弱さなど）により、位置がずれたり、筋肉が活動しなかったりすることがある。そういう時、テーピングで筋肉を正しい位置に固定することで、適切なタイミングで筋活動が生じるよう促し、全体の運動制御を改善できるという。

　テーピングは炎症の抑制にも役立つといわれている。負傷（急性外傷）して、大きな炎症部位が生じると、限られた範囲内の物質の量が増大する。その結果、構造どうしが擦れ合って、代償反応が生じたり、ほかの損傷が起こったりすることがある。炎症箇所にテープを貼れば、炎症を散らして、量を減らし、代償反応を防ぐことができるという。

　以上のようにさまざまな効果があると考えられているが、テーピングはあくまで科学的に裏づけられたけがの予防法や治療法の補助として使うべきだろう。テーピングだけに頼るのは危険だ。また、長期間使うことも避けたい。長く使うと、依存するようになる。一定の効果があるのは確かだとしても、「精神安定剤」のように使われていることもめずらしくない。そうすると、100％のパフォーマンスを取り戻すために欠かせない筋力の強化がおろそかにされてしまう。最適な使用期間がどれぐらいかは一概にいえないが、少なくとも、症状が和らいだら、使用の頻度は減らしたほうがいいだろう。

基礎知識

おもなスポーツテープの種類

- 非伸縮テープ：硬く、粘着性があるテープ。関節の動きを減らしたり、安定性を高めたりするために使う。
- ベーステープ：柔らかいテープで、ふつう皮膚の保護のため、非伸縮テープの下に使われる。
- キネシオテープ：皮膚に貼られるテープで、筋肉の動きに合わせて、伸び縮みする。

▶ **姿勢の矯正にも** 上部僧帽筋が緊張しすぎているスイマーはとても多い。右に紹介するのは、上部僧帽筋と肩甲挙筋の緊張を和らげられると考えられているテーピングの手順だ。筋肉に垂直にテープを貼ることで、筋肉の過剰な収縮を防げるという。また肩甲骨を引いた状態を保つことで、肩が丸まらないようにできるので、姿勢の矯正にも役立つ。

▼ **腰の動きを抑制** 腰のテーピングは腰椎を安定させ、必要な時に腰椎の支えになる。スポーツ選手は腰を大きく動かしすぎて、腰に痛みを覚えることが多い。特に、腰に炎症期のけがを抱えている時や、力学的に腰痛に悪い動作を続けている時には腰の動かしすぎは危険だ。下図のようなテーピングを施すことで、腰椎の屈曲を制限できる。

上部僧帽筋のテーピング

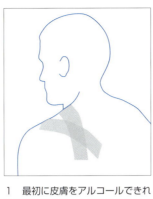

1　最初に皮膚をアルコールできれいに拭いてから、上の絵のようにベーステープを肩甲挙筋に垂直に貼り、さらに上部僧帽筋にもベーステープを垂直に貼る。

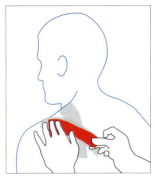

2　非伸縮テープのいっぽうの端を、鎖骨の横の端（肩鎖関節の近く）に固定し、そこからテープを肩甲挙筋に垂直に、肩甲骨の内側まで延ばす。

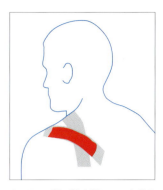

3　テープをぴんと張って、皮膚のしわが残るように貼り、テープの端を肩甲骨の内側の端に固定する。

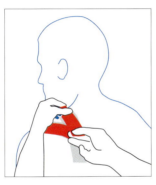

4　上部僧帽筋についても、同じことを行う。テープのいっぽうの端を、鎖骨のすぐそば（いちばん敏感な痛みの発生点を探す）に固定し、上部僧帽筋の上を横切るようにテープをしっかり引っ張って延ばす。

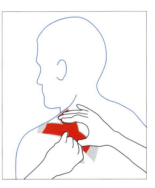

5　肩甲骨の下端を過ぎたあたりまでテープを延ばしたら、テープをぴんと張って、テープに皮膚のしわが残るように貼る。

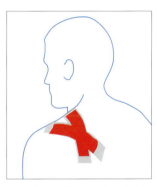

6　肩甲骨の下端を過ぎたあたりにテープを固定して、押しつけ、しっかり接着する。

腰痛時のテーピング

1　アルコールで皮膚をきれいに拭いて、ベーステープを2本、背骨と平行に貼る。

2　スイマーに腰を少し反らせてもらい、粘着性のスポーツテープのいっぽうの端を、片方のベーステープの上端に固定する。

3　テープを下に向けてしっかり引っ張り、テープに皮膚のしわが残るように貼る。

4　もういっぽうのベーステープでも同じことを行う。

5　スイマーに腰を軽く丸めてもらい、貼ったテープをこすり、皮膚にしっかりくっつける。

6　このテーピングには腰椎の屈曲を制限して、腰を支える効果がある。

原 注

第1章

14-15ページ

1. G. Lecrivain, A. Slaouti, C. Payton, and I. Kennedy, (2008) "Using reverse engineering and computational fluid dynamics to investigate a lower arm amputee swimmer's performance", *Journal of Biomechanics*, 41(13), 2855–2859.

2. D. A. Marinho, A. J. Silva, V. M. Reis, T. M. Barbosa, J. P. Vilas-Boas, F. B. Alves, L. Machado, and A. I. Rouboa (2011) "Three-dimensional CFD analysis of the hand and forearm in swimming", *Journal of Applied Biomechanics*, 27, 74–80.

3. C. Caspersen, P. A. Berthelsen, M. Eik, C. Pâkozdi, and P. L. Kjendlie (2010) "Added mass in human swimmers: age and gender differences", *Journal of Biomechanics*, 43(12), 2369–2373.

16-17ページ

1. M. H. Dickinson (1996) "Unsteady mechanisms of force generation in aquatic and aerial locomotion," *American Zoologist*, 36(6), 537–554.

2. H. Toussaint and M. Truijens (2005) "Biomechanical aspects of peak performance in human swimming," *Animal Biology*, 55(1), 17–40.

3. R. Arellano (1999) "Vortices and Propulsion" in R. Sanders and J. Linsten, *Applied Proceedings of the XVII International Symposium on Biomechanics in Sports: SWIMMING*, School of Biomedical and Sports Science, Edith Cowan University, Perth, Western Australia, pp53–65. Also available at: http://wdb.ugr.es/~arellano/wp-content/uploads/1999ArellanoISBS2.pdf

4. T. M. Barbosa, J. E. Morais, M. C. Marques, A. J. Silva, D. A. Marinho, and Y. H. Kee (2015) "Hydrodynamic profile of young swimmers: Changes over a competitive season," *Scandinavian Journal of Medicine and Science in Sports*, 25(2), e184–e196.

5. J. C. Mollendorf, A. C. Termin, E. R. I. C. Oppenheim, and D. R. Pendergast (2004) "Effect of swim suit design on passive drag," *Medicine and Science in Sports and Exercise*, 36(6), 1029–1035.

18-19ページ

1. T. M. Barbosa, M. J. Costa, J. E. Morais, P. Morouço, M. Moreira, N. Garrido, D. A. Marinho and A. J. Silva (2013) "Characterization of speed fluctuation and drag force in young swimmers: A gender comparison," *Human Movement Science*, 32, 6, 1214–1225.

2. H. M. Toussaint, A. P. Hollander, C. Van den Berg and A. Vorontsov (2000) "Biomechanics of swimming," *Exercise and Sport Science*, 639–660.

3. A. R. Vorontsov, and V. A. Rumyantsev (2000) "Resistive Forces in Swimming and Propulsive Forces in Swimming," in V. M. Zatsiorsky (ed) *Biomechanics in Sport: Performance enhancement and Injury Prevention: Olympic Encycloppeadia of Sports Medicine Vol IX*. Hoboken, NJ: Wiley Blackwell.

22-23ページ

1. D. R. Bassett Jr, J. Flohr, W. J. Duey, E. T. Howley, and R. L. Pein (1991) "Metabolic responses to drafting during front crawl swimming," *Medicine and Science in Sports and Exercise*, 23(6), 744–747.

2. J. C. Chatard and B. Wilson (2003) "Drafting distance in swimming," *Medicine and Science in Sports and Exercise*, 35(7), 1176–1181.

3. D. Chollet, O. Hue, F. Auclair, G. Millet, and J. C. Chatard (2000) "The effects of drafting on stroking variations during swimming in elite male triathletes," *European Journal of Applied Physiology*, 82(5-6), 413–417.

4. A. J. Silva, A. Rouboa, A. Moreira, V. M. Reis, F. Alves, J. P. Vilas-Boas, and D. A. Marinho (2008) "Analysis of drafting effects in swimming using computational fluid dynamics," *Journal of Sports Science and Medicine*, 7(1), 60–66.

24-25ページ

1. T. M. Barbosa, J. E. Morais, M. C. Marques, A. J. Silva, D. A. Marinho, and Y. H. Kee (2015) "Hydrodynamic profile of young swimmers: changes over a competitive season," *Scandinavian Journal of Medicine and Science in Sports*, 25, e184–e196.

2. A. R. Vorontsov and V. A. Rumyantsev (2000) "Resistive Forces in Swimming," In V. M. Zatsiorsky (ed), *Biomechanics in Sport*. Oxford, UK: Blackwell Science, pp. 184–204.

3. H. M. Toussaint (2002) "Biomechanics of propulsion and drag in front crawl swimming," *International Symposium on Biomechanics in Sports, Extremadura*, pp. 13–22.

4. T. Wei, R. Mark, and S. Hutchison (2014) "The fluid dynamics of competitive swimming," *Annual Review of Fluid Mechanics*, 46, 547–565.

5. P. L. Kjendlie and R. K. Stallman (2008) "Drag characteristics of competitive swimming children and adults," *Journal of Applied Biomechanics*, 24, 35–42.

28-29ページ

1. V. J. Deschodt, L. M. Arsac, and A. H. Rouard (1999) "Relative contribution of arms and legs in humans to propulsion in 25-m sprint front-crawl swimming," *European Journal of Applied Physiology and Occupational Physiology*, 80(3), 192–199.

2. M. H. Dickinson (1996) "Unsteady mechanisms of force generation in aquatic and aerial locomotion," *American Zoologist*, 36(6), 537–554.

3. H. M. Toussaint (2000) "An alternative fluid dynamic explanation for propulsion in front crawl swimming," in *Proceedings of the XVIII International Symposium on Biomechanics in Sports, Applied Program*. Hong Kong, China: Chinese University of Hong Kong, pp. 96–103.

4. H. M. Toussaint, C.Van den Berg, and W. J. Beek (2002) " 'Pumped-up propulsion' during front crawl swimming," *Medicine and Science in Sports and Exercise*, 34(2), 314–319.

5. R. E. Schleihauf (1979) "A hydrodynamic analysis of swimming propulsion," in J. Terauds and E. W. Bedingfield (eds) *International Series on Sports Sciences, Vol 8, Swimming III*. Baltimore, USA: University Park Press, pp. 70–109.

6. B. S. Rushall, E. J. Sprigings, L. E. Holt, and J. M. Cappaert (1994) "A re-evaluation of forces in swimming," *Journal of Swimming Research*, 10, 6–30.

30-31ページ

1. M. A. Berger, G. de Groot, and A. P. Hollander (1995) "Hydrodynamic drag and lift forces on human hand/arm models," *Journal of Biomechanics*, 28(2), 125–133.

2. D. A. Marinho, T. M. Barbosa, V. M. Reis, P. L. Kjendlie, F. B. Alves, J. P. Vilas-Boas, L. Machado, A. J. Silva, and A. I. Rouboa (2010) "Swimming propulsion forces are enhanced by a small finger spread," *Journal of Applied Biomechanics*, 26, 87–92.

3. J. P. Vilas-Boas, R. J. Ramos, R. J. Fernandes, A. J. Silva, A. I. Rouboa, L. Machado, T.M. Barbosa, and D. A.Marinho (2015) "Hydrodynamic analysis of different finger position in swimming: a computational fluid dynamics approach," *Journal of Applied Biomechanics*, 31, 48–55.

32-33ページ

1. T. M. Barbosa, R. J. Fernandes, K. L. Keskinen, P. Colaço, C. Cardoso, A. J. Silva, and J. P. Vilas-Boas (2006) "Evaluation of the energy expenditure in competitive swimming strokes," *International Journal of Sports Medicine*, 27, 894–899.

2. T. M. Barbosa, K. L. Keskinen, R. J. Fernandes, and J. P. Vilas-Boas (2008) "The influence of stroke mechanics into energy cost of elite swimmers," *European Journal of Applied Physiology*, 103, 139–149.

3. T. M. Barbosa, P. Morouço, S. Jesus, W. Feitosa, M. J. Costa, D. A. Marinho, A. J. Silva, and N. D. Garrido (2013) "Interaction between speed fluctuation and swimming velocity in young competitive swimmers," *International Journal of Sports Medicine,* 34(2), 123–130.

4. S. V. Kolmogorov, O. A. Rumyantseva, B. J. Gordon and J. M Cappaert (1997) "Hydrodynamic characteristics of competitive swimmers of difference genders and performance levels," *Journal of Applied Biomechanics*, 13, 88–97.

34-35ページ

1. D. Pendergast, P. Zamparo, P. E. Di Prampero, C. Capelli, P. Cerretelli, A. Termin, A. Craig Jr, D. Bushnell, D. Paschke, and J. Mollendorf (2003) "Energy balance of human locomotion in water," *European Journal of Applied Physiology*, 90(3–4), 377–386.

2. J. E. Morais, M. C. Marques, D. A. Marinho, A. J. Silva, and T. M. Barbosa (2014) "Longitudinal modeling in sports: Young swimmers' performance and biomechanics profile," *Human movement science*, 37, 111–122.

3. H. M. Toussaint, T. Janssen, and M. Kluft (1991) "Effect of propelling surface size on the mechanics and energetics of front crawl swimming," *Journal of Biomechanics*, 24(3), 205–211.

4. Z. Huang, K. Kurobe, M. Nishiwaki, G. Ozawa, T. Tanaka, N. Taguchi, and F. Ogita (2010) "Relationship between propelling efficiency and swimming performance in elite swimmers," in P. L. Kjendlie, R. K. Stallman, and J. Cabri (eds) *Biomechanics and Medicine in Swimming XI*. Oslo, Norway: Norwegian School of Sport Sciences, pp. 201–203.

5. P. Zamparo, D. R. Pendergast, B. Termin, and A. E. Minetti (2002) "How fins affect the economy and efficiency of human swimming," *Journal of Experimental Biology*, 205(17), 2665–2676.

6. G. Nicolas, B. Bideau, B. Colobert, and E. Berton (2007) "How are Strouhal number, drag, and efficiency adjusted in high level underwater monofin-swimming?" *Human Movement Science*, 26(3), 426–442.

36-37ページ

1. R. Vennell, D. Pease, and B. Wilson (2006) "Wave drag on human swimmers," *Journal of biomechanics*, 39(4), 664–671.

2. T. M. Barbosa, J. E. Morais, P. Forte, H. Neiva, N. D. Garrido, and D. A. Marinho (2015) "A comparison of experimental and analytical procedures to measure passive drag in human swimming," *PLoS ONE* 10(7), e0130868.

3. R. Arellano, S. Pardillo, and A. Gavilán (2002) "Underwater undulatory swimming: Kinematic characteristics, vortex generation and application during the start, turn and swimming strokes," in *Proceedings of the XXth International Symposium on Biomechanics in Sports*. Granada, Spain: Universidad de Granada.

4. J. J. Rohr and F. E. Fish (2004) "Strouhal numbers and optimization of swimming by odontocete cetaceans," *Journal of Experimental Biology*, 207(10), 1633–1642.

5. A. V. Loebbecke, R. Mittal, , F. Fish, and R. Mark (2009) "A comparison of the kinematics of the dolphin kick in humans and cetaceans," *Human Movement Science*, 28(1), 99–112.

6. A. Lyttle, B. Blanksby, B. Elliot, and D. Lloyd (1999) "Optimal depth for streamlined gliding," in K. L. Keskinen, P. V. Komi, and A. P. Hollander (eds), *Biomechanics and Medicine in Swimming VIII*, Jyväskylä, Finland: University of Jyväskylä, pp. 165–170.

38-39ページ

1. T. M. Barbosa, M. J. Costa, J. E. Morais, P. Morouço, M. Moreira, N. D. Garrido, D. A. Marinho, A. J. Silva (2013) "Characterization of speed fluctuation and drag force in young swimmers: a gender comparison," *Human Movement Science*, 32, 1214–1225.

2. M. Cortesi and G. Gatta (2015) "Effect of the swimmer's head position on passive drag," *Journal of Human Kinetics*, 49(1), 37–45.

3. J. P. Vilas-Boas, L. Costa, R. J. Fernandes, J. Ribeiro, P. Figueiredo, D. Marinho, A. J. Silva, A. I.Rouboa, and L. Machado (2010) "Determination of the drag coefficient during the first and second gliding positions of the breaststroke underwater stroke," *Journal of Applied Biomechanics*, 26(3), 324–331.

4. D. A. Marinho, V. M. Reis, F. B. Alves, J. P. Vilas-Boas, L. Machado, A. J. Silva, and A. I. Rouboa (2009) "Hydrodynamic drag during gliding in swimming," *Journal of Applied Biomechanics*, 25(3), 253–257.

5. H. Zaidi, R. Taïar, S. Fohanno, and G. Polidori (2008) "Analysis of the effect of swimmer's head position on swimming performance using computational fluid dynamics," *Journal of Biomechanics*, 41(6), 1350–1358.

第2章

42-43ページ

1. R. Havriluk (2010) "Performance level differences in swimming: Relative contributions of strength and technique," in P-L. Kjendlie, R. K. Stallman, and J. Cabri (eds), *Biomechanics and Medicine in Swimming XI*. Oslo, Norway: Norwegian School of Sport Science.

44-45ページ

1. R. Havriluk (2016). *Approaching Perfect Freestyle + Science*. Tallahassee, FL: Swimming Technology Research.

2. R. Havriluk (2004) "Hand force and swimming velocity," in *15th FINA World Sports Medicine Congress*. Indianapolis. Available at: https://swimmingtechnology.com/hand-force-and-swimming-velocity.

3. R. Havriluk (2006) "Analyzing hand force in swimming: Three typical limiting factors," *American Swimming Magazine*, 2006(3), 14–18.

4. R. Havriluk (2012) "Improving performance in swimming: Strength and technique," *Swimming in Australia*, 32(4), 14–16.

46-47ページ

1. B. Prichard (1993) "A new swim paradigm: Swimmers generate propulsion from the hips," *Swimming Technique*, 30, 17–23.

52-53ページ

1. D. Chollet, S. Chalies, and J. C. Chatard (2000) "A new index of coordination for the crawl: description and usefulness," *International Journal of Sports Medicine*, 21(1), 54–59.

2. L. Seifert (2010) "Inter-limb coordination in swimming," *Biomechanics and Medicine in Swimming XI*. Oslo, Norway: Norwegian School of Sport Sciences (pp. 35–39).

3. R. Havriluk (2015) "Swimming technique misconceptions: Arm coordination II," *Swimming World*, 56(12), 10–11.

4. R. Havriluk (2015) "Swimming technique misconceptions: Arm coordination I," *Swimming World*, 56(11), 10–11.

54-55ページ

1. L. Seifert (2010) "Inter-limb coordination in swimming," in *Biomechanics and Medicine in Swimming XI*. Oslo: Norwegian School of Sport Sciences (pp. 35–39).

2. A. B. Craig, B. Termin, & D. R. Pendergast (2006) "Simultaneous recordings of velocity and video during swimming," *Portuguese Journal of Sport Sciences*, 6(2) 32–35.

3. E. W. Maglischo (2003) *Swimming fastest*. Champaign, IL: Human Kinetics.

4. G. Sokolovas (2009) "Changes of swimming velocity during the swim cycle," *Swimming World*, 50(6), 37–38.

56-57ページ

1. T. J. Becker and R. Havriluk (2010) "Quantitative data supplements qualitative evaluation of butterfly swimming," *Biomechanics and Medicine in Swimming XI*. Oslo, Norway: Norwegian School of Sport Sciences.

58-59ページ

1. R. Havriluk (2010) "Performance-level differences in swimming: Relative contributions of strength and technique," in P-L. Kjendlie, R. K. Stallman, and J. Cabri (eds), *Biomechanics and Medicine in Swimming XI*. Oslo, Norway: Norwegian School of Sport Science.

60-61ページ

1. R. Havriluk (2007) "Improving performance in swimming: Swimsuit and technique resistance factors," *Swimming in Australia*, 24(1), 22–23.

62-63ページ

1. R. E. Schleihauf, Jr. (1979) "A hydrodynamic analysis of swimming propulsion," in J. Terauds and E. W. Bedingfield (eds), *Swimming III*. Baltimore, MA: University Park Press (pp. 70–109).

2. Y. Sato and T. Hino (2002) "Estimation of thrust of swimmer's hand using CFD," *Proceedings of 8th Symposium on Nonlinear and Free-Surface Flows*. Hiroshima, Japan: University of Hiroshima (pp. 71–75).

3. H. Takagi, Y. Shimizu, A. Kurashima, and R. Sanders (2001) "Effect of thumb abduction and adduction on hydrodynamic characteristics of a model of the human hand," in J. R. Blackwell and R. S. Sanders (eds), *Proceedings of the XIX International Symposium of Biomechanics in Sports*. San Francisco, CA: University of San Francisco (pp. 122–126).

4. M. A. M. Berger, G. de Groot, and A. P. Hollander (1995) "Hydrodynamic drag and lift forces on human hand/arm models," *Journal of Biomechanics*, 28(2), 125–133.

5. P. Remmonds and R. M. Bartlett (1981) "Effects of finger separation," *Swimming Technique*, 18(1), 28–30.

6. B. Bixler &andS. Riewald (2002) "Analysis of a swimmer's hand and arm in steady flow conditions using computational fluid dynamics," *Journal of Biomechanics*, 35, 713–717.

64-65ページ

1. R. Havriluk (2014) "Freestyle Hand Path," *Swimming World*, 55(3), 50–51.

2. D. A. Levinson (1987) "Internal stroke motions and the effective coaching of stroke mechanics," *Journal of Swimming Research*, 3(2), 21–28.

3. R. Havriluk (2016). *Approaching Perfect Freestyle + Science*. Tallahassee, FL: Swimming Technology Research.

66-67ページ

1. T. Becker and R. Havriluk (2014) "Freestyle arm entry effects on shoulder stress, force generation, and arm synchronization," in B. Mason (ed), *Biomechanics and Medicine in Swimming XII*. Canberra, Australia: Australian Institute of Sport.

2. A. Abgarov, J. Fraser-Thomas, and J. Baker (2012) "Understanding trends and risk factors of swimming-related injuries in varsity swimmers," *Clinical Kinesiology*, 66(2), 24.

3. R. Havriluk and J. Mullen (2014) "Preventing swimming injuries", Invited presentation at the *International Swim Coaches Conference*, Clearwater, Florida, USA.

4. R. Havriluk (2014) "Skill acquisition and injury prevention," Invited presentation at the *FINA Golden Coach Clinic*, Doha, Qatar.

第3章

70-71ページ

1. B. Hiddlestone (2014) "Concept paper for the evolution of systematic skill development in swimming", *Swimming in Australia*, 31(1) 21–31.

2. R. Havriluk (2006) "Magnitude of the effect of an instructional intervention on swimming technique and performance", in J. P. Vilas-Boas, F. Alves, A. Marques (eds) "Biomechanics and Medicine in Swimming X", *Portuguese Journal of Sport Sciences*, 6(Suppl. 2) 218–220.

3. R. Havriluk (2014) "The effect of deliberate practice on the technique of national caliber swimmers", in B. Mason (ed), *Proceedings of the XIIth International Symposium on Biomechanics and Medicine in Swimming*, Australian Institute of Sport, Canberra.

72-73ページ

1. K. A. Ericsson, R. T. Krampe, C. and Tesch-Römer (1993) "The role of deliberate practice in the acquisition of expert performance," *Psychological Review*, 100(3), 363.

2. R. Havriluk (2016) "Reject conventional wisdom for a competitive advantage: Don't swim like Phelps," *Invited presentation at the MIT Sloan Sports Analytics Conference*, Boston, March 2016.

3. S. M. Jefferies, C. M. Jefferies, and S. Donohue (2012) "The effect of real-time feedback on swimming technique," *Journal of the International Society of Swimming Coaching*, 2, 41–49.

4. R. Havriluk (2011) "An expanded cycle improves swimming technique," *Swimming in Australia*, 27(4), 30–32.

74-75ページ

1. M. Gladwell (2008) *Outliers: The story of success*. London, UK: Hachette.

2. K. A. Ericsson, R. T. Krampe, C. and Tesch-Römer (1993) "The role of deliberate practice in the acquisition of expert performance," *Psychological Review*, 100(3), 363.

3. R. Havriluk, K. A. Ericsson, R. Braun, M. Weaver, and J. Mason (2016) "Competitive swimmer expertise in technique and conditioning: Strategies to deliberately practice while traditionally training," in preparation.

4. J. Baker and B. Young (2014) "20 years later: Deliberate practice and the development of expertise in sport," *International Review of Sport and Exercise Psychology*, 7(1), 135–157.

5. R. Richards (1999) "Talent identification and development," Paper presented at the Australian Swim Coaches and Teachers Association Convention, 1999.

6. M. Lang and R. Light (2010) "Interpreting and implementing the long-term athlete development model: English swimming coaches' views on the (swimming) LTAD in practice," *International Journal of Sports Science and Coaching*, 5(3), 389–402.

7. S. Seiler and E. Tønnessen (2009) "Intervals, thresholds, and long slow distance: The role of intensity and duration in endurance training," *Sportscience*, 13, 32–53. Available at sportsci.org/2009/ss.htm

8. R. Havriluk (2004) "Hand force and swimming velocity", paper presented at the *XVth Federation Internationale de Natation World Congress*, Indianapolis.

76-77ページ

1. Swimming World (2010) "Industry News: New Hand Paddle Design Provides Strength Training Advantage for Swimmers," available at: www.swimmingworldmagazine.com/news/industry-news-new-hand-paddle-design-provides-strength-training-advantage-for-swimmers

78-79ページ

1. M. Stott (2012) "The case for volume," *Swimming World*, 53(2), 26–27.

2. G. Troy (2014) Notes from Gregg Troy ASCA Lecture ("Garbage Yards and Other Things that Work"): Part I, available at: www.swimmingscience.net/notes-gregg-troy-asca-lecture-garbage-yards-things-work-part/

3. D. Salo (2015) "Swim like the cheetah runs," *American Swimming Magazine*, 2015(4), 6–18.

4. B. Rushall (2016) "Step-by-step USRPT planning and decision-making processes," available at: http://coachsci.sdsu.edu/swim/bullets/47GUIDE.pdf

5. R. Havriluk, T. Becker, J. Miller, and S. Rodeo (2012) "Medical concerns of mega-yardage training: strategies to prevent and rehabilitate shoulder injury," available at: www.swimmingworldmagazine.com/news/medical-concerns-of-mega-yardage-training-strategies-to-prevent-and-rehabilitate-shoulder-injury

6. R. Havriluk and J. Stager (2012) "Scientific basis and benefits of reduced training distance," available at: www.swimmingworldmagazine.com/news/the-scientific-basis-and-benefits-of-reduced-training-distance

80-81ページ

1. R. Havriluk (2016). *Approaching Perfect Freestyle + Science*. Tallahassee, FL: Swimming Technology Research.

2. L. Seifert, H. M. Toussaint, M. Alberty, C. Schnitzler, and D. Chollet (2010) "Arm coordination, power, and swim efficiency in national and regional front crawl swimmers," *Human Movement Science*, 29(3), 426–439. doi: 10.1016/j.humov.2009.11.003

82-83ページ

1. B. Rushall (2016) "Interval training, high-intensity interval training, and USRPT," *Swimming Science Bulletin*, 55, 1–21.

84-85ページ

1. P. G. Morouço, D. A. Marinho, N. M . Amaro, J. A. Pérez Turpin, and M. C. Marques (2012) "Effects of dry-land strength training on swimming performance: a brief review". Spain, Alicante: Universidad de Alicante Área de Educación Física y Deporte. Available at: http://hdl.handle.net/10045/23621.

2. T. Bompa and C. Buzzichelli (2015) *Periodization Training for Sports*, Third Edition. Champaign, IL: Human Kinetics.

3. T. D. Fahey (1998) "Adaptation to exercise: progressive resistance exercise," in T. D. Fahey (ed) *Encyclopedia of Sports Medicine and Science*, Internet Society for Sport Science. Available at: www.sportsci.org/encyc/

4. T. Moritani and H. A. deVries (1979) "Neural factors versus hypertrophy in the time course of muscle strength gain," *American Journal of Physical Medicine*, 58(3), 115–130.

86-87ページ

1. N. F. Matos, R. J. Winsley, and C. A. Williams (2011) "Prevalence of nonfunctional overreaching/overtraining in young English athletes," *Medicine and Science in Sports and Exercise*, 43(7), 1287–1294.

2. R. Havriluk (2013) "Seasonal variations in swimming force and training adaptation," *Journal of Swimming Research*, 21(1).

3. R. Winsley and N. Matos (2010) "Overtraining and elite young athletes," in *The Elite Young Athlete* (Volume 56). Basel, Switzerland: Karger Publishers (pp. 97–105).

4. D. L. Costill, M. G. Flynn, J. P. Kirwan, J. A. Houmard, J. B. Mitchell, R. Thomas, and S. H. Park (1988) "Effects of repeated days of intensified training on muscle glycogen and swimming performance," *Medicine and Science in Sports and Exercise*, 20(3), 249–254.

5. J. E. Counsilman (1968) *The Science of Swimming*. Upper Saddle River, NJ: Prentice Hall.

88-89ページ

1. W. Goldsmith (2016) "The distance debate: How much swim training should we be doing?" Available at: www.swimmingworldmagazine.com/news/swim-training/

2. B. Termin and D. R. Pendergast (2000) "Training using the stroke frequency–velocity relationship to combine biomechanical and metabolic paradigms," *Journal of Swimming Research*, 14, 9–17.

3. M. J. Truijens, H. M. Toussaint, J. Dow, and B. D. Levine (2003) "Effect of high-intensity hypoxic training on sea-level swimming performances," *Journal of Applied Physiology*, 94(2), 733–743.

4. I. Mujika, J. C. Chatard, T. Busso, A. Geyssant, F. Barale, and L. Lacoste (1995) "Effects of training on performance in competitive swimming," *Canadian Journal of Applied Physiology*, 20(4), 395–406.

5. V. D. Kame, D. R. Pendergast, and B. Termin (1990) "Physiologic responses to high intensity training in competitive university swimmers," *Journal of Swimming Research*, 6(4), 5–8.

6. F. J. Nugent, T. M. Comyns, E. Burrows, and G. D. Warrington (2017) "Effects of low-volume, high-intensity training on performance in competitive swimmers: a systematic review," *The Journal of Strength and Conditioning Research*, 31(3), 837–847.

7. L. Pugliese, S. Porcelli, M. Bonato, G. Pavei, A. La Torre, M. A. Maggioni, G. Bellistri, and M. Marzorati (2015) "Effects of manipulating volume and intensity training in masters swimmers," *International Journal of Sports Physiology and Performance*, 10(7), 907–912.

8. B. Sperlich, C. Zinner, I. Heilemann, P. L. Kjendlie, H. C. Holmberg, and J. Mester (2010) "High-intensity interval training improves VO2peak, maximal lactate accumulation, time trial and competition performance in 9–11-year-old swimmers." *European Journal of Applied Physiology*, 110(5), 1029–1036.

90-91ページ

1. K. A. Ericsson, R. T. Krampe, and C. Tesch-Römer (1993) "The role of deliberate practice in the acquisition of expert performance," *Psychological Review*, 100(3), 363.

2. M. J. Matthews, D. Green, H. Matthews, and E. Swanwick (2017) "The effects of swimming fatigue on shoulder strength, range of motion, joint control, and performance in swimmers," *Physical Therapy in Sport*, 23, 118–122.

92-93ページ

1. F. A. Rodríguez (2010) "Training at real and simulated altitude in swimming: too high expectations?" in P-L. Kjendlie, R. K. Stallman, and J. Cabri (eds), *Biomechanics and Medicine in Swimming XI*. Oslo, Norway: Norwegian School of Sport Science.

2. F. A. Rodríguez, X. Iglesias, B. Feriche, C. Calderón-Soto, D. Chaverri, N. B. Wachsmuth, W. Schmidt, and B. D. Levine (2015) "Altitude training in elite swimmers for sea level performance (Altitude project)," *Medicine and Science in Sports and Exercise*, 47(9), 1965–1978.

第4章

98-99ページ

1. B. R. Rønnestad and I. Mujika (2014) "Optimizing strength training for running and cycling endurance performance: A review," *Scandinavian Journal of Medicine and Science in Sports*, 24(4), 603–12.

2. P. Aagaard and T. Raastad (2012) "Strength training for endurance performance," in I. Mujika (ed), *Endurance training – Science and Practice*. Vitoria-Gasteiz, Basque Country, Spain, pp. 51–59.

3. S. Trappe and D. Pearson (1994) "Effects of weight assisted dry-land strength training on swimming performance," *Journal of Strength and Conditioning Research*, 8(4), 209–213.

4. D. Strass (1986) "Effects of maximal strength training on sprint performance of competitive swimmers," in B. E. Ungerechts, K. Wilke, and K. Reischle (eds) *Vth International Symposium of Biomechanics and Medicine in Swimming*, 1986 Jul 27–31. Bielefeld, Germany: Human Kinetics Books, pp. 149–156.

5. S. Girold, D. Maurin, B. Dugué, J. C. Chatard, and G. Millet (2007) "Effects of dry-land vs. resisted- and assisted-sprint exercises on swimming sprint performances," *Journal of Strength and Conditioning Research*, 21(2), 599–605.

100-101ページ
1. P. Cormie, M. R. McGuigan, and R. U. Newton (2011) "Developing Maximal Neuromuscular Power, Part 2—Training Considerations for Improving Maximal Power Production," Sports Medicine, 41(2), 125–146. doi: 10.2165/11538500-000000000-00000.

102-103ページ
1. M. Weston, A. E. Hibbs, K. G. Thompson, and I. R. Spears (2015) "Isolated core training improves sprint performance in national-level junior swimmers", International Journal of Sports Physiology and Performance, 10(2), 204–210.

106-107ページ
1. D. C. Bishop, R. J. Smith, M. F. Smith, and H. E. Rigby (2009) "Effect of plyometric training on swimming block start performance in adolescents," Journal of Strength Conditioning Research, 23(7), 2137–2143.

2. J. M. Cossor, B. A. Blanksby, and B. C. Elliott (1999) "The influence of plyometric training on the freestyle tumble turn," Journal of Science and Medicine in Sport, 2(2), 106–116.

3. F. J. Potdevin, M. E. Alberty, A. Chevutschi, P. Pelayo, and M. C. Sidney (2011) "Effects of a 6-week plyometric training program on performances in pubescent swimmers," Journal of Strength Conditioning Research, 25(1), 80–86.

108-109ページ
1. B. Falk and A. Eliakim (2003) "Resistance training, skeletal muscle and growth," Pediatric Endocrinology Reviews, 1(2), 120–127.

2. A. D. Faigenbaum, W. J. Kraemer, C. J. Blimkie, I. Jeffreys, L. J. Micheli, M. Nitka, and T. W. Rowland (2009) "Youth resistance training: updated position statement paper from the national strength and conditioning association," Journal of Strength and Conditioning Research, 23(5 Suppl), S60–79.

3. J. Sadowski, A. Mastalerz, W. Gromisz, and T. NiŸnikowski (2012) "Effectiveness of the power dry-land training programmes in youth swimmers," Journal of Human Kinetics, 32, 77–86. doi: 10.2478/v10078-012-0025-5.

112-113ページ
1. M. Slimani, D. Tod, H. Chaabene, B. Miarka, and K. Chamari (2016) "Effects of mental imagery on muscular strength in healthy and patient participants: a systematic review," Journal of Sports Science and Medicine, 15(3), 434–450.

2. P. Post, S. Muncie, and D. Simpson (2011) "The effects of imagery training on swimming performance: an applied investigation," Journal of Applied Sports Psychology, 12(3), 323–337.

3. A. Guillot, F. Di Rienzo, V. Pialoux, G. Simon, S. Skinner, and I. Rogowski (2015) "Implementation of motor imagery during specific aerobic training session in young tennis players," PLoS One, 10(11) :e0143331.

4. Z. Huang, H. H. Davis IV, Q. Yue, C. Wiebking, N. W. Duncan, J. Zhang, N. F. Wagner, A. Wolff, and G. Northoff (2015) "Increase in glutamate/glutamine concentration in the medial prefrontal cortex during mental imagery: a combined functional MRS and fMRI study," Human Brain Mapping, 36(8), 3204–3212.

114-115ページ
1. K.M. Sullivan, D.B. Silvey, D.C. Button, and D.G. Behm (2013) "Roller-massager application to the hamstrings increases sit-and-reach range of motion within five to ten seconds without performance impairments," International Journal of Sports Physical Therapy, 8(3), 228–236.

2. W. C. McMaster, A. Roberts, and T. Stoddard (1998) "A correlation between shoulder laxity and interfering pain in competitive swimmers," American Journal of Sports Medicine, 26(1), 83–86.

3. E. E. Hibberd, S. Oyama, J. T. Sprang, W. Prentice, and J. B. Myers (2012) "Effect of a 6-week strengthening program on shoulder and scapular-stabilizer strength and scapular kinematics in division I collegiate swimmers," Journal of Sport Rehabilitation, 21, 253–265.

116-117ページ
1. F. Ogita and S. Taniguchi (1995) "The comparison of peak oxygen uptake between swim-bench exercise and arm stroke," European Journal of Applied Physiology and Occupational Physiology, 71(4), 295–300.

2. I. L. Swaine (1997) "Time course of changes in bilateral arm power of swimmers during recovery from injury using a swim bench," British Journal of Sports Medicine, 31(3), 213–216.

3. J. R. Sexsmith, M. L. Oliver, and J. M. Johnson-Bos (1992) "Acute responses to surgical tubing and biokinetic swim bench interval exercise," Journal of Swimming Research, 8, 5–10.

118-119ページ
1. T. Zochowski, E. Johnson, and G. G. Sleivert (2007) "Effects of varying post-warm-up recovery time on 200-m time-trial swim performance," International Journal of Sports Physiology and Performance, 2(2), 201–211.

2. D. J. West, B. M. Dietzig, R. M. Bracken, D. J. Cunningham, B. T. Crewther, C. J. Cook, and L. P. Kilduff (2013) "Influence of post-warm-up recovery time on swim performance in international swimmers," Journal of Science and Medicine in Sport, 16(2), 172–176. doi: 10.1016/j.jsams.2012.06.002. Epub 2012 Jul 11.

3. L. P. Kilduff, D. J. Cunningham, N. J. Owen, D. J. West, R. M. Bracken, and C. J. Cook (2011) "Effect of postactivation potentiation on swimming starts in international sprint swimmers," Journal of Strength and Conditioning Research, 25(9), 2418–2423.

4. N. C. Romney, and V. M. Nethery (1993) "The effects of swimming and dryland warm-ups on 100-yard freestyle performance in collegiate swimmers," The Journal of Swimming Research, 9, 5–9.

120-121ページ
1. T. L. Rupp, N. J. Wesensten, P. D. Bliese, and T. J. Balkin (2009) "Banking sleep: realization of benefits during subsequent sleep restriction and recovery," Sleep, 32(3), 311–321.

122-123ページ
1. J. Robineau, N. Babault, J. Piscione, M. Lacome, and A-X. Bigard (2016) "The specific training effects of concurrent aerobic and strength exercises depends on recovery duration," Journal of Strength and Conditioning Research, 30(3), 672–683. doi: 10.1519/JSC.0000000000000798.

2. J. Haycraft and S. Robertson (2015) "The effects of concurrent aerobic training and maximal strength, power and swim-specific dry-land training methods on swim performance: a review," Journal of Australian Strength and Conditioning, 23(2), 91–99.

第 5 章

126-127ページ
1. B. E. Ainsworth, W. L. Haskell, M. C. Whitt-Glover, and A. Leon (2000) "Compendium of Physical Activities: an update of activity codes and MET intensities," Medicine and Science in Sports and Exercise, 32(9), S498–S51. doi: 10.1097/00005768-200009001-00009.

2. D. R. Pendergast (1988) "The effect of body cooling on oxygen transport during exercise," Medicine and Science in Sports and Exercise, 20(5 Suppl), S171–176.

3. F. Riera, R. Hoyt, X. Xu, B. Melin, J. Regnard, and L. Bourdon (2014) "Thermal and Metabolic Responses of Military Divers During a 6-Hour Static Dive in Cold Water," Aviation, Space, and Environmental Medicine, 85(5), 509–517.

4. J. A. King, L. K. Wasse, and D. J. Stensel (2011) "The Acute Effects of Swimming on Appetite, Food Intake, and Plasma Acylated Ghrelin," Journal of Obesity, 2011, Article ID 351628. doi: 10.1155/2011/351628

128-129ページ
1. I. Y. Kim, S. Schutzler, A. Schrader, H. Spencer, P. Kortebein, N. E. Deutz, R. R. Wolfe, and A. A. Ferrando (2015) 'Quantity of dietary protein intake, but not pattern of intake, affects net protein balance primarily through differences in protein synthesis in older adults,' American Journal of Physiology, Endocrinology and Metabolism, Jan 1, 308 (1) E21–8. doi: 10.1152/ajpendo.00382.2014. Epub 2014 Oct 28. Also available at: www.ncbi.nlm.nih.gov/pubmed/25352437.

2. O. C. Witard, S. R. Jackman, L. Breen, K. Smith, A. Selby, and K. D. Tipton (2014) 'Myofibrillar muscle protein synthesis rates subsequent to a meal in response to increasing doses of whey protein at rest and after resistance exercise,' American Journal of Clinical Nutrition, 99 (1) 86–95. doi: 10.3945/ajcn.112.055517. Epub 2013 Nov 20. Also available at: www.ncbi.nlm.nih.gov/pubmed/24257722.

3. D. R. Moore, M. J. Robinson, J. L. Fry, J. E. Tang, E. I. Glover, S. B. Wilkinson, T. Prior, M. A. Tarnopolsky, and S. M. Phillips (2009) 'Ingested protein dose response of muscle and albumin protein synthesis after resistance exercise in young men,' The American Journal of Clinical Nutrition 89, 161–8. doi: 10.3945/ajcn.2008.26401. Epub 2008 Dec 3. Also available at: www.ncbi.nlm.nih.gov/pubmed/19056590

4. Graphs constructed using Muscle Synthesis Graph web-tool available at www.iMadgenNutrition.com.

130-131ページ
1. T. Stellingwerff, L. L. Spriet, M. J. Watt, N. E. Kimber, M. Hargreaves, J. A. Hawley, L. M. Burke (2006) 'Decreased PDH activation and glycogenolysis during exercise following fat adaptation with carbohydrate restoration,' American Journal of Physiology – Endocrinology and Metabolism, 290 (2) E380–E388. Doi: 10.1152/ajpendo.00268.2005

2. A. E. Jeukendrup (2003) 'High-carbohydrate versus high-fat diets in endurance sports,' Schweizerische Zeitschrift für Sportmedizin und Sporttraumatologie, 51 (1), 17–23. Also available at: [http://www.sgsm.ch/fileadmin/user_upload/Zeitschrift/51-2003-1/05-2003-1.pdf

132-133ページ
1. Institute of Medicine (2011) "Dietary Reference Intakes (DRIs): Recommended Dietary Allowances and Adequate Intakes, Vitamins," Available at: www.nationalacademies.org/hmd/Activities/Nutrition/SummaryDRIs/DRI-Tables.aspx

2. P. P. Geerligs, B. Brabin, A. Mkumbwa, R. Broadhead, and L. E. Cuevas (2003) "The effect on haemoglobin of the use of iron cooking pots in rural Malawian households in an area with high malaria prevalence: a randomized trial," Tropical

Medicine and International Health, 8(4), 310–315 doi: 10.1046/j.1365-3156.2003.01023.x

3. G. Armstrong, C. Dewey, and A. Summerlee (2015) "Iron release from the *Lucky Iron Fish*TM: Safety considerations," *Asia Pacific Journal of Clinical Nutrition*, 10/14/2015. Available at www.apjcn.org/update/pdf/0000/0/2015-0188/2015-0188--online.pdf

134-135ページ

1. L. Burke and V. Deakin (2015) *Clinical Sports Nutrition*, Fifth edition. Australia: McGraw-Hill Education, pp. 392–393.

2. N. A. Masento, M. Golightly, D. T. Field, L. T. Butler, and C. M. van Reekum (2014) "Effects of hydration status on cognitive performance and mood," *British Journal of Nutrition*, 111(10), 1841–1852. doi: 10.1017/S0007114513004455.

3. J. D. Adams, S. A. Kavouras, J. I. Robillard, C. N.Bardis, E. C. Johnson, M. S. Ganio, B. P. McDermott, and M. A. White (2016) "Fluid Balance of Adolescent Swimmers During Training," *Journal of Strength and Conditioning Research*, 30(3), 621–625.

4. A. Jeukendrup and M. Gleeson (2009) *Sport Nutrition, An Introduction to Energy Production and Performance*, 2nd Edition. Human Kinetics.

136-137ページ

1. L. Burke and V. Deakin (2015) *Clinical Sports Nutrition*, Fifth edition. Australia: McGraw-Hill Education, pp. 355–356, 670.

138-139ページ

1. E. F. Coyle and S. J. Montain (1992) "Carbohydrate and fluid ingestion during exercise: Are there trade-offs?" *Medicine and Science in Sports and Exercise*, 24(6), 671–678.

2. R. Murray, W. Bartoli, J. Stofan, M. Horn, and D. Eddy (1999) "A comparison of the gastric emptying characteristics of selected sports drinks," *International Journal of Sports Nutrition*, 9(3), 263–274.

3. R. Koopman, D. L. E. Pannemans, A. E. Jeukendrup, A. P. Gijsen, J. M. G. Senden, D. Halliday, W. H. M. Saris, L. J. C. van Loon, and A. J. M. Wagenmakers (2004) "Combined ingestion of protein and carbohydrate improves protein balance during ultra-endurance exercise," *American Journal of Physiology – Endocrinology and Metabolism*, 287(4) E712–E720. doi: 10.1152/ajpendo.00543.2003

140-141ページ

1. J. Bohé, J. F. A. Low, R. R. Wolfe, and M. J. Rennie (2001) "Latency and duration of stimulation of human muscle protein synthesis during continuous infusion of amino acids," *The Journal of Physiology*, 532(2), 575–579. doi: 10.1111/j.1469-7793.2001.0575f.x.

2. L. Burke and G. Cox (2010) *The Complete Guide to Food for Sports Performance: Peak Nutrition for Your Sport*, Third Edition. Sydney, Australia: Allen & Unwin Publishers.

3. M. Burke, G. R. Collier, and M. Hargreaves (1993) "Muscle glycogen storage after prolonged exercise: Effect of the glycemic index of carbohydrate feedings," *Journal of Applied Physiology*, 75(2), 1019–23.

142-143ページ

1. E. R. Goldstein, T. Ziegenfuss, D. Kalman, R. Kreider, B. Campbell, C. Wilborn, L. Taylor, D. Willoughby, J. Stout, B. S. Graves, R. Wildman, J. L. Ivy, M. Spano, A. E. Smith and J. Antonio (2010) "International Society of Sports Nutrition position stand: caffeine and performance," *Journal of the International Society of Sports Nutrition*, 7:5, doi: 10.1186/1550-2783-7-5

2. K. Collomp, S. Ahmaidi, J. C. Chatard, M. Audran, C. Préfaut (1992) "Benefits of caffeine ingestion on sprint performance in trained and untrained swimmers," *European Journal of Applied Physiology and Occupational Physiology*, 64(4), 377–80.

3. R. Beaumont, P. Cordery, M. Funnell, S. Mears, L. James and P. Watson (2017) "Chronic ingestion of a low dose of caffeine induces tolerance to the performance benefits of caffeine," *Journal of Sports Sciences*, 35(19), 1920–1927. doi: 10.1080/02640414.2016.1241421.

4. L. S. Gonçalves, V. S. Painelli, G. Yamaguchi, L. F. Oliveira, B. Saunders, R. P. da Silva, E. Maciel, G. G. Artioli, H. Roschel and B. Gualano (2017) "Dispelling the myth that habitual caffeine consumption influences the performance response to acute caffeine supplementation," *Journal of Applied Physiology*, 123(1), 213–220. doi: 10.1152/japplphysiol.00260.2017.

5. K. J. Conway, R. Orr, and S. R. Stannard (2003) "Effect of a divided caffeine dose on endurance cycling performance, postexercise urinary caffeine concentration, and plasma paraxanthine," *Journal of Applied Physiology*, 94(4), 1557–1562. doi: 10.1152/japplphysiol.00911.2002.

6. L. Burke and V. Deakin (2015) *Clinical Sports Nutrition*, Fifth edition. Australia: McGraw-Hill Education, pp. 517–518.

144-145ページ

1. L. Burke and V. Deakin (2015) *Clinical Sports Nutrition*, Fifth edition. Australia: McGraw-Hill Education.

146-147ページ

1. J. Antonio, D. Kalman, J. R. Stout, M. Greenwood, D. S. Willoughby, and G.G. Haff (Eds) (2014) *Essentials of Sports Nutrition and Supplements* (2008 Edition). New York City, USA: Humana Press, pp. 470–471.

2. J. Antonio, D. Kalman, J. R. Stout, M. Greenwood, D. S. Willoughby, and G.G. Haff (Eds) (2014) *Essentials of Sports Nutrition and Supplements* (2008 Edition). New York City, USA: Humana Press, p. 506.

150-151ページ

1. R. J. Maughan, L. A. Dargavel, R. Hares, and S. M. Shirreffs (2009) "Water and salt balance of well-trained swimmers in training," *International Journal of Sport Nutrition and Exercise Metabolism*, 19(6), 598–606. doi: 10.1123/ijsnem.19.6.598.

第6章

156-157ページ

1. E. E. Hibberd and J. B. Myers (2013) "Practice Habits and Attitudes and Behaviors Concerning Shoulder Pain in High School Competitive Club Swimmers," *Clinical Journal of Sport Medicine*, 23(6), 450–455. doi: 10.1097/JSM.0b013e31829aa8ff

2. S. A. Rodeo, J. T. Nguyen, J. T. Cavanaugh, Y. Patel, and R. S. Adler (2016) "Clinical and Ultrasonographic Evaluations of the Shoulders of Elite Swimmers," *American Journal of Sports Medicine*, 44(12), 3214–3221. doi: 10.1177/0363546516657823

3. E. G. MacFarland, and M. Wasik (1996) "Injuries in female collegiate swimmers due to swimming and cross training," *Clinical Journal of Sport Medicine*, 6(3), 178–182.

4. P. H. Madsen, K. Bak, S. Jensen, and U. Welter (2011) "Training induces scapular dyskinesis in pain-free competitive swimmers: a reliability and observational study," *Clinical Journal of Sport Medicine*, 21(2), 109–113. doi: 10.1097/JSM.0b013e3182041de0

5. J. D. Borstad (2006) "Resting position variables at the shoulder: evidence to support a posture-impairment association," *Physical Therapy*, 86(4), 549–557.

162-163ページ

1. K. Kaneoka, K. Shimizu, M. Hangai, T. Okuwaki, N. Mamizuka, M. Sakane, and N. Ochiai (2007) "Lumbar intervertebral disk degeneration in elite competitive swimmers: a case control study," *American Journal of Sports Medicine*, 35(8), 1341–1345.

164-165ページ

1. S. McGill (2015) *Low Back Disorders: Evidence-Based Prevention and Rehabilitation*, Third Edition. Champaign, IL: Human Kinetics.

168-169ページ

1. S. D. Stulberg, K. Shulman, S. Stuart, and P. Culp (1980) "Breaststroker's knee: pathology, etiology, and treatment," *American Journal of Sports Medicine*, 8(3), 164–171.

2. P. Vizsolyi, J. Taunton, G. Robertson, L. Filsinger, H.S. Shannon, D. Whittingham, and M. Gleave (1987) "Breaststroker's knee. An analysis of epidemiological and biomechanical factors," *American Journal of Sports Medicine*, 15(1), 63–71.

170-171ページ

1. L. J. Distefano, J. T. Blackburn, S. W. Marshall, and D. A. Padua (2009) "Gluteal muscle activation during common therapeutic exercises," *Journal of Orthopedic and Sports Physical Therapy*, 39(7), 532–540. doi: 10.2519/jospt.2009.2796

176-177ページ

1. M. Schwellnus (2009) "Cause of exercise-associated muscle cramps (EAMC) – altered neuromuscular control, dehydration or electrolyte depletion?" *British Journal of Sports Medicine*, 43(6), 401–408.

2. M. Schwellnus, N. Drew, and M. Collins (2011) "Increased running speed and previous cramps rather than dehydration or serum sodium changes predict exercise-associated muscle cramping: a prospective cohort study in 210 Ironman Triathletes," *British Journal of Sports Medicine*, 45(8), 650–656. doi: 10.1136/bjsm.2010.078535

3. K. W. Braulick, K. C. Miller, J. M. Albrecht, J. M. Tucker, and J. E. Deal (2013) "Significant and serious dehydration does not affect skeletal muscle cramp threshold frequency," *British Journal of Sports Medicine*, 47(11), 710–714. doi: 10.1136/bjsports-2012-091501

4. S. I. Manjra, M. P. Schwellnus, and T. D. Noakes (1996) "Risk factors for exercise associated muscle cramping (EAMC) in marathon runners," *Medicine and Science in Sports and Exercise*, 28, S167.

用語解説

圧力抵抗（pressure drag）　流体中を進む物体の前端と後端の圧力差によって生じる抗力。流体の粒子が前端の圧力の高い領域から後端の圧力の低い領域へ移動し、そこで流れの層が物体の表面から剥離すると、流れが乱れて、進行方向と逆向きの圧力抗力が発生する。形状抵抗とも呼ばれる。

アデノシン3リン酸（adenosine triphosphate (ATP)）　3個のリン酸を含む化合物で、人体の細胞内において「エネルギー通貨」として使われている。ATPからリン酸が1個切り離されると、アデノシン2リン酸（ADP）が生じ、エネルギーが放出される。

アミノ酸（amino acids）　蛋白質を構成する有機化合物。鎖状に結合して、ペプチドと呼ばれるポリマー短鎖や、ポリペプチドや蛋白質と呼ばれるポリマー長鎖をなす。

異化作用（catabolism）　複雑な分子を単純な分子に分解し、エネルギーを放出する代謝活動。

移行局面（amortization）　プライオメトリック運動で筋肉の伸張性収縮と短縮性収縮が切り替わる局面。この局面が長すぎると、伸張性収縮局面で蓄えられたエネルギーが失われ、プライオメトリック効果が得られない。

意識的訓練（deliberate practice）　明確な目的のもと、計画的に実施される練習。漫然と同じ動作を数多く繰り返すのではなく、集中し、技術の習得に意識を向けることが求められる。

一回拍出量（stroke volume）　1回の拍動で心臓から送り出される血液の量（ℓ）。

運動学（kinematics）　重さや力を考慮せず、純粋に物体の動きを研究する力学の分野。キネマティクス。

運動効率（exercise economy）　一定の速度やパワーを持続するのに要するエネルギー。ふつう、1分間あたりの酸素消費量で計測される。持久力系の運動能力を示す重要な指標になる。

運動単位（motor unit）　1つの運動ニューロンとそれによって制御される筋繊維。筋肉の収縮時には、運動単位群が協調して働く。

運動ニューロン（motor neuron）　中枢神経系から効果器（筋肉など）へ信号を伝達し、反応を引き起こす神経細胞。

エルゴジェニック（ergogenic）　発揮できる力を増大させる、または身体的なパフォーマンスやスタミナ、回復力を向上させる性質があること。

横断面（transverse plane）　水平面ともいう。体を上下に水平に分割する面。冠状面や矢状面と垂直に交わる。

外転（abduction）　体の正中線から上肢や下肢を遠ざける動き。例えば、腕を側面に上げる動作では肩が外転する。

活動後増強（post-activation potentiation）　事前の筋収縮がその後の運動の力学的なパフォーマンスに影響を及ぼすこと。例えば、事前にカウンタームーブメント・ジャンプを行っていると、水泳のスタートのパフォーマンスが向上する。

感覚ニューロン（sensory neuron）　筋紡錘などの感覚受容器から中枢神経系へ信号を伝達する神経細胞。

冠状面（frontal (coronal) plane）　体を腹側と背側に分割する平面。横断面や矢状面と垂直に交わる。

キャッチアップ・ストローク（catch-up stroke）　協調指数がマイナスになるクロールの泳ぎ方。入水した腕を前に伸ばしたまま、もういっぽうの腕のリカバリーを始める。

境界層（boundary layer）　水中を動く物体の表面付近に、強い粘性によってできる液体の層。この層は物体の表面にくっついていて、物体と同じ速度で水中を移動する。

協調指数（index of coordination）　クロールのストロークサイクルで、両腕の動きのタイミングを数値化する指標。クロールのストロークは協調指数にもとづいて次の3種類に大きく分けられる。オポジション（協調指数ゼロ。片腕がプルに入ると同時にもういっぽうの腕がプッシュ局面を終える）、キャッチアップ（協調指数マイナス。両腕の推進局面にタイムラグがある）、スーパーポジション（協調指数プラス。両腕の推進局面が

重なる）。

筋電図描画法（electromyography）
筋肉の活動電位（筋電図）を計測及び記録する手法。

筋紡錘（muscle spindle）　筋肉内にある感覚受容器。筋肉の長さの変化を感知すると、感覚ニューロンを通じて中枢神経系に信号を送る。

筋膜（fascia）　弾力性のある丈夫な薄い結合組織で、筋肉をはじめ、人体のあらゆる器官を覆い、支え、守っている。使いすぎや外傷、感染、運動不足によってこわばると、痛みや、筋肉の張りや、血流の減少を引き起こすことがあると考えられている。

筋膜リリース（myofascial release）
骨格筋のこわばりや痛みを取る手技療法。筋膜の緊張をほぐしたり、縮んだ筋肉を伸ばしたり、血液やリンパ液の流れをよくしたり、あるいは筋肉の伸張反射を刺激したりする。

筋力発生率（rate of force development）　爆発的な筋力の指標、つまり筋力がどれぐらいすばやく立ち上がるかを示す指標。筋肉の動員率に左右される。筋力発生率の値が高いほど、パワーが大きいことを意味する。

グライド（gliding）　推進動作をせずに前に進む泳ぎ。例えば、壁を蹴った直後やストロークを始める直前など。抵抗を小さくするため、姿勢はできるだけ流線形に近づけることが望ましい。

グリコーゲン（glycogen）　筋肉や肝細胞に蓄えられている炭水化物。代謝が必要な時はすぐに分解され、グルコースに変わる。動物の細胞に貯蔵されている炭水化物のエネルギーの大部分は、グリコーゲンの形で蓄えられている。

クレアチンリン酸（creatine phosphate）　エネルギーをすみやかに供給できる、筋肉や脳内のエネルギー貯蔵物質。ADPからATP（細胞のエネルギー通貨）を再合成するのに使われ、使い果たされるまで筋肉の最大出力を維持できる。

血液脳関門（blood–brain barrier）
血液と、脳及び中枢神経系の組織液とを隔てている半透過性の膜。きわめて選択的で、神経系の環境が一定に保たれるよう、特定の物質しか通さない。

効果量（effect size）　2つのグループの差を数値化する単純な方法。現象の強さを示す尺度になる。絶対値が大きいほど、効果が強い（つまり差が大きい）ことを意味する。

高強度トレーニング（high-intensity training）　最大努力の運動を短く、少なめに行う漸進性過負荷トレーニングの1つ。動員される筋繊維の量を最大化するため、瞬間的に筋肉を痛めつける程度の、質が高く（負荷が大きく）、回数の少ない反復運動に重点が置かれる。

好中球（neutrophil）　白血球の1種で、最も多い白血球。免疫系の要をなすとともに、けがの治癒に欠かせない役割を果たしている。

合力（resultant force）　複数の力がある物体にかかる時、それらの力と等しい効果を持つ1つの力。

抗力係数（drag coefficient）　流体中を動く物体にかかる抗力ないし抵抗を数値化するために使われる無次元数。小さい値ほど、抵抗が少ないことを意味する。

骨格筋（skeletal muscle）　意識的に動かせるタイプの筋肉で、ふつう、腱と呼ばれるコラーゲン繊維で骨と結合している。（筋肉の種類にはほかに心臓の筋肉である心筋や、腸の筋肉である平滑筋がある）

骨密度（bone mineral density）　骨に含まれているカルシウムなどのミネラルの濃度。骨の強さの指標に使われる。骨密度の低下は骨粗鬆症を招き、骨折のリスクを高める。

ゴルジ腱器官（Golgi organ）　骨格筋の腱にある感覚受容器。筋肉の変化を感知すると、感覚ニューロンを通じて、中枢神経系に信号を送る。

再構築期（成熟期）（remodeling (maturation)）　けがの回復の最後の段階。2‒4カ月またはそれ以上続く。この段階でコラーゲン線維が正しい位置に収まり、完全な強さと機能が戻り始める。

最大挙上重量（1RM）（one-repetition maximum（1RM））　1回挙上できる最大の重量。または1回の筋収縮で発揮できる最大の筋力。

最大酸素摂取量（VO₂ max）　最大努力の運動中に体内に取り入れられる最大の酸素量。体重1kg、1分間あたりの酸素の摂取量（mℓ）で表す。心肺機能や持久力の指標として使われる。

矢状面（sagittal plane）　体を左右に分ける縦断面。冠状面や横断面と垂直に交わる。

脂肪適応代謝（fat-adapted metabolism）　運動中、解糖によるグルコースの燃焼の代わりに、脂肪を効率よく燃焼させてエネルギーを生み出せる能力。

地面反力（ground reaction force）
体重の下向きの力に対する反作用で、地面から生じる上向きの力。ふつう、脚から体に伝わる。

手勾配（hand pitch angle）　手のひらと手の軌道の間にできる角度。

受動的抗力（passive drag）　推進動作をせず、水中をグライドするか、牽引されて進む時に体が受ける抗力ないし抵抗。

手力（hand force）　ストロークサイクルで手によって生み出される推進力。手力が大きいほど、泳ぐスピードは速くなる。

食作用（phagocytosis）　組織の損傷でできた細胞の破片など、固形の粒子を、白血球などの細胞が取り囲んで分解する作用。

触媒（catalyst）　化学反応を促進する物質。それ自身は変化しない。

伸縮サイクル（stretch-shortening cycle）　短い移行局面を挟んで、伸張性収縮から短縮性収縮への移行が繰り返される筋活動のサイクル。伸張性収縮局面で、伸びた筋肉に弾性エネルギーが蓄えられるとともに、不随意収縮を促す筋紡錘の活動が起こる。それにより短縮性収縮局面で大きなパワーが発揮され、仕事量が増大する。

人体測定学（anthropometry）　人体の測定や体型を科学的に研究する学問分野。

伸張性収縮（eccentric contraction）筋肉が伸びながら筋力を発揮する筋繊維活動。例えば、重いウエイトを降ろす時、上腕二頭筋に生じる。伸張性収縮の最大筋力は短縮性収縮の最大筋力より大きい。持ち上げられない重さのものでも下に降ろすことはできるのはそのため。エキセントリック収縮。

推進抗力（propulsive force (propulsive drag)）　ストロークサイクルにおいて、手で水を掻いて後ろへ押すことで生じる力。スイマーを前進させる力になる。

水中翼（hydrofoil）　液体の中を適切な迎え角で進む時、抗力を上回る大きな揚力を生み出せる構造物。

推進力（thrust）　推進抗力と揚力とジェット渦の和。定常流と非定常流の流れ方の影響を受ける。

数値流体力学（computational fluid dynamics）　流体力学の一分野。コンピュータを用いた数値解析により、流体（液体、気体）とその中を動く物体表面の相互作用をシミュレーションする。体の周りの液体の流れを視覚化したり、抗力や推進力などの重要なパラメータを数値化したりすることを可能にする。

スーパーポジション（superposition）協調指数がプラスになるクロールのストロークパターン。両腕の推進局面が重なる。

ストローク指標（stroke index）　ストロークの効率を表す尺度。平均速度とストローク長（片腕の1回のストロークで体が移動する距離）のかけ算で算出される。

生体力学（biomechanics）　体の動きを研究する学問分野。バイオメカニクス。

線維化（fibrosis）　けがの治癒過程で筋肉などの組織にできる余分な線維質の結合組織。

漸進性過負荷（progressive overload）筋肉の大きさや強さや持久力の継続的な向上のため、トレーニングの過負荷を――抵抗を大きくする、回数や頻度を増やす、または休憩を減らすことで――徐々に高めること。

総抗力（total drag）　摩擦抵抗、造波抵抗、圧力抵抗（形状抵抗）を足し合わせた抗力。総抗力は流体の密度、物体の表面積、物体の移動速度によって変わる。

増殖期（proliferation）　けがの回復の第2段階で、炎症後、組織の修復が始まる段階。特殊な細胞によって新しい組織が作られるとともに、損傷部位を修復するためのコラーゲンが生成される。

造波抵抗（wave-making drag）　物体が流体中を進むと、おのずと前の水面が持ち上がるいっぽう、後ろの水面がへこんで、波が起きる。この波を造るために余計なエネルギーが使われることで生じる抵抗を造波抵抗と呼ぶ。

多量栄養素（macronutrient）　体の正常な成長や発達に比較的多く必要になる必須栄養素。脂肪、炭水化物、蛋白質のこと。カルシウムや塩化物、ナトリウムなどのミネラルを含めていうこともある。

単球（monocyte）　白血球の1種で、最も大きい白血球。食作用により、壊れた細胞や細菌やそのほかの破片を取り囲んで、分解する。成熟すると、組織の再生を促す化学物質を分泌するマクロファージになる。

短縮性収縮（concentric contraction）　筋肉が縮みながら筋力を発揮する筋繊維活動。例えば、ダンベルを持ち上げる時、上腕二頭筋に生じる。コンセントリック収縮。

超回復適応（super-compensatory adaptation）　トレーニング前より体力やパフォーマンスが向上する適応。トレーニングの刺激（過負荷）、疲労、適度な休息というサイクル後、痛んだ組織の修復とともに筋組織が成長する時に生じる。

超短距離レースペース練習(ultra-short race-pace training (USRPT))　泳ぐ距離より、レースのスピードで泳ぐことに重点を置く水泳の練習方法。

椎間板ヘルニア（spinal disc herniation）　椎間板外側の繊維質の層

が損傷することにより、中のゲル状の組織が外にはみ出た状態。炎症や痛みを引き起こす。

テーパリング（taper）　シーズン最後の重要な大会前、コンディションを整えるため、練習量を減らすこと。

適応（adaptation）　一定以上の強度の運動を行った時、体がそれに反応してしだいに生理的に変化すること。

電解質（electrolyte）　電荷を帯びた粒子、または帯びうる粒子でできた物質。カリウム、カルシウム、リン酸、重炭酸塩、ナトリウムなどの電解質は体内で重要な役割を果たしており、パフォーマンスに大きく影響する。

同化作用（anabolism）　エネルギーを使って、単純な小さい分子を組み合わせ、複雑な大きい分子を作り出す代謝活動。

等尺性収縮（isometric contraction）　筋肉が伸びたり縮んだりせず、関節を動かさずに筋力が発揮される筋繊維活動。例えば、壁を押す動作など。等尺性収縮の運動では、持続的に負荷がかかることで、筋肉の発達が促される。アイソメトリック収縮。

ドラフティング（drafting）　ほかの泳者のすぐ後ろにつき、圧力の低い「吸引領域」で泳ぐことで、水の抵抗や、スピードの維持に必要なエネルギーを減らす技法。前の泳者にかかる抗力もいくらか小さくなる。

内転（adduction）　体の正中線に上肢や下肢を近づける動き。例えば、側面に上げられた腕を下げる動作では肩が内転する。

能動的抗力（active drag）　スイマーが四肢の推進力で能動的に水中を進む時に生じる抗力（抵抗）。

バッファー（buffer）　水素イオン濃度の変化を抑える溶液。生体システムの安定にとってきわめて重要な役割を果たしている。水素イオンが増えすぎれば吸収し、水素イオンが減りすぎれば生成することで、水素イオンの濃度を一定に保つ。緩衝液とも呼ばれる。

ハルスピード（hull speed）　スイマーの前にできる波の長さ（波長）とスイマーの身長が等しくなる時の泳速のこと。ハルスピードの泳ぎは体力の節約になる。ただし、それ以上の速さで泳げば、エネルギーは消費するが、造波抵抗が著しく減るので、スピードを大幅に上昇させられる。

反射（reflex）　刺激に対して、不随意に起こる機械的な反応。「反射弓」と呼ばれる脳を介さない神経経路を通じて信号が送られることで、意識的な思考とは無関係に起こる。

肥大（hypertrophy）　細胞の数が増えることによってではなく、細胞の容積が大きくなることで、筋肉などの組織や器官が大きくなること。

プライオメトリックトレーニング（plyometric training）　ジャンプなど、最大筋力を発揮する動作を短い間隔で繰り返す運動。主に脚の筋肉の弾性やパワーを鍛えるために行われる。

ヘプシジン（hepcidin）　血中の鉄量を抑制するホルモン。肝臓で分泌される。ヘプシジン値が高いと、腸で吸収される鉄が減るとともに、肝臓に蓄積する鉄が増え、血中の鉄量は減る。

ホスファゲン機構（phosphagen system）　10秒ほどしか持続できない全力の運動時に使われるエネルギー供給システム。クレアチンリン酸を使って、ADPからATPを再合成する。

摩擦抵抗（friction drag）　動く物体の表面と流体の摩擦によって生じる効力。表面積や速度に正比例する。

ミトコンドリア（mitochondrion）　ほとんどの動植物の細胞内に多数ある粒状または棒状の細胞小器官。細胞呼吸でATPを合成し、エネルギーの供給源になることから、細胞の「発電所」と呼ばれる。

迎え角（angle of attack）　ストローク時に手の面と水の流れの間にできる角度。手に加わる揚力と抗力の比は迎え角に左右される。

メッツ（metabolic equivalent of task (MET)）　身体活動のエネルギーコスト（必要カロリー）の単位。椅子にじっと座っている時に消費されるエネルギー（「1メッツ」）との比較で表される。

毛細血管化（capillarization）　毛細血管網が形成されること。筋肉内の毛細血管は有酸素運動で増える。毛細血管が増えると、酸素の供給がよくなり、有酸素運動のパフォーマンスを高められる。

揚力（lift）　流体の中を移動する物体に働く力のうち、進行方向に垂直に働く力の成分。（抗力は進行方向と逆向きに働く成分）

流水プール（flume）　ベルトの上を走るトレッドミルと同じように、同じ場所に止まったまま、流れに向かって泳ぐことのできる装置。

流体力学（hydrodynamics）　流体の流れや、流体の中を動く物体に加わる力を研究する学問分野。

執筆者について

編者

G・ジョン・マレン博士（Dr. G. John Mullen）南カリフォルニア大学卒業。理学療法博士。同大学で研究助手を務め、水泳選手の運動や2型糖尿病、肺適応に関する研究に携わる。*Swimming World Magazine, Swimmer Magazine, The Journal of the International Society of Swim Coaches, SportsRehabExpert.com, About.com, STACK Magazine* に寄稿しているほか、ブログ *Swimming Science*、月刊誌 *Swimming Science Research Review, Swimmer's Shoulder System* の発刊者でもある。国際水泳指導者協会（International Society of Swim Coaches）の顧問。数多くのスポーツチームに陸上トレーニングや理学療法に関する助言を行い、カリフォルニア州サンタクララの COR フィジカルセラピー・アンド・パーソナル・トレーニングの CEO を務める。大学時代（パデュー大学）には競泳選手として活躍した。マスターズ水泳の現世界記録保持者。

執筆者

チアゴ・M・バルボサ博士（Dr. Tiago M. Barbosa）南洋理工大学（シンガポール）助教授、ブラガンサ工科大学（ポルトガル）兼任教授。ポルトガル水泳連盟の科学テクノロジー主任。水泳のパフォーマンスのモデル化、水泳の生体力学、水泳の生理学などの研究を手がける。一流の査読つき科学誌に競泳に関する幅広いテーマの論文を多数発表している。

ロッド・ハヴリラク博士（Dr. Rod Havriluk）スイミング・テクノロジー・リサーチ代表。水泳の技術指導と分析を専門にする生体力学研究者。ジュニア選手から全米大学体育協会の選手まであらゆるレベルの指導に携わっている。カウンシルマン水泳科学研究所（the Counsilman Center for the Science of Swimming）の顧問、国際水泳指導者連盟（the International Swim Coaches Association）の教育委員、*Journal of Swimming Research* の編集委員のほか、数多くのスポーツ科学誌の査読員を務める。主な研究テーマは、技術の最適化、肩のけがの予防、技術習得の迅速化。学会や学術誌で数々の発表を行っているのに加え、多くの国々で講習会を開催している。これまでに指導した競泳やトライアスロンの選手は何千人にものぼり、その中にはオリンピック選手や世界記録樹立者もいる。2015年、*Swimming World Magazine* によって「水泳に最も大きな影響を与えた10人」の1人に選ばれた。

ケヴィン・イワサ＝マッジ（Kevin Iwasa-Madge）ゲルフ大学（カナダ）で応用栄養学の学士号を取得。またカナディアン・スポーツ・インスティテュート・オンタリオでトレーニングを修了。ゲルフ大学在籍時には大学のレスリングの代表に選ばれ、全国大会で優勝を遂げた。卒業後も数年にわたり、レスリングのカナダ代表チームのメンバーとして活躍した。現在、ライアソン大学（カナダ）で栄養指導学の博士課程を履修中。職業の面では、登録栄養士（RD）と認定ストレングス・アンド・コンディショニング・スペシャリスト（CSCS）の資格を持ち、トロント・スイム・クラブ、ゲルフ・トライアスロン・クラブ、マヴェリクス・ウォーターポロ・クラブなど、水中スポーツ団体の仕事を手がけている。またシェリダン大学（カナダ）では運動指導者養成プログラムで、栄養やトレーニング技術、健康、練習計画、特別な注意を必要とする人々の運動についての講座も担当している。

アラン・フィリップス（Allan Phillips）認定ストレングス・アンド・コンディショニング・スペシャリスト（CSCS）。米国テキサス州、サンアントニオに拠点を置くパイク・アスレティクスのオーナー。米国水泳指導者連盟の2級指導者の資格を持つほか、USA トライアスロンのコーチ、ストロングファースト・ケトルボールのインストラクター、ファンクショナル・ムーブメント・スクリーン（FMS）のスペシャリストでもある。専門は持久力系の運動選手の筋力強化とけがの予防。指導下の選手からは、自転車や陸上競技、トライアスロンの全米選手権の優勝者や、数々の国際大会の米国代表が輩出されている。また USA トライアスロンの大学生選手育成プログラムにもコンサルタントとして携わる。民間での活動のほかに、米軍でも、動作分析や体組成改善、特殊部隊への入隊志願者を対象にした水に慣れる訓練など、さまざまなパフォーマンス向上のための指導を行っている。パイク・アスレティクスを通じて、障害者アスリートやパラリンピックの支援にも力を入れる。指導した障害者アスリートの中には全米選手権の優勝者や、2012年のロンドンオリンピックをはじめとする数多くの国際大会の米国代表選手がいる。筋力や体力の強化に関する著書も多い。ジョン・マレン博士との共著に *Swimming Science Troubleshooting System* がある。著作は *Swimming Science* のほか、SportsRehabExpert.com, StrengthCoach.com, Functional Movement Systems, *Swimmer Magazine, Swim Swam News*, The Active Network, Livestrong で紹介されている。現在、サウス大学で理学療法の博士号の取得をめざしている。

索 引

ア行

アップスイープ "upsweep" 28
圧力抵抗　pressure drag　14, 15, 18, 19, 185
アデノシン３リン酸（ATP）　adenosine triphosphate (ATP)　144, 185
アミノ酸　amino acids　128, 140, 185
　　「βアラニン」「ヒスチジン」も参照
アンジュレーションと推進力　body undulation and propulsion　50–51
アンドルー、マイケル　Andrew, Michael　82
異化作用　catabolism　129, 185
息継ぎ　breath control　92–93
移行局面　amortization　106, 185
意識的訓練　deliberate practice　70, 71, 72–73, 185
一回拍出量　stroke volume　84, 85, 185
イメージトレーニング　visualization　112–113
ウォームアップ　warm-up strategies　118–119
渦　vortices　14, 15, 18, 28
腕　arms
　　協調指数　arms - index of coordination (IdC)　52–53, 54–55, 185
　　グライド時の腕の位置　arms - gliding position　38–39
　　肘の屈曲　arms - elbow flexion　60, 61
運動学　kinematics　174–175, 185
運動ニューロン　motor neurons　106, 185
栄養　nutrition
　　一流選手　elite-level　148
　　カロリー摂取　calorific requirements　126–127
　　塩　salt　150–151
　　脂肪　fat　130–131
　　炭水化物　carbohydrates　130–131, 136, 138–139, 140–141, 148
　　蛋白質　protein　128–129, 136, 138, 140, 148
　　練習後　post-training　140–141
　　練習中　during training　138–139
　　練習前　pre-training　136–137

　　「サプリメント」も参照
ATP（アデノシン３リン酸）　ATP (adenosine triphosphate)　144, 185
エネルギー消費　energy expenditure　32–33
炎症　inflammation　154, 155, 178
横断面　transverse plane　103, 185
オーバートレーニング　overtraining　84, 85, 86–87
親指の形　thumb positions　30, 31

カ行

外転　abduction　185
カウンシルマン博士　Counsilman, Doc　8
カウンタームーブメント・ジャンプ　counter movement jumps　107
肩の痛み　shoulder pain　156–159
　　インピンジメント症候群　shoulder impingement　66–67
　　ビート板　kickboards　160–161
活動後増強　post-activation potentiation　118, 185
カフェイン　caffeine　142–143, 148
カルノシン　carnosine　146–147
カロリーの摂取　calorific requirements　126–127
慣性パラメータ　inertial parameters　14, 15
技術の貢献度とパフォーマンス　technique limitations and performance　42–43
キャッチアップ・ストローク　catch-up strokes　52, 53, 54, 67, 80, 185
協調指数　index of coordination (IdC)　52–53, 185
筋痙攣　cramping　176–177
筋電図　electromyography　174–175, 186
筋膜リリース　myofascial release　114, 171, 186
筋力発生率　rate of force development (RFD)　101, 186
屈折計　refractometers　135
グライド　gliding　38–39, 54–55, 186
グライド時の頭の位置　head, gliding position　38–39
クランチ　crunches　102

グリコーゲン　glycogen　130–131, 138–139, 140–141, 142, 186
グリコーゲンの枯渇　glycogen depletion　138–139, 140–141
グルートブリッジ　glute bridge　165
クレアチンリン酸　creatine phosphate (CP)　144–145, 186
クロール　freestyle
　　息継ぎ　breath control　92, 93
　　泳速　stroke speed　59
　　エネルギー消費　energy expenditure　32, 33
　　技術の貢献度　technique limitations and performance　43
　　手勾配　hand pitch　62
　　ドリル　drills　80, 81
形状抵抗　form drag
　　「圧力抵抗」参照
けが　injuries
　　けが後の自信の回復　building confidence after　166
　　生理学的なプロセス　physiological processes　154–155
　　各部位の項目も参照
コアトレーニング　core training　102–103, 164–165
高強度トレーニング　high-intensity training (HIT)　82, 88–89, 186
高地トレーニング　altitude training　92
好中球　neutrophils　154, 186
抗力　drag force　14, 15, 18–19, 60–61
抗力係数　drag coefficient　19, 42, 43, 58–59, 186
股関節の痛み　hip pain　168–171
腰のローテーション　hip rotation　46–47
骨密度　bone mineral density　172–173, 186
子どものレジスタンストレーニング　children and resistance training　108–109
ゴルジ腱器官　Golgi organs　177, 186

サ行

再構築期（成熟期）　remodeling (maturation)　154, 155, 173, 186
最大挙上重量（１RM）　one-repetition

maximum (1RM)　101, 186
最大酸素摂取量　VO2 max　42, 98, 122, 186
サイドブリッジ　side bridge　165
サスペンショントレーニング　suspension training　98
サプリメント　supplements
　　クレアチンリン酸　creatine phosphate　144–145
　　重炭酸塩　sodium bicarbonate　146–147
　　鉄　iron　132–133
　　ヒスチジン　histidine　146, 147
　　βアラニン　beta-alanine　146–147
サロ、デイヴ　Salo, Dave　78
酸化　metabolic acidity　146–147
シーズンの練習計画　season plans　90–91
シエロ、セザール　Cielo, Cesar　56
塩　salt　150–151
矢状面　sagittal plane　103, 186
シットアップ　sit-ups　102
脂肪　fat　130–131
脂肪適応代謝　fat-adapted metabolism　130, 186
地面反力　ground reaction force　172, 186
ジャンプトレーニング　jump training　「プライオメトリックトレーニング」参照
自由体図　free body diagram　14–15
重炭酸塩　sodium bicarbonate　146–147
柔軟性トレーニング　flexibility training　114–115
手勾配　hand pitch　62–63, 64, 186
受動的抗力　passive drag　38–39, 58, 60, 187
手力　hand force　42, 43, 44–45, 60, 64–65, 187
上部僧帽筋のテーピング　upper trapezius, taping　179
食作用　phagocytosis　154, 187
伸縮サイクル　stretch-shortening cycle　106, 187
人体測定学　anthropometry　187
伸張性収縮（エキセントリック収縮）　eccentric contraction　106, 187

推進　propulsion
　　効率　efficiency　34–35
　　抵抗　resistance　60–61
　　手の軌道　hand path　64–65
推進効率　competitions, propulsion efficiency in　34–35
推進抗力　propulsive drag　14, 15, 28, 29, 187
推進力　thrust　14, 15, 187
　　手の表面積　hand surface area　30–31
　　メカニズム　mechanisms for　28–29
推進力の維持　velocity, maintaining constant　54–55
水中撮影　underwater video　48–49
水中翼　hydrofoils　28, 187
水分不足　dehydration　134–135
睡眠　sleep　120–121
スイムベンチ　swim benches　116–117
数値流体力学　computational fluid dynamics (CFD)　20–21, 187
スーパーポジション　superposition　52, 53, 187
スクーリング、ジョゼフ　Schooling, Joseph　37
スクワットジャンプ　squat jumps　107
スタート　starts　94–95, 107
ストリームライン　streamlining　60–61
ストレッチ　stretches　114–115, 119
ストレッチコード　stretch cords　104–105
ストローハル数　Strouhal numbers　36
スリップストリーム　slipstreaming (drafting)　22–23
成熟期（再構築期）　maturation (remodeling)　154, 155, 173, 186
生体力学　biomechanics　187
生理学的な適応　physiological adaptations　84–85
背泳ぎ　backstroke
　　泳速　stroke speed　58
　　エネルギー消費　energy expenditure　32, 33
　　技術の貢献度　technique limitations and　43
　　手勾配　hand pitch　62
　　ドリル　drills　80, 81
線維化　fibrosis　154, 187
総抗力　total drag　18–19, 187
造波抵抗　wave-making drag　14, 18, 36–37, 187
層流　laminar flow　16, 17
速度　speed

技術の貢献度　technical limitations　42–43
ハルスピード　hull speed　24–25
レース　in competitions　34–35

タ行
ターン　turns　94–95
体液　hydration　134–135
体系的な練習　systemic training　70–71
体重　body mass　15
単球　monocytes　154, 187
炭水化物　carbohydrates　130–131, 136, 138–139, 140–141, 148
蛋白質　protein　128–129, 136, 138, 140, 148
力の分析　force analysis　48–49
超回復適応　super-compensatory adaptation　85, 86, 187
超短距離レースペース練習　ultra-short race-pace training (USRPT)　82, 88, 187
TRXトレーニングシステム　TRX training system　98
低酸素トレーニング　hypoxic training　92–93
テーパリング　taper　84, 87, 91, 188
テーピング　sports taping　178–179
適応の指標　"window of adaptation"　101
てこの原理　leverage　56
鉄サプリメント　iron supplements　132–133
鉄製の調理器具　cookware, iron　133
手の表面積　hands, surface area　30–31
電解質　electrolytes　150–151, 188
臀筋の強化　gluteus muscle strengthening　171
同化作用　anabolism　129, 188
等尺性収縮（アイソメトリック収縮）　isometric contraction　116, 188
胴のローテーション　torso rotation　46–47
トゥロイ、グレッグ　Troy, Gregg　78
ドラフティング　drafting (slipstreaming)　22–23, 188
ドリル　drills　80–81
ドルフィンキック　dolphin kicks　17, 35, 36, 163, 168

ナ行
ニュートンの運動の法則　Newton's laws of motion　15, 28
粘性抵抗　viscous drag
　　「摩擦抵抗」参照
能動的抗力　active drag　38–39, 58, 188

ハ行
バード・ドッグ　bird dog　165
バタフライ　butterfly
　　アンジュレーション　body undulation　50–51
　　息継ぎ　breath control　92–93
　　泳速　stroke speed　58
　　エネルギー消費　energy expenditure　32, 33
　　技術の貢献度　technique limitations　43
　　手勾配　hand pitch　62
　　推進力の維持　maintaining constant velocity　54, 55
　　ドリル　drill　80–81
パドル　paddles　35, 76–77
バリスティックトレーニング　ballistic training　101
ハルスピード　hull speed　24–25, 188
ハンドパドル　hand paddles　35, 76–77
ビーデルマン、パウル　Biedermann, Paul　26
ビート板　kickboards　160–161
膝の痛み　knee pain　168–171
肘の屈曲　elbow flexion　60, 61
ヒスチジン　histidine　146, 147
肥大　hypertrophy　84, 85, 140, 188
ビデオ　video　48–49, 110
平泳ぎ　breaststroke
　　アンジュレーション　body undulation　50–51
　　息継ぎ　breath control　92
　　泳速　stroke speed　59
　　エネルギー消費　energy expenditure　32, 33
　　技術の貢献度　technique limitations and　43
　　手勾配　hand pitch　62, 63
　　推進力の維持　maintaining constant velocity　54, 55
　　ドリル　drill　80–81
　　膝と股関節の痛み　knee and hip pain　168–169, 170
フィニッシュ　finishes　94
フィン　fins　35
フェルプス、マイケル　Phelps, Michael　8, 26
プライオメトリックトレーニング　plyometric training　101, 106–107, 119, 188
プランク　"plank" (prone bridge endurance test)　102, 103
粉末で栄養摂取　powders, nutritional　148

βアラニン　beta-alanine　146–147
ヘプシジン　hepcidin　131, 132–133, 188
ホスファゲン機構　phosphagen system　144–145, 188

マ行
摩擦抵抗　friction drag　14, 15, 18, 188
マナドゥ、ロール　Manaudou, Laure　110
水　water
　　栄養素を添加　adding nutrients to　138–139
　　摂取量　amount to drink　134–135
水着　swimwear　26
水の流れと前進　water flow and displacement　16–17
メッツ　metabolic equivalent of task (MET)　127, 188
毛細血管化　capillarization　98, 188

ヤ行
有酸素運動　aerobic training　122–123
指の形　finger positions　30–31
腰痛　back pain
　　腰痛　low back pain　162–165
　　腰痛とビート板　back pain and kickboards　160–161
　　腰痛のテーピング　low back taping　179
揚力　lift force　14, 15, 28, 29, 188

ラ行
ラショール、ブレント　Rushall, Brent　78, 82
乱流　turbulent flow　16, 17
力学的利得　mechanical advantage　56
陸上でのトレーニング　dryland training
　　ウォームアップ　measuring　119
　　子ども　children　108–109
　　パフォーマンス　performance　98–101, 106–107
レイノルズ数　Reynolds number　17
練習距離　distance, optimal for training　78–79, 82
練習時間　hours of practice　74–75

謝 辞

以下の著作物の掲載許可に対し、アイヴィー・プレスより謝意を表します。

ラウル・アレリャーノ・コロミナ（Raúl Arellano Colomina）: 17 center.

コピーライト・クリアランス・センター――ライツリンク（Copyright Clearance Center – Rightslink）: 29 top. Republished with permission of American Swimming Coaches Association, from: Brent S. Rushall, Laurence E. Holt, Eric J. Sprigings, Jane M. Cappaert, "A reevaluation of forces in swimming" in The Journal of Swimming Research, Vol. 10, Fall 1994; permission conveyed through Copyright Clearance Center, Inc.

ゲッティー・イメージズ（Getty Images）: Philippe Desmazes/AFP: 111; Mike Hewitt:153; Francois Xavier Marit/AFP: 57; Ronald Martinez: 83; Tom Pennington: 4–5; Alberto Pizzoli/AFP: 27.

シャッターストック（Shutterstock）: Paolo Bona: 9; katacarix: 41; itti ratanakiranaworn: 125; sirtravelalot: 167; Syda Productions: 97; TORWAISTUDIO: 13; Suzanne Tucker: 69; wellphoto: 153.

フーブ・トゥーサン（Huub Toussaint）: 17 top right.

著作権については使用許可を得る最大限の努力をしていますが、万一、上記に誤りや漏れがあれば、ご指摘いただければ幸いです。重版時に訂正いたします。

SWIMMING SCIENCE by edited by G. John Mullen
Copyright © 2018 by Quarto Publishing Plc
Japanese translation published by arrangement
with The Ivy Press, an imprint of Quarto publishing Plc
through The English Agency (Japan) Ltd

スイミング・サイエンス　水泳を科学する

2018年7月30日　初版発行

編　者　G・ジョン・マレン
訳　者　黒輪篤嗣
装　丁　岩瀬聡
発行者　小野寺優
発行所　株式会社 河出書房新社
　　　　〒151-0051　東京都渋谷区千駄ヶ谷2-32-2
　　　　電話(03)3404-1201［営業］　(03)3404-8611［編集］
　　　　http://www.kawade.co.jp/
組　版　株式会社キャップス

Printed and bound in China
ISBN978-4-309-25383-1

落丁・乱丁本はお取替えいたします。
本書のコピー、スキャン、デジタル化等の無断複製は著作権法上での例外を除き禁じられています。本書を代行業者等の第三者に依頼してスキャンやデジタル化することは、いかなる場合も著作権法違反となります。